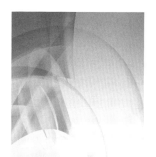

技術教育

Aspects of Technology Education

の諸相

田中　喜美

【編著】

学 文 社

■ 執筆者一覧

田中　喜美　東京学芸大学名誉教授（序章）

平舘　善明　帯広畜産大学（第1部第1章）

疋田　祥人　大阪工業大学（第1部第2章）

尾高　　進　工学院大学（第1部第3章）

丸山　剛史　宇都宮大学（第1部第4章）

柴沼　俊輔　東京学芸大学非常勤講師（第1部第5章）

横尾　恒隆　横浜国立大学（第1部第6章）

木下　　龍　千葉大学（第1部第7章）

川俣　　純　つくば市立竹園東中学校（第2部第8章）

村松　浩幸　信州大学（第2部第9章）

佐々木貴文　鹿児島大学（第2部第10章）

坂口　謙一　東京学芸大学（第2部第11章）

橋本慎太郎　立川市立第二中学校（第2部第11章）

辰巳　育男　東京工業大学附属科学技術高等学校（第2部第12章）

盛内　健志　東京学芸大学附属小金井中学校（第2部第13章）

土井　康作　鳥取大学（第2部第14章）

本多　満正　愛知教育大学（第2部第15章）

（執筆順）

■ 編集協力

佐藤　史人　和歌山大学

内田　　徹　浦和大学

技術教育の諸相

目　次

第1部　技術教育史の探求

第2部　現代の技術教育実践諸課題への探求

Technology Teachers' Educator へと
私を導いてくれた人びと
—技術教育教員養成史の一断面—

田 中 喜 美

はじめに

　私は，40年間近く，金沢大学と東京学芸大学で技術教育教員養成に携わってきた。そこで大学生・大学院生を含む大学人の私を，「技術教育教師の教育者」＝Technology Teachers' Educator へと導いてくれた人びと（主に大学関係者に限定）を通して，技術教育教員養成史を自分史として描こうと考えた。そして，その立場から技術教育それ自体の若干の課題と展望に言及したい。

第1節　名古屋大学時代（1969年4月～1978年10月）

第1項　柏木肇先生（教養部教授，教養部時代の私の指導教官）

　私の希望する大学が「学生紛争」で急遽，1969年入試を中止した。そこで浜松の実家から近い名古屋大学教育学部（以下，名大教育）を受験し，合格した。しかし，名大教育に関する知識はまったくなく，ただ入学式の時，「最初の2年間は教養部で学ぶので，教養部の指導教官は大切だ」という内容が心に残った。

　そこで「最初の講義の先生に指導教官をお願いする」と決め，それを実行した。それが柏木肇先生で，専門は科学史であった。第1の幸運であった。

柏木先生は，1942 年度に東京帝国大学理学部化学科を卒業し，1963 年度から名大教養部教授であり，代表的な著書として『唯物論形成の化学史的背景』（白桐書店，1949），訳書として J. リービッヒ『化学通信 1・2』（岩波文庫，1952），そして D. M. ナイト原著，柏木肇・美重編著『科学史入門—史料へのアプローチ—』（内田老鶴圃，1984）などがある。

ところで，名大教養部は，入学式などはできたが，1969 年 4 月 28 日に学生たちにより校舎が封鎖され，講義などができなくなった。そのため私は，浜松の実家に帰り，ピアノの下請工場で働いていた。そんな折，柏木先生が，わざわざ実家まで，私に会いに来てくださった。そして柏木先生は，ひとつの提案をされた。

それは，封鎖を解くには時間が相当かかるから，希望者に輪読会をやる，テキストは Charles Singer, *A Short History of Scientific Ideas to 1900*, Oxford University Press, London, 1962. を使う，というものであった。結局，私にとって難しかったが，内容がおもしろく，2 年間近くかけて読破した。

私はこの本を読む前は，自然科学の法則や原理は，いわば直線的に進歩するものであり，本質的に歴史はない，と思っていた。その見解は間違いであり，科学史さらに技術史は豊かな内容をもつ，おもしろい学問として存在している，と気づいた。これ以降，科学史・技術史は，私の気になる学問になった。

第 2 項　長谷川淳先生 (教育学部教授，1971 年度から 5 年間の指導教官)

私の第 2 の幸運は，名大教育が 1971 年度より新たに「技術教育講座」を設け，教授に長谷川淳先生を東京工業大学から招聘したことであった。つまり，私が教養部から教育学部に移ったまさにその時，技術教育講座ができ，長谷川先生がその教授に移ってこられた。柏木先生からの話もあり，指導教官を頼んだ。

長谷川先生の研究[1]の指導は，先生が考える内容を教えるのではなく，学生や大学院生のやりたいテーマなどをなさっていて，そのなかで，わからないことや疑問などがあれば，ヒント的な方向を若干説明する，といった具合である。

この特徴は，ひとつには卒業論文の指導にあらわれた。名大教育，特に教育

学科の卒業論文は，4年生になったら，ほとんど卒業論文のみに時間を割かなければ合格できない，といわれていた。アルバイトの学習塾を経営して自活していた私は，まさにそうであった。原則として2週間に一回，長谷川先生による卒業論文の個別指導のために大学に行き，それ以外は毎日アパートで卒業論文に集中し，そして，夕方に塾を開いた。

　指導は，まず前回渡しておいた私の原稿について，長谷川先生が感想や意見をいわれ，討論する。次に，先生に次回検討していただく新しい原稿を渡す，という形で進んだ。しかし，多くの場合，「なかなかよいです」だけで終わる。ただ，当時の論文や雑誌などが名大図書館にないと，先生は，国会図書館や東大図書館等々の情報を丁寧に教えてくださり，かつ，先生の名刺に「○○様　私の指導学生の田中喜美をよろしく」と書いて捺印し，最後に「宿泊は僕の三鷹の家を使いなさい」といってくださった。

　もうひとつは，大学院のゼミナールであった。4月の最初のゼミナールで，長谷川先生から「今年は何をやろうか」と口を開き，ここから，今年のテーマを決める話し合いが，2ヵ月ほど延々と続く。そして夏休みで，それが済むと自分たちの方法ややり方を確定する。このあたりで前期が終わり，実際の中身は後期に行う，といった具合。ゼミナールの内容は，徹頭徹尾，大学院生に任せる，という長谷川先生のスタイルだった。

　ある年度，長谷川ゼミナールのテーマが「技術論」であった。そして，技術の概念をめぐり労働手段体系説と意識的適用説とが意見を戦わせた。私はこの時，修士1年生で，他の人たちは皆先輩だった。先輩たちは，すでにかなりの書物を読んでおり，労働手段体系説を支持した。これに対して，私は，長谷川先生の学部の授業で2つの定義は知っていたが，それ以上ではなく，長谷川先生はむしろ意識的適用説に近いと思っていた。だから私は，意識的適用説に立って自分の意見を述べた。結果として，私はボロボロになった。今は，基本的に労働手段体系説に立っている。長谷川先生は，技術の位置を，主に自然科学との関係から考え，技術と自然科学との結合の教育的な意味を主張なさった，と思う。

蛇足だが，長谷川先生にロシア語を教わったが，先生の望みで修士以降の私のテーマをアメリカ技術教育史とした。そして，C. A. Bennett, *History of Manual and Industrial Education from 1870 to 1917.* を，長谷川先生が紹介してくださった。今や，この本は，私の生涯の宝である[2]。

第3項　佐々木享先生（教育学部助教授，1976年度から2年半指導教官）

私の第3の幸運は，佐々木享先生が，長谷川先生の後任として，44歳の助教授として，専修大学経営学部から赴任されたことであった。しかも，この春に出版した主著の1冊『高校教育論[3]』を持参して，である。

佐々木先生の研究の指導は，結論的にいえば，それぞれの大学院生が所有すべき，研究の「核」になるものを強固につくりなさい，ということだと思う。

まずそれは，ある意味，長谷川先生のスタイルとは対照的であった。たとえば私が論文を投稿したいので論文草稿をみてください，と佐々木先生にお願いすると，返ってきた時には，論文草稿は，白いところが無い程に，「赤」で直すべき箇所を指示してある。そして，この繰り返しである。私は，常に疲れるが，文章は，確かに，格段によくなっていく。

次にそれは，「原点」をしっかり固めなさい，ということであろう。佐々木先生が赴任されてすぐの頃，牛島悦子・笹森勝之進『科学文献』（南江堂，1976）をもたせ，科学文献の種類のなかで，原著論文（original paper），抄録（abstract），総合報告（treatise），書誌（bibliography），書評（review）と事典（dictionary）の定義とそれぞれの書き方を学習した。私は，博士4年生（名大は5年一貫になる）で，初めてこれらを学んだ。しかも，自然科学と社会科学，さらに人文科学では，それぞれニュアンスが異なる場合もある。それらを踏まえて，自分なりの「足元」を固めよ，という意味である。

さらにそれは，技術教育問題を考えるために古典を学びなさい，ということであろう。私の場合，博士5年生で読んだ J. B. Jefferys, *The Story of the Engineers from 1800 to 1945.* Johnson Reprint Co. Ltd., 1970, が心に残った。これは，イギリスの社会科学の古典である。The Engineers とは，誤解し易いが，

イギリスの合同機械工労働組合のことであり，この本は，合同機械工労働組合の組合運動を描いたものである。労働組合の構成，特に徒弟制度の仕組みと実態や労働運動とは異なる労働組合運動の性格などは，おもしろかった。

第2節　金沢大学時代 (1978年11月〜1986年3月)

第1項　「金曜会」(1980年頃〜1986年3月)

　初めて正規就職が決まった金沢大学教育学部（以下，金大教育）は，その当時，法文学部，理学部，教養部，事務局と共に，金沢市の中心にある金沢城のなかにあった。これに対して，医学部，薬学部と工学部は異なるキャンパスにあった。

　そして，教育学部技術教育学科は，木材加工の教授1名，金属加工の助教授1名，機械工学の教授1名，電気工学の教授1名，農学の教授1名と助教授1名，技官1名，そして私，技術教育学の講師1名，合計8名の構成であった。

　学生は，1，2年生は教養部に属し，3，4年生だけが専門学部に属し，技術教育学科は学生定員4名で，合計8名だけであり，大学院は未設置だった。

　そして，学生の特に制度的な不満は，中学校「技術」の教員免許は取れるが，高校「工業」の教員免許が取れないことだった。調べると，工業科教育法などの科目を揃え，技術教育学の先生（要は私）の研究業績などがあれば，可能性のあることがわかった。教務係とすぐ動き，「工業」を取れるようにした。

　そうしたなか，金大教育には優れた先生は多くいるが，教科教育学を専門とする先生はおらず，私がその初めての専任講師であった。と同時に，大学院修士課程を設置しなければとする雰囲気が次第に明らかになり，教科教育学の人材を採用する動きも出てきた。金曜会がつくられたのは，こうしたなかであった。

　会員は，全員30代の若手の4名であった。教育方法学，社会科教育学，家庭科教育学，そして私，技術教育学を専攻する研究者であった。

　「金曜会」という名前は，教育方法学の先生の発案だったように思う。毎週

金曜日の午後1時半頃に集まり，話題になっている研究書や自分達の論文の学習，あるいは金大をめぐる情勢（たとえば，お城のなかの大学キャンパスの移転など）の論点整理等々，テーマは多様であった。要するに，この4人が金曜日の午後にゆるりと集まり，3，4時間程度の討論した，というものである。

　しかし，この「場と時間」が貴重であった。何よりも，困ったことや関心のあるテーマ，さらには自分の論文をどのように評価しているか等々を，教科教育学ないしは教育方法学といった一定の範囲を共通にしている研究者達が，自由に語り合うことができる「場と時間」が数年間続いたことが重要だと感じた。逆にいえば，技術教育学は，1,000人以上の研究者がいるこの大学で，私1人しかやっていないのだ。この感覚は，金大教育で初めて感じたものであった，何らかの対応をしなければと思った。彼らは，今でもよき友人である。

第2項　ダグラス・スローン（コロンビア大学ティチャーズ・カレッジの教育史の教授，1984年7月～1986年1月，留学中の相談相手）

　そうした折，コロンビア大学ティチャーズ・カレッジ（TC, CUと略記）の「歴史・政策と教育」学科へ留学できることになった。その目的は，TC, CU自体の歴史を調べ，一次資料をできるだけ多くもって来ることであった。なぜならTCの出発は，1880年にニューヨークに来た移民の子どもたちに技術教育を教えた社会事業から生まれ，そしてTCへ，さらにTC, CUになり，世界で初めて総合大学で技術教育を行った，と同時に，今でも，他の大学院のようにカンマのないTCCUになっていないのはなぜ？　という疑問があったからだ。

　さてニューヨークに着き，TC, CUのコミタス学科主任と挨拶をした時，彼から，私の研究の相談役を教えてくれた。私の意中の方はサバティカルで，かつ紹介する先生の方が専攻に近い，ということだった。生憎，その先生を知らなかったので，「TC本屋」で，その先生の本を探した。名前をダグラス・スローン（Douglas Sloan）といい，本屋には単著2冊と編著2冊があった。[4]急いで読むと，学科主任の判断は正しく，それらの内容は素晴らしかった。

　特に単著の *The Scottish Enlightenment and the American College Ideal,*

1971. は，18 世紀のスコットランドでおこった啓蒙主義運動が，同時期のアメリカのカレッジ概念に大きく影響を与えた，という研究で，スローン先生の着眼点の鋭さに脱帽したものであった。

もう 1 冊の編著 *Education and Values*, 1979. のなかのスローン先生の論文 The Teaching of Ethics in the American Undergraduate Curriculum, 1876-1976, pp. 191-254 は，仮に私の場合でいうと，技術教育学として，この 100 年間に学部の学生に何を教えてきたか，になる。アメリカ高等教育史研究の豊かさに根ざしたスローン先生に会いたいと願った。

新年度の 9 月に，スローン先生のゼミナール「アメリカ高等教育史の諸問題」に参加して，そこで自己紹介し合った。そして，毎週ゼミナールが終わった後，時間を割き，私の質問や意見に対応してくださった。

たとえば，私が大切だと思うが，何か明瞭ではない問題のひとつに，「専門職教育（professions education）」と「認証制（accrediting system）」の関係があり，質問したところ，スローン先生は「着眼点がいい」といって，時間をかけて解説してくださり，議論した。これが，25 年後，私と木下龍先生との共著『アメリカ合衆国技術教育教員養成実践史論』（学文社，2010）に結実した。

第3節　東京学芸大学時代（1986 年 4 月〜2016 年 3 月）

第1項　村井敬二先生（1984 年度まで東京学芸大学技術教育学科教授）

東京帝国大学工学部建築学科出身の村井敬二先生と私は，1980 年前後，1，2 回，技術教育研究会の大会で会っただけであった。しかし，1983 年秋に入ると，村井先生から金沢の私へ電話が度々かかるようになった。村井先生の後任として，東京学芸大学（以下，東学大）に来ないかという誘いであった。だが，私は TC，CU への留学の手続が進んでおり，東学大の話は断っていた。すると村井先生は，これ以降，後任の件はやめて，留学の話をし始め，留学の意義の大きさや先生のドイツ留学経験を何回か話された。それを聞いて私は，楽しかったし，何よりも村井先生を尊敬した。そして私はニューヨークに旅立った。

　ところで，1985年秋口，ボストンにあるマサチューセッツ工科大学の調査からTC，CUに帰った時，金大教育の学部長から電話があった。学部長は，田中が1986年4月1日に東学大に行ってもよいが，どうか？　と訊ねられた。それは，金大教育が大学院修士課程を設置したいが，そのためには教科教育学の㊙が必須であり，技術教育の㊙候補者が文部省におり，田中が使っている定員を使いたい，その代わり，田中は東学大に赴任させる，との提案であった。結果は，学部長案が現実になった。そして，これらの人事の動きには，村井敬二先生や，さらには佐々木享先生がいたことを，後から知った。

　4月以降，私は，名古屋の佐々木先生に電話で定期的に博士論文の進行具合を報告すると共に，東京・立川の村井先生の自宅へしばしば行くようになった。村井先生がいわれることは，ひとつに，田中は博士論文を書くこと，2つには，東学大は博士課程を設置しなければならないこと，の2つであった。

　私も，少なくとも博士論文を書くことは，40歳までの課題である，と考えていた。ただ，新しい大学の先生方や事務職の方々の環境の中で，しかも学部が1年生から4年生までの4学年すべての面倒をみる単科の組織に加えて，大学院修士課程をもっている。技術教育学科で比べると，東学大は金大教育の優に2倍を超える科目数をこなしていた。そこで，午前4時から9時までの5時間は，他のことはやらないで，博士論文に集中することにした。

　そのお陰か，私は博士論文を40歳までに書きあげることができた。「博論第34号　アメリカ合衆国技術教育実践史論」（後に『技術教育の形成と展開―米国技術教育実践史論』多賀出版，1992.として出版）である。名古屋大学にある電話で，私が論文の口述諮問などの内容を話すと，村井先生が「ご苦労さん」とおっしゃってくれたことを覚えている。

　次は，東学大に博士課程を設置する課題であった。東学大では，大学院修士課程が全専攻に設置された翌年の1974年度から毎年，博士課程設置の概算要求がなされた。しかし，1981年度から1984年度まで，これが中断された。そして1985年5月に，新しい「東京学芸大学大学院博士課程構想」が作成され，概算要求が重ねられた。1992年7月には，1993年度概算要求が博士課程設置

のための調査費要求とされた。ちなみに，私は 1992 年度から関係委員会の委員になった。だが，ここから新たな動きが加わっていった。

　第 1 は，1992 年 9 月に文部省が，教員養成系大学院博士課程構想は，単独の大学の積上げ方式ではなく，3 年課程の独立研究科としての連合大学院を構想すべきであることを，蓮見音彦東京学芸大学長に伝えたことである。その意図などをめぐり大学ではさまざまな見方が出された。しかし，文部省の方針であり，仕方がないので，3 年課程の連合大学院を構想していくことになった。

　第 2 は，教員養成系新構想大学院の 3 大学はある程度予想が着いたが，東学大の場合は，いくつの大学と連合を組むのか等々，問題は沢山あった。結局，「東京学芸大学に，埼玉大学，千葉大学，横浜国立大学の協力をえて，東京学芸大学大学院連合教育学研究科（博士課程）を設置することを図る」（教授会資料）ことが決まったのは，1993 年 10 月 13 日であった。

　第 3 は，1995 年 7 月に文部省が，東学大など 4 大学が提出した「東京学芸大学大学院連合教育学研究科（博士課程）構想」に対して，①「教育学研究科」から「学校教育学研究科」への変更，② 学生定員を「30 名」から「20 名」の変更を要請，4 大学はそれを受け入れた。兵庫教育大学連合大学院が「学校教育学研究科」であり，学生定員が「24 名」であったことと関係があった。

　こうして 1995 年 12 月 23 日，1996 年度政府予算案に「東京学芸大学大学院連合学校教育学研究科（博士課程）」の設置が決定し，内示があった。事実上の決定である。この日の夜に村井敬二先生に電話したところ，村井先生は涙ぐんでいらっしゃったように思った。そして，私は，初代の専任教官になった（6 年間）。

第 2 項　大学院修士課程時代（1986 年度〜1995 年度）

　私が赴任した当時の東学大技術教育学科は，木材加工の助教授 1 名，金属加工の教授 1 名と助教授 1 名，機械工学の教授 2 名，電気・電子の教授 1 名と助教授 1 名，技術教育学の助教授 2 名，助手 1 名の全 10 名であった。農学の先生と技官が欠け，人数の少なくない割には均衡の悪い組織だと思った。

　また，学生定員は，学部が1学年12名で，4学年で48名おり，修士課程が小講座の3講座（機械，電気・電子，技術教育）で構成され，1学年6名，2学年で12名の院生がいた。

　さて，技術教育講座の修士論文には，当時，以下の5種類があった。

　第1に，大谷良光「技術科教育における科学的概念の教授法研究」や村松浩幸「中学校技術科栽培領域の教授内容に関する研究」など，中学校技術科教育の教授法の研究である。

　第2に，陶白「工業高校電子機械科の教育課程に関する研究」と村上公彦「新学習指導要領下におけるME化・情報化に対応した高校工業教育の教育課程問題」や孫克寧「工業高校情報技術科の教育課程に関する調査研究」と宮本真「1989年改訂高等学校学習指導要領下における工業高校情報技術科の教育課程問題」など，工業高校小学科の教育課程の実態の全国規模での調査である。

　第3に，見良津祐史「国民学校における芸能科工作に関する研究」や坂口謙一「新制中学校職業科の成立」など，技術教育の歴史に関する研究である。

　第4に，この時期には，白虹「日本での技術教育のための『大学における教員養成』の形成」しかないが，技術教育の教員養成の歴史の研究である。

　そして第5に，本多満正「中学校技術科における情報技術教育の内容」と川俣純「自動化の学習を中心にした中学校技術科」の研究である。これら2つの修士論文には，1988年3月と1993年3月という5年間の推移と私たちの努力があった。まず本多さんがドイツの普通教育としての情報技術教育の理論と実際を調べ，それらを日本の中学校に適用する際の課題を整理した。そして一方で，院生から中学校技術科教師になった村松浩幸さんが「オートマ君」という優れたソフトウェアを開発し，他方で，私が技術論からコンピュータを生産の自動化という概念からとらえ直し，その基本を「オートマ君」で実現することを明らかにした。[5] さらに，学部学生の川俣純さんが技術科の授業で行える教材・教具を開発し，次に彼の修士論文で，複数の現職教師の実験授業を基本に，30時間の「情報基礎」の授業を完成させた。

　そして，この教育課程は全国に広まっていったし，同時に，永野和男・田中

喜美監修，村松浩幸編集代表，大谷良光・川俣純・坂口謙一・砂岡憲史編集
『IT の授業革命—情報とコンピュータ』(東京書籍，2000) になった。

第3項　大学院博士課程時代 (1996 年度～2015 年度)

　1996 年 4 月 1 日，東学大大学院連合学校教育学研究科博士課程が設置された。
そして，4 月 1 ヵ月をかけて，入学願書の受付 (出願者総数 118 名)，入学試験
の実施，入学判定と合格者発表，入学手続，入学式 (入学生 22 名) とオリエン
テーションを実施し，5 月 20 日から授業を開始した。

　しばらくして落ち着いてくると，今度は博士課程の「出口」の問題が気にな
った。いろいろな工夫や手立てを試み，最初の 5 年間の修了生 (1998 年度～
2002 年度) の学位授与率の平均は，当時の旧帝大系教育学研究科総計が概ね 20
％台に対して 45.1％と高いが，しかしそれ自体は満足できなかった。[6]

　根本は「3 年の独立研究科」である「連合大学院」という性格に由来する。
だがそれが現実的であろうか。私の指導院生などで博士号を得た事例をみよう。

　⑴　2001 年 3 月課程博士：尾高進「城戸幡太郎の教育科学論における生産
教育と障害児教育」⇨1997 年入学から 4 年以上必要。現在大学の先生。

　⑵　2004 年 3 月課程博士：丸山剛史「戦後日本おける普通教育としての技
術教育の教育課程の歴史と構造」⇨1998 年入学から 6 年必要。現在大学の先生。

　⑶　2004 年 3 月課程博士：疋田祥人「戦前日本の手工科担当師範学校教員
の養成における東京高等師範学校図画手工専修科の役割と意義」⇨2000 年か
ら 4 年以上必要。現在大学の先生。

　⑷　2006 年 2 月韓国で博士：金永鍾「日本の職業能力開発総合大学校にお
ける職業訓練指導員養成に関する歴史的研究」⇨指導教授 (5 名＋α) が「書か
せる」指導のシステム化で，実質 2 年で執筆。現在は日本の大学の先生。

　⑸　2006 年 3 月課程博士：平舘善明「教材論にみる岡山秀吉の手工科教育
論の特質と意義」⇨2003 年入学から 3 年＋1 年＋α 必要。現在大学の先生。

　⑹　2006 年 3 月課程博士：木下龍「R. W. セルヴィッジによる技術教育のた
めの作業分析法の形成と展開」⇨2003 年から 3 年＋1 年必要。現在大学の先生。

⑺　2006 年 3 月論文博士：有川誠「技術科教育における内燃機関によるエネルギー変換の学習指導に関する研究」⇨現在は大学の先生。

⑻　2006 年 12 月北海道大学で課程博士：佐々木貴文「近代日本水産教育の制度化過程における農商務省管轄下の官立および府県水産講習所の位置と役割」⇨3 年＋α 必要。現在は大学の先生。

⑼　2008 年 3 月課程博士：海群「中華人民共和国の普通高校における教科『技術』の設置構想とその実態」⇨2005 年入学以前から 3 年＋α 必要。現在は中国の大学の先生。

⑽　2010 年 3 月課程博士：内田徹「旧学制下日本の高等工業学校附設工業教員養成所における工業教員養成の制度と実態」⇨2005 年から 5 年以上必要。現在は大学の先生。

⑾　2011 年 3 月課程博士：盛内健志「高等学校情報学科の教育課程の構成とそのレリヴァンスに関する研究」⇨2006 年入学から 5 年必要。現在は附属中学校教師。

⑿　2011 年 3 月課程博士：Chin WeiKeh, Relevance Assessment of the Programs offered by the National Vocational and Technical Schools in Brunei Darussalam⇨2008 年以前から 3 年＋α 必要。現在はブルネイの大学の先生。

⒀　2012 年 3 月論文博士：横尾恒隆「アメリカ合州国における公教育としての職業教育制度の形成」⇨現在は大学の先生。

⒁　2013 年 3 月論文博士：大谷忠「技術科教育における加工技術を学び活用するための学習過程の最適編成に関する研究」⇨現在は大学の先生。

⒂　2014 年 3 月課程博士：柴沼俊輔「戦後日本における学校が行う職業紹介制度の成立」⇨2011 年入学から 3 年で書いた。現在は大学の非常勤講師。

　以上，私の関係した「技術教育」の博士論文は，全部で 15 本であった。これを前提に，第 1 に，「課程修了による博士」学位取得が 3 年以内で取ることは，現実的でないほど難しく，独立研究科の役割は果たしていないといえる。

　第 2 に，設置初期はともかく数年経った頃から，学部学生のなかで，入学当

初から連合大学院博士課程に進学したいと希望する学生が出始め，将来，博士論文にするために，卒業論文のテーマを設定するようになった。私としても，学生や修士院生の希望を聞きながら，博士課程への進学を望む者には，語学を含め，博士論文を常に頭に置きながら，卒業論文やさらには修士論文を指導してきた。そのため連合学校教育学研究科博士課程に関して，独立研究科とは形式にすぎず，実態的には博士課程からみれば「積上げ方式」といっても間違いとはいえない面をもつようになってきた。

　第3に，しかし問題は，競争率が4〜5倍という厳しい博士課程の入学試験の壁があった。その原因は，所属教員は270名前後いるのに，学生定員は20名しかいないことであった（2015年度の1年生から定員が30名になった）。私は，設置から20年目を迎える2016年度に，学生定員を40名以上に増やすことができないか，と思う。設立経過やここ20年の状況などからみて，40名（総数120名）以上の学生定員が不合理なものではないと思う。

第4節　課題と展望
―技術教育の担い手を多様でトータルに育てる―

第1項　工業技術と共に農業技術・水産技術の担い手を

　さて，私は，金沢大学で7年5ヵ月ならびに東学大で30年間，技術教育教師とその教師を育てる教育者の育成に関わり，それなりに努力をしてきた。

　しかし同時に，少なくない矛盾や課題に直面してきた。

　その第1は，教員養成が担うべき技術教育に関する教育目標の範囲をめぐる課題である。それは，金大教育と東学大教育の違いに典型的にあらわれていた。

　私の勤務した時期の金大教育技術教育学科（技官を除く教官7名）は，授業の内容に，工業技術と共に農業技術が位置づいていた。しかも，栽培技術と共に畜産技術も教えていた。当時，栽培技術は助教授が担当し，畜産技術は教授が担当していた。そして，農業技術で，学生たちが卒業論文を書くこともあった。私は畜産技術の知識と技能をまったく知らず，学生の仲間として，必修科目を

含む授業に参加した。この時の経験は，少なからず私には有意義であった。

　これに対して，東学大技術教育学科（教官 10 名）は，授業が工業技術に特化しているといってよかった。なぜなら，中学校「技術」の教員免許取得に必要な「栽培」の授業は，いつも学外の非常勤講師が担当してきたし，かつ，農業技術で，卒業論文などを書くことはできなかった。

　反面，東学大には農学の先生が，「技術教育学科」ではなく，1968 年度から「職業科教育学科」に，しかも 5 名以上の先生がいて，高校の教員免許「農業」を出した。そして私が赴任した 1986 年後頃から，農学の先生方は，教科・理科または環境教育センターに移り，教員免許「農業」は出すことを放棄，1990年度「職業科教育学科」は廃止された。理由は不明であった。[7]

　いずれにしろ，技術教育には，工業技術の内容ばかりでなく，農業技術の内容も含まれる。この意味で東学大技術教育学科の教育課程には問題があった。

　さらに，水産技術教育を研究し，実践する課題もある。日本を取り巻く海洋などは，豊かで貴重である。水産資源を保護しつつ，水産動植物の漁獲・採取・養殖・加工に関する産業により，安定供給を図ることは緊急の課題である。

　他方，ひとつの動きとして 2008 年改訂中学校学習指導要領「技術」で，領域「生物育成に関する技術」が，それ以前の領域「栽培」と変わった。内容は，「作物」「動物」「水産生物」の管理と利用の技術を学習することになった。

　これらを踏まえ，学校教育における技術教育の一環として，少なくとも，① 水産資源の再生産を自然環境に依存する漁業の特質を踏まえた資源管理および資源利用に関する知識と技能，② その水産資源を円滑に行うための自治組織としての漁業協同組合を軸としての民主的な生産活動のあり方，③ 国境を跨いで移動する水産資源の特質を踏まえ，国際協調を大切にする視点，の 3点は，扱う必要があるし，かつ教育実践は可能である。本書に収録の佐々木貴文の論考は，特に中学校「技術」で，水産技術を取り上げる意義と内容を解明していることは注目される。

第2項　普通教育としての，かつ，職業教育としての技術教育を

　戦後日本の学校体系は，小学校では初等普通教育を，中学校では中等普通教育を施し，その基礎の上に，高等学校では高等普通教育および専門教育（その大部分は職業教育）を施すことが，すべての子どもにとっての原則であった。

　第2は，この原則を維持・発展させることにとっての課題である。

　というのも，この民主的な原則に基づく改革は，文部省などにより棚上げされながら，この原則とは矛盾した，「受験教育体制」を構築する教育政策が登場してきたからである。1955年高等学校学習指導要領による高校普通科でコース制を容認して「旧い中等教育観[8]」を復活し，1960年高等学校学習指導要領でのAB科目など，大学進学用科目の設置，そして，偏差値体制をつくった1961年〜64年文部省による「全国中学校一斉学力調査」，高校希望者全入制から適格者選抜制に変えた1963年学校教育法施行規則第59条改悪，さらに学習指導要領の改悪が続き，1979年から大学入学者選抜試験としていわゆる共通一次テストが導入され，「受験教育体制」が，一定程度，完成された。

　さらに，1980年代に入ると，この「受験教育体制」の上に，「新自由主義」に基づく教育政策が頭をもたげ始め，1990年以降は，政策の中心になった。

　「新自由主義」とは，「市場原理主義」とも表現される経済思想を指すが，政治思想としては「新保守主義」と重なる。それは，① 福祉国家の諸制度から市場メカニズムへ，② 公的規制による私的部門の管理から私的部門への十分な保障へ，③ 平等と公正から効率と効果へ，と政策の力点を移した。その基調には，一貫して，巨額の負債を伴う肥大化した財政の「再建」問題があった。

　そして教育政策としては，第15期中央教育審議会の「公教育のスリム化」に典型的にみられるように，① 全体として公教育コストの縮減を図りつつ，② 教育の市場化・民営化を進め，③ 公教育費を配分する重点を高等教育，なかでも理・工学系の大学院などに移行させてきた[9]。そして，現在に至った。

　これらの動きを，教育運動の立場からとらえると，学校教育における内在的な問題を解決しようとしたからではなく，その外側から持ち込まれたものが多いことがわかる。それゆえ，学校教育を担う教師や教育者などは，困難な事態

に必要以上に焦りたじろぐ必要はない。ただし，現在の教育政策は，目下，未だにそれなりに強いので，それに抗するには，私たちのもつエネルギーを集中させ，教育実践による子どもの安心に満ちた元気な姿で，跳ね返すしかない。

その際，1947年学校教育法第41条「高等学校は，中学校における教育の上に，心身の発達に応じて，高等普通教育及び専門教育を施すことを目的とする」が，学校教育の指針として，ますます，その輝きを増している。

そして，その上で，技術教育は，小・中・高校一貫した普通教育としての技術教育を発展させながら，同時に，高校からの職業教育全体を充実させ，工業教育・農業教育・水産教育等を十分に保障されなければならない，と考える。

第3項　人間と自然の間の物質代謝論を視野にして労働手段体系説を技術教育の視点に

第3は，技術教育を発展させるべく教育実践の視野と視点をめぐる課題である。

今や環境問題は，技術教育の授業で教えるべき対象として取り上げる必要があるばかりでなく，むしろそれ以上に，技術教育のあり方全体に深く関わり，その真摯な問い直しをわれわれに迫っている。その際，人間と自然の間の物質代謝という概念は有効であると考える。それは，次のものの見方である。

元来，人間は，自然から資源や原料として材料を取得し，生産を行い，生産と消費の廃棄物を自然に戻すという方法で生活を営んでいる。そして，人間と自然の間のこの不断の相互作用のなかで，人間と自然の間の正常な循環関係が続く時は良好な自然環境が保たれる。しかし，自然の再生能力を越えて資源・原料を略奪的・放棄的に利用したり，自然の浄化能力以上に廃棄物を出して，この循環関係を破壊する，すなわち人間と自然の間の物質代謝を攪乱すると，環境破壊がおこる。[10]

そして，この見方を踏まえて，技術に関わる学校教育の教育目的は，

第1に，小・中・高校生などが人間と自然の間の物質代謝の視野をもって，技術および労働の世界を再解釈できるようにする，

　第2に，こうした基礎の上に，① 自然の再生能力を越えた資源・原料の略奪的・放棄的利用によるもの，と② 自然の浄化能力以上に廃棄物を出すことによるもの（1. 生産の廃棄物，2. 生産物自体による粗悪品など，3. 消費の廃棄物）に分類された典型的事実を取りあげ，技術の社会的性格を見極めさせ，技術と社会のあり方を的確に判断できる力を育む，と整理することができる。

　一方，それでは，ここでいう技術は，どのようにとらえられるべきか。

　人間は，衣食住を始め生活に必要な物質的財貨を，自然の資源や原料として生産している。そして生産は，社会的な営みとして行われてきたし，行われている。

　ところで，物質的財貨を社会的に生産する過程は人間生活のあらゆる社会に共通であり，この過程を，生産される物からみるとき生産過程といい，人間からみるとき労働過程という。そして労働過程には，必ずその過程のあり方を規定する契機が3つ，すなわち労働そのもの，労働手段，労働対象がある。

　ここで，労働そのものは，労働力の使用ということであり，その使用の仕方，言い換えれば労働のやり方・方法は，労働力の属性である技能に関わる事柄であって，これを技術の概念に含めるべきではない。なぜなら技術の概念から，主体的・主観的なものを区別することで，逆に，主体的・主観的なもの，すなわち技術に対する人間の問題を浮きあがらせ鮮明にさせるためである。したがって，技術は，人間の意識から独立して存在する「物」であるといえる。

　では，労働手段はどうか。まず，労働手段とは，労働者と労働対象との間に挿し入れて，労働対象への労働者の働きかけの導体 (conductor) として役立つもの，またはその複合体である，と定義される。

　そして，労働手段の基本種別は，まず直接的に，労働対象に働きかけ変形・変化させる労働手段が中心になる。これを直接的労働手段という。ただし，これだけではなく，土地などの一般的労働手段ならびに道路，運河，工場の建物・照明・冷暖房等々の間接的労働手段が必要である。

　次に，直接的労働手段は，労働対象を変形・変化させる作業労働手段，とそれが必要な動力を生み出す役畜，水車・風車，熱機関などの動力労働手段に類

別される。そして，作業労働手段は，動力労働手段に対して主導的である。

　さらに，作業労働手段は，機械・物理学的な作動方式を採る道具・機械などの筋骨系統，と生物学的・化学的な作動方式を採る容器・装置などの脈管系統に類別される。そして，筋骨系統は，脈管系統に対して基幹的である。

　最後に，労働対象と労働手段の関係は，労働手段の方が基幹的である。なぜなら労働手段の方が，労働者にとって直接的であり，労働過程において反復・拡大再生産的であり，労働の効率・成果にとって主導的であるからである。

　故に，結論として「技術とは，物質的財貨の生産を目的として自然の物質に働きかけさせるために，人間によって創造される労働手段の一定の特殊な体系であり，またこの体系一般である。このさい，労働手段の体系が技術という概念の中心である」[11]といえる。ちなみに，この分野を技術論とよぶ。

　他方，技術を対象とする諸科学には，工学・農学・水産学という技術の自然科学，ならびに技術史学・技術論という技術の社会科学がある。なぜならば，技術には，自然法則が支配する物質的自然的側面と社会法則が支配する社会的経済的側面を併せもっており，その2側面は内容と形態としてとらえられる。そして，両側面の包摂関係は，形態＝社会的経済的側面からとらえた技術論などの典型的事実は，内容＝物質的自然的側面からとらえた工学などの典型的事実に必ずなるが，しかし逆は真ならず，という関係になっている。[12]

　たとえば，機械工学の面から考えれば，自動車や場合によっては自転車さえも機械の典型といっても差し支えないかもしれない。しかし，技術論の面から考えれば，これらは機械の典型には位置づかない。逆に，技術論の面から機械の典型である工作機械は，機械工学の面からみても典型に位置づくであろう。

　したがって，技術教育にとって，人間と自然の間の物質代謝論に基づく技術に関する学校教育の教育目的を検討しながら，とりわけもっとも研究が求められる技術教育の教材論を，技術論からの視点に学びながら，豊かにしていかなければならないし，技術論からの視点は，多くの可能性を秘めているであろう。

追記：私は，2013年1月13日12時近く，突然事故に遭い，酷い脳内出血とそれに

伴う右足・右手，そして言語のマヒになった。意識が戻った時，ベッドの上に横たわっているだけの自分の姿をみて，愕然とした。楽観論者の私が，毎日，死にたい，と思った。

　1ヵ月程して，事故の近くの飛騨・高山赤十字病院から，私の故郷である浜松の浜松市リハビリテーション病院に移った。そして，同年7月5日，同病院を退院した。だが，杖を使って少し歩くことはできるが，利き手の右手は使い物にならず，左手で下手な字をゆっくりと書くのがやっとであった。さらに，失読症を伴う失語症は酷かった。

　しかし，リハビリテーションをやりつつ，疋田祥人先生や平舘善明先生等々，大勢の人に励まされ，私も「大学生活の最後の1年（2015年度）を，何とかして教壇に立ちたい！」と願うようになった。そして，坂口謙一先生や大谷忠先生，博士の柴沼俊輔さんODや武田和之さん・林田武久さん・孫用直さんなどの修士課程院生の協力をえて，1年間，楽しい大学生活を送ることができた。感謝する。ありがとうございました。

注
1) 長谷川淳の代表的な著作のひとつに（1953）『工業教育』岩崎書店があげられる。機械，電気・電子，建築，土木，化学工学等々，「工業教育」という概念によって，幅広い内容を単著でまとめたのは，これのみである。
2) Charles Alpheus Bennett（1937）*History of Manual and Industrial Education 1870 to 1917*, Chas. A. Bennett Co., Inc., Peoria, Ill.
3) 佐々木享（1976）『高校教育論』大月書店，（1979）『高校教育の展開』大月書店
4) Douglas Sloan（1971）*The Scottish Enlightenment and the American College Ideal*, Teachers College Press, NY. ─── （1980）*The Great Awakening and American Education; A Documentary History*, Teachers College Press, NY. Douglas Sloan ed., （1979）Education and Values, Teachers College Press, NY. ─── （1981）*Toward the Recovery of Wholeness; Knowledge, Education, and Human Values*, Teachers College Press, NY.
5) 田中喜美（1992）「中学校技術科『情報基礎』の教育課程開発─自動化からはじめるコンピュータ学習─」『教育方法学研究』日本教育方法学会紀要　第18巻　pp. 111-119
6) 田中喜美（2003.5）「教育学系連合大学院における博士学位」『日本の科学者』Vol. 38　No. 5　p. 25
7) 田中喜美・白虹（1996.7）「日本での技術教育のための『大学における教員養成』の形成─東京学芸大学を事例として─」日本産業教育学会『産業教育学研究』第26巻第2号　p. 28
8) 技術教育研究会・高校職業教育検討委員会（1998）『高校工業教育の復権─高校教育再生への道─』『技術教育研究　別冊2』pp. 9-15
9) 田中喜美（2005）「高校工業教育の危機の原因」斉藤武雄・田中喜美・依田有弘編著

『工業高校の挑戦―高校教育再生への道―』学文社　pp. 7-21

10) 増田善信（1992）「地球規模の環境問題をどう考えるか」技術教育研究会『技術教育研究』第 39 号　p. 17 参照。

11) 中村静治（1977）『技術論入門』有斐閣　p. 135

12) 田中喜美（1999）「教材づくりにおける技術の二重性の問題」河野義顕・大谷良光・田中喜美『技術科の授業を創る―学力への挑戦』学文社　pp. 317-319

第1部

技術教育史の探究

文部省編纂『小学校教師用　手工教科書』にみる教科書国定期の手工科の特異性とその歴史的意義
―工作・技術教育における教科書使用をめぐる議論の系譜―

平　舘　善　明

はじめに

　本章では，小学校手工科教材史研究の一環として，戦前日本の小学校手工科で唯一の文部省著作教科書である『小学校教師用　手工教科書』(甲・乙・丙・丁，1904 年。以下，『教師用手工教科書』と略記) を対象として取り上げる。

　手工科は，日本で「技術教育を学校に導入した最初」といわれ，小学校を中心に展開された[1]。木工や金工，竹細工，粘土細工，紙細工など，手工業を教材の源泉とし，各種の材料を扱い，道具を用いて，物品製作を行う教科として位置づいていた。手工科は，戦後の図画工作科の工作教育および中学校技術・家庭科の技術分野 (以下，技術科と略記) の前身である[2]。

　戦前日本の小学校の教科書制度は，1872 年から自由発行・自由採択制，1881 年から開申制，1883 年から認可制，1886 年から検定制という変遷を経て，1903 年の小学校令中改正を契機に国定制が実施された。しかし，手工科については 1941 年に国民学校令が施行されるまで，一度も教科書が国定化されなかったばかりか，児童用教科書の使用も一貫して認められていなかった。

　「教科書が日本人をつくった[3]」といわれるなど，小学校教育に対する教科書の影響は小さくない。国定化された時期ではなおさらである[4]。なぜ，手工科の教科書は国定化されなかったのか。すなわち，文部省著作の教師用教科書が出

版されながら，児童用教科書の使用が認められなかったのは，いかなる理由によるものだろうか。本章では，この問題にアプローチすることを通して，教科書国定期の手工科の特異性とその歴史的意義の一端を解明することを試みる。

これまで，国定教科書とその制度の大枠については，唐沢富太郎，仲新，海後宗臣，山住正己，稲垣忠彦，佐藤秀夫，中村紀久二などによって研究が進められ，それらの研究によって，戦前の教科書国定期は5期に時期区分され，期を追うごとに国家主義思想による教育内容の統制強化が図られていった概要がまとめられている。また，戦前日本の児童用と教師用の国定教科書の復刻編集が図られ，その存在についても精査されてきているほか，教科書疑獄事件と教科書国定化の経緯との関係についても議論されてきた。さらに，各教科の国定教科書分析に関していえば，修身や国語や歴史などの教科書は比較的早い段階から研究が進んでいる。

しかし，国定期の小学校手工科の教科書分析は，『教師用手工教科書』に関する内容分析が一部行われているものの，蓄積がいまだ少ない。すなわち，手工科では単に児童用教科書が存在しなかったという認識に止まり，手工科教科書が国定化されなかった理由については，とりたてて解明されてこなかった。

本章では，問題の解明に，以下の方法を用いる。

第1に，国定期の教科書使用について定めた小学校令施行規則第53条の規定をもとに教科の分類を行い，その分類枠をもとに，国定化された教科とされなかった教科，児童用教科書の使用が禁止された教科とされなかった教科の相違を探る。

第2に，上記の教科の分類枠をもとに，手工科の教科書が国定化されずに，かつ，児童用教科書の使用が禁止された経過を追い，その理由について，当時の文部省側の意見や他教科との関連などの視点から，探っていく。

第3に，『教師用手工教科書』の特徴を，編纂関係者の構成，編纂・発行の経緯，教科書国定化の主要な問題点である国家主義的教材の有無などの点から検討する。

なお，ここで，本章で使用する用語を整理しておく。実は，法令上，「国定

教科書」という用語は存在しない。また，教科書国定期において，文部省著作教科書と検定済教科書のなかから知事が教科書を採定する検定制のような教科も存在した。しかも，こうした教科で出版されていた文部省著作教科書を，国定教科書とみる立場と国定教科書に含まない立場があり，学界での統一見解は，管見の限り，存在しない。そこで本章では，次のように用語を規定して使用する。まず，国定制とは，1903 年から国民学校期までの教科書制度の大枠を指す。国定化とは，国定制実施時期に，文部省が著作権を有した教科書＝文部省著作教科書のみの使用が義務づけられた状態を指す。本章でいう国定教科書には，文部省著作教科書と検定済教科書のなかから知事が教科書を採定する教科の文部省著作教科書は含まない。なお，国定化されなかった教科に取られた措置を，便宜上，検定制と表現する。

第 1 節　小学校令施行規則第 53 条に基づく教科の分類

　国定制は，1903 年 4 月 13 日勅令第 74 号小学校令中改正第 24 条の施行により始まる。そこでは，「小学校ノ教科用図書ハ文部省ニ於テ著作権ヲ有スルモノタルヘシ」と規定され，修身，日本歴史，地理，国語読本の教科書が国定化された[9]。さらに，同年 4 月 29 日文部省令第 14 号小学校令施行規則中改正において，第 53 条では，①修身，国語，日本歴史，地理に加えて，算術と図画の教科書が国定化されたこと[10]，②国定化されていない教科は検定制をとること，③体操，裁縫，手工，理科，尋常小学校の唱歌は，児童用教科書の使用が認められないこと[11]，④国語書キ方，算術，図画の教科書は，校長の判断で児童に使用させなくてもよいことの 4 点が規定された[12]。

　その後，1910 年文部省令第 21 号により理科が，1919 年文部省令第 6 号により家事の教科書が国定化された。しかし，体操，裁縫，手工の教科書は，1941 年の国民学校令まで国定化されなかった[13]。

　こうした第 53 条の変遷をまとめたものが表 1-1 である[14]。

　表 1-1 の分類の A と B は，児童用と教師用のいずれの教科書も文部省著作

表1-1　小学校令施行規則第53条に基づく教科の分類

分　類 ＼ 年　度	1904 (M37)	1905 (M38)	1908 (M41)	1911 (M44)	1919 (T8)
A.　児童用・教師用ともに文部省著作本に限るもの（児童の教科書使用義務あり）	修身 国語 日本歴史 地理				
B.　児童用・教師用ともに文部省著作本に限るもの（校長判断で児童に教科書を使用させなくてもよい）	国語書キ方 算術(尋小)	図画 算術(高小)	〔追加〕 小学地理附図	〔追加〕 理科	〔追加〕 家事
C.　児童用・教師用ともに文部省著作本・検定済本の中から知事裁定により使用	唱歌(高小) 農業 商業 英語 ※				
D.　児童用教科書が使用禁止で教師用に限り文部省著作本・検定済本の中から知事裁定により使用	体操 裁縫 手工 理科 唱歌(尋小)		〔変更〕 唱歌(尋小4学年以下)	〔削除〕 理科	

※附則により，図画と算術（高小）は1904年度に限り，Cに分類。

教科書に限定されていた，すなわち国定化された教科である。AとBの違いは，使用義務の違いにある。Aは，児童用教科書をすべての児童に使用させるという使用義務が課された教科である。Bは，校長の判断で，児童に使用させなくてもよいという児童用教科書の使用義務が絶対性を有していなかった教科である。

　分類CとDは，文部省著作教科書と検定済教科書のなかから知事が教科書を採定して使用する（ただし，採定せずに使用しない場合も含む）とされた検定制の教科である。CとDの違いは，児童用教科書の使用が禁止されていたか否かにある。Dが使用を禁止されていた教科であり，手工科はここに分類される。以下，便宜上，各分類の名称を国定A，国定B，検定C，検定Dと表現する。

　さて，このような教科の線引きは何を根拠になされたのだろうか。ここでは，表1-1の枠組みから，少なくとも次の2点を指摘することができる。

　第1に，国定化と必修教科との関係である。

　一見すると，国定A・Bには修身，国語，算術などの尋常・高等小学校で一貫して必修科目として位置づいていた教科が並んでいるようにみえる。しかし，国定A・Bは，こうした教科だけではない。1886年の勅令第14号小学校令以降をみると，図画は，高等小学校ではほぼ一貫して必修科目であったものの，尋常小学校では1907年以前は加設科目ないし加設・随意科目であり，それ以後も3学年以上で必修，1～2学年では加設科目扱いであった。日本歴史や地理は，尋常小学校では1900年までは加設ないしは加設・随意科目であり，それ以降は教科としての設置さえなく，1907年の義務教育年限延長以降に初めて，5～6学年のみで必修科目となった教科であった。

　他方，検定Dに目を向けると，体操は，尋常・高等小学校で一貫して必修科目として位置づいていた教科である。[15]裁縫は，女子のみに課された教科であるけれども，尋常小学校では1890年に加設され，1891年に加設・随意科目となった後，1907年以降，必修科目として位置づき，高等小学校では1886年以降，一貫して必修科目であった。

　すなわち，教科の必修という点で，国定A・B教科との相違はないにもかかわらず，体操と裁縫は，児童用教科書の使用が禁止されていた。国定化は，教科の必修ないし必修のみを根拠としては，線引きされていない。

　第2に，国定化と教科の性格との関係，すなわち実習に重きをおく教科か否かという線引きである。結論からいえば，この線引きもできない。

　検定Dの教科はすべて実習教科である。しかし，国定Bの教科にも実習教科である図画と家事が含まれている。たとえば，家事は，1919年3月29日文部省令第6号小学校令施行規則中改正によって，「家事ヲ授クルニハ特ニ理科トノ聯絡ニ注意シ又実習ニ重キヲ置」くと規定されていた。

　以上の点から，教科書の国定化ならびに児童用教科書使用の可否は，教科の必修や，実習教科か否かといった観点では理由づけられていないことがわかる。では，なぜ教科によってこうした違いがあったのか。以下，児童用教科書の使用禁止の経過とその理由に焦点化して，みていく。

第2節　児童用教科書使用禁止の経過とその理由

第1項　児童用教科書使用禁止の経過

実は，児童用教科書の使用禁止に関する規定は，前掲の1903年の小学校令施行規則第53条改正より以前から存在した。

1892年5月2日に文部省普通学務局長から各地方長官宛の通牒「作文體操及裁縫科教科書ニ関スル件」が出ている。「小学校作文體操及裁縫科ニハ教科用図書ヲ採定不相成様致度旨去二十年五月視学官ヨリ御通牒ニ及置候處右ハ教師用ノ教科用図書ニ限リ自今採定相成ルモ不苦儀ト御承知相成度，此段及御通牒候也」とされていることから，「去二十年」，すなわち1887年の視学官から各地方長官宛の「通牒」で，作文と體操と裁縫は，教科書を採定できないとされていたこと，そして1892年以降，教師用教科書は採定してもかまわないとされたことが読み取れる。

ちなみに，「文部省第十五年報(明治二十年分)」には「〔5月：著者補足〕十四日小学校ノ修身，作文，体操，裁縫科並ニ中学校ノ体操科ニハ教科用図書ヲ用ヒサルコトニ内定シタルヲ以テ該図書ハ之ヲ採定スヘカラス若シ尚ホ之ヲ採定シタル向ハ訂正ヲ命スヘキ旨ヲ視学官ヨリ府県ニ通知セシム」と記載されており，先の「通牒」とはこれを指しているとみられる。ここから，1887年5月14日の時点で，小学校の修身，作文，体操，裁縫は，児童用も教師用も教科書を採定できないことが内定されていたことがわかる。

そして，先の「作文體操及裁縫科教科書ニ関スル件」がだされた4ヵ月後，1892年9月19日の文部省告示第9号にて，「小学校ノ作文手工唱歌裁縫及体操科ニ係ル図書ハ生徒用教科書ヲ採定セサルニ依リ教師用ノモノノミ之ヲ検定ス」とされた。すなわち，この時点で，作文，体操，裁縫に加えて，手工と唱歌の児童用教科書も採定できないとされた。

こうした児童用教科書の使用禁止教科の推移をまとめたものが図1-1である。

以上のことから，ひとつには，教科書国定制が開始される以前から，法令上，児童用教科書の使用禁止に関する枠組みがすでに存在していたこと，今ひとつ

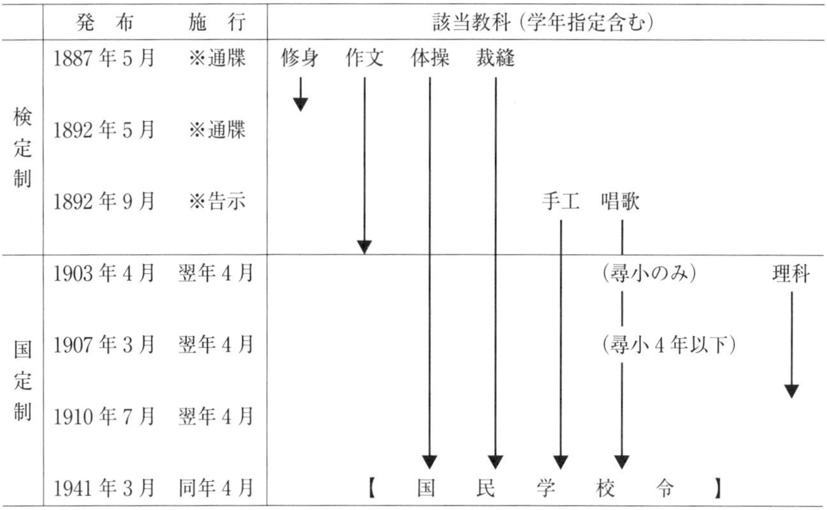

	発　布	施　行	該当教科 (学年指定含む)
検定制	1887 年 5 月	※通牒	修身　作文　体操　裁縫
	1892 年 5 月	※通牒	
	1892 年 9 月	※告示	手工　唱歌
国定制	1903 年 4 月	翌年 4 月	(尋小のみ)　　理科
	1907 年 3 月	翌年 4 月	(尋小 4 年以下)
	1910 年 7 月	翌年 4 月	
	1941 年 3 月	同年 4 月	【　国　民　学　校　令　】

図 1-1　児童用教科書の使用禁止教科の推移

には，1903 年の小学校令施行規則第 53 条で児童用教科書の使用が認められな
かった教科のうち，体操と裁縫は 1887 年 5 月から，手工と尋常小学校の唱歌
は 1892 年から，理科は 1903 年から，使用を禁止されたことがわかる。

第 2 項　児童用教科書使用禁止の理由：文部省側の意見から

　次に，児童用教科書の使用が禁止された理由について，当時の文部省側の意
見から探ってみたい。この実情を垣間みるうえで興味深い資料がある。1903
年に教科書疑獄事件との関連で，菊池大麗文相が行った演説の大要である。

　「『何故総テノ教科書ヲ国定ニシナイノデアルカ国定ニシナイ教科書ニ付テハ
矢張今マデノ如キ弊害ガ起ルデハナイカ其ハ全ク構ハヌノカ』ト云フ質問ガ衆
議院デアリマシタ，コレハ如何ニモ一理アルガ弊害醜聞ノ起ル禍根ハ数ノ最
多ク売レル即チ利益ノ最モ多イ教科書デアル，故ニ此等ノモノヲ處置スルウノ
ガ肝要デアル〔中略〕以上ノ教科書ヲ除イタ他ハ裁縫教科書，英語教科書ノ如
キモノデ僅カナモノデアリマス利益モサウ澤山ハ無イ是等ハ何レニシテモサウ
差支ハ無イト考ヘル／而シテ尚ホ教科書ナルモノハ餘リ多ク用キナイ方ガ宜イ，

一體良イ教員ヲ澤山得ラレルナラバ教科書無クシテ教ヘルノガ小学校育ノ上ニ最モ善イノデアル又父兄ノ負擔モ少ナクナルガ今日ノ場合サウ云フコトハ出来ナイ，已ムヲ得ズ教科書ヲ用キルコトニナツテ居ルガ読本ノ外ハ成ル可ク教科書ヲ用キナイ方針ヲ採ツタ〔中略〕ソレカラ又国語書キ方即チ習字帖，算術，図画ノ教科書ハ学校長ニ於テ相当ノ教員ガアルナラバ生徒ニ使用サセナイデ宜シイ寧ロ使ハセヌ方ヲ文部省デハ奨励スル」[16]

　ここから，一方で，国定化された教科とされなかった教科の相違は，教科書会社と教科書採択側との贈収賄および教科書疑獄事件の再発防止と父兄負担の軽減を考慮した上での教科書発行部数の違いであったことになる。[17]

　しかし，他方，この演説で注目すべきことは，小学校教育の方法および教員養成に対して，よい教員を数多く得られれば，国語書キ方や算術や図画も，むしろ教科書を使用しない方がよいという考えを述べている点である。事実，国定化された教科も，表 1-1 のように国定 A と国定 B に分類されている点に，この考えが反映されていることを確認できる。ここから，よい教員を数多く得られればむしろ教科書を使用しない方がよいとの考えは，教科書の国定化に関して，一定の影響を及ぼしたとみることができ，興味深い。[18]

第 3 項　児童用教科書使用禁止の理由：手工科と理科との関連から

　次に，手工科の児童用教科書の使用が禁止された理由について，理科との関連性に着目してみていきたい。手工科と理科はともに，当初，児童用教科書が出版されていたにもかかわらず，[19] 途中から一転して児童用教科書の使用が禁止されたという共通点をもつ。さらに，『教師用手工教科書』では理科とのつながりが意識されていることから，[20] 教育内容の面でも関連がある。児童用教科書使用禁止の何らかの共通した理由が存在するとも考えられる。

　板倉聖宣は，明治初期の欧米啓蒙主義や翻訳主義の教科書は，1886 年の勅令第 14 号小学校令と文部省令第 8 号小学校ノ学科及其程度によって，「『自然科学』ではなく『通常の天然物』や『自然の現象』を統合して教える」というドイツを範とする「理科」教育へと転換したとの文脈のもと，[21] 理科での児童用

教科書の使用禁止について，以下の３点を述べている。

　第１に，板倉は，「〈児童用教科書はむしろ使わない方がよい〉というこの考え方は必ずしもとっぴなものということはできない。1880 年代の開発主義教授法の時代から実物観察至上主義とともに，広く一般化していたとみることもできる」と論じている。理科は「実物の観察」であって，「本を読むことではなく自然の事物に直接ふれさせて，それによって学ばせるべきもの[22]」との考え方が当時，文部省教科書編纂係や師範学校教員に広がっており，この観点から児童用教科書の使用が禁止されたとみている。

　一方，手工科に関しては，最初の目的規定として 1891 年文部省令第 11 号小学校教則大綱に示された「眼及手ヲ練習シテ」との字句に着目した坂口謙一の研究によって，当時，文部省において手工科は，1880 年代初期からのペスタロッチ主義の陶冶理論の援用を企図した日本の普通教育における実物教授・開発主義に与するものとして，性格づけられたことが指摘されている[23]。ここから，少なくとも，手工科の児童用教科書の使用禁止を定めた 1892 年 9 月文部省告示第 9 号が出された当初，手工科においても日本特有の実物教授・開発主義教育の観点から，児童用教科書の使用が認められなかったとみることも可能である。ちなみに，手工科と同様に，裁縫科の 1891 年の規定においても「眼及手ヲ練習シテ」との字句がみられ，同様の性格付けがなされたとみられる。

　第２に，板倉は，「修身と理科との教科書の取り扱い方のちがい，それは〈小学校教育の思想統制のための主要教科であったか否か〉にかかわっていたということができる[24]」と述べている。「従順」な人間の養成を目指す国家主義的な教育方針のもとで，「当時の理科の教科書にはすでに近代科学の合理主義的な考え方が骨抜きにされていたので，反科学的な国史教育や修身教育を行う上で障害となるものとは認められなかったであろう[25]」ことから，国定化の枠から外され，そのかわりに児童用教科書の使用が禁止されたとみている。

　この指摘を広げて，小学校教育の思想統制のための主要教科とみなされなかった教科は，教科書が国定化されずに児童用教科書の使用が禁止されたとみることができるであろうか。表 1-1 の検定 C の農業や商業は，高等小学校のみ

で加設・随意科目もしくは随意科目可の選択必修科目として位置づいていた教科であったけれども，文部省著作の児童用教科書が出版され，使用されていた。他方，検定Dの体操や裁縫は，既述のように必修教科であった。また，文部省は手工科の設置に関して，1907年文部省訓令第1号や1911年文部省訓令第13号などで何度も設置を奨励し，ついに1926年に高等小学校で必修とするなど，力を入れていた。手工科は「彝倫の実学」意識によって修身と体育とともに「教科の教科」の座におしあげられた特別な教科とさえ，指摘される[26]。

　ここから，小学校教育の思想統制のための主要教科とみなされなかった教科は，教科書が国定化されずに児童用教科書の使用が禁止されたと一般化してみることができるか否かの判断は難しい。少なくとも，国定化しない教科が，主要教科でないとの理由だけであるならば，表1-1の分類のように，わざわざ児童用教科書の使用を禁止する教科としない教科を区別する必要はない。

　むしろ，板倉の指摘を広げてとらえるのであれば，主要教科は教科書を国定化し，他の教科は検定制をとるけれども，検定制のなかでも思想統制において比較的重要な教科は，児童用教科書の使用を禁止したと解釈するのが妥当と思われる。表1-1の枠組みでいえば，思想統制のための主要教科の順序は，国定A→国定B→検定D→検定Cということであろう。

　第3に，板倉は，1911年度に理科の児童用教科書の使用禁止が解かれ，児童用教科書が国定化されたことに対し，教科書は全国画一化されるべきではないとの批判が出た際の意図を，次のように述べている。

　「理科教授の本旨は（科学を教えることではなく）実物事実の観察」にあり，「教師は，〈それぞれの学校の環境条件に従って，身近に接しうるさまざまな実物事実の観察を指導すべきであるから，理科の教科書は各校ごとに編集すべきものである〉という考えもここから生まれてくるのである。日本全国では気象／産業条件が大いに違う。だから，取り上げるべき博物や物理化学上の現象も大きく違ってくるはずだというわけである[27]」。

　この点について，手工科は，1886年に「土地ノ情況ニ因テハ加フルコトヲ得」る加設科目として導入された経緯をもつ。とりわけ，義務教育年限が延長され

た1907年以降，尋常小学校では，一貫して「土地ノ情況ニ依リ手工ヲ加フル
コトヲ得」る加設科目として位置づけられていた。また，その教育内容面にお
いて，手工は豆細工や竹細工，木工，金工，鋳型細工などの各種の細工を扱う
ことから，各地の「産業条件」とも少なからず関わる教科である。ここから，
地域産業を考慮して教育内容を定めるべきとの観点から，理科と同様に，児童
用教科書を全国画一にしない方がよい，すなわち国定化しない方がよいと考え
られた可能性もありえる[28]。

　以上，手工科での児童用教科書の使用禁止には，実物教授・開発主義教育の
影響，国家主義的な思想統制との絡み，地域の産業条件を考慮した全国画一化
の是非など，さまざまな要因が考えられ，いずれもどれかひとつの要因のみで
解釈することは難しく，また，諸要因が複合的に絡んでいるとの解釈も可能で
ある。これは，裏をかえせば，手工科はそれだけ特異な位置づけにあったとい
えよう。

　加えて，手工科の教員養成にひきつけてみると，当時の教員養成の実態に関
しては，手工科を担当する小学校教員の養成の実態に関する直接的な研究は未
だ無いけれども，小学校教員を養成する師範学校の教員養成に関していえば，
師範学校教員全体では文部省教員検定試験による教員が大半を占めるのに対し
て，手工科は当該試験による教員よりも東京高等師範学校と東京美術学校での
直接養成の卒業生が占める割合の方が高かったことが指摘されている[29]。

　この点を加味すれば，小学校教育ではよい教員を数多く養成できれば教科書
はむしろ使用しない方がよいとの一定の影響を及ぼした考えが文部省側にあり，
手工科では教員養成の面からそうした教育観を担保しえた可能性があったこと
は注目すべき点であろう。

第3節　『小学校教師用　手工教科書』の特徴

第1項　編纂関係者の構成

まず，各教科の文部省著作教科書の編纂関係者の人数を国定1期に関してみ

ると，修身は調査委員9名・起草委員3名・調査嘱託2名の計14名，国語は編纂委員9名・調査嘱託7名・習字編纂嘱託1名・習字揮毫1名の計18名，歴史は編纂委員2名・調査嘱託4名の計6名，地理は編纂委員2名・調査嘱託5名の計7名，図画は編纂委員5名，算術は編纂委員3名，農業は編纂委員5名であった。これに対し，手工は編纂嘱託2名であった。

　次に，編纂関係者の官職などをみると，修身は調査委員長が加藤弘之（東京学士会院会長・文学博士・男爵），調査委員が沢柳政太郎（文部省普通学務局長），井上哲次郎（東京帝国大学文科大学長・文学博士），加納治五郎（東京高等師範学校長）など，帝国大学博士と文部省官僚と高等師範学校教授で構成されている。他教科もほぼ同様の傾向を示している[30]。こうした編纂関係者の構成は，高等師範学校教授の上に帝国大学博士がいるという，当時の日本の教育界のヒエラルキーの典型的なあらわれであったとされる[31]。

　これに対し，手工は上原六四郎（東京高等師範学校教授）と岡山秀吉（同校助教授）という，高等師範学校教員のみで構成されている。このことは，手工が，一面では大学での単一の学問研究の基盤をもたない教科であったこと，もう一面では高等師範学校教授らを中心とした現場主義的な教科書をつくり出す要因を備えた教科であったことを意味しているといえるのではないだろうか。

第2項　編纂・発行の経緯

　1901年6月，文部省の命により，上原と岡山は，手工科の教科書の編纂に着手する。国語読本や日本歴史，地理，算術などよりも早い時期であった[32]。岡山は後日，当時の様子を次のように述べている。

　「〔明治〕三十四年に文部省が手工教科書を編纂することになつて上原六四郎先生と私とにそれを委託されました。今の文部省手工教科書四冊がそれであります，当時私共は経験のないことであるからどうゆう工合にこしらへたら宜しからうかと色々と考へた結果幼稚園の手技や旧藩時代から伝つた作法的の手芸や外国の手工など，色々の物を集め，図をつくり編次を整へ，漸く三十五年に脱稿したのであつた[33]」

　その後，岡山による東京高等師範学校附属小学校での実地を踏まえた上で1903年にできあがった草稿は，その年に開かれた文部省主催の手工科講習会において全国の師範学校手工科担当教員や附属小学校訓導，県や郡の視学官などによって実地に試され，その実際の適用が検討された。そして，上原と岡山による成稿が1904年に『教師用手工教科書』として出版された。

　1911年に児童用教科書の使用禁止が解かれ，理科の最初の児童用国定教科書となった『尋常小学理科書』が，帝国大学博士ら編纂関係者によって「分類／形態中心の理科教材」として構成され，各県の師範学校から厳しい批判が少なからず出されたこととは，文部省著作教科書が師範学校教員や小学校教員といった現場との合意ないしは整合性をもって編纂・発行されたか否かという点において，対照的である。

第3項　国家主義的教材の有無

　『教師用手工教科書』の内容的特徴は，川村侚[35]と坂口[36]による先行研究の成果および拙稿[37]から，次のようにまとめられよう。

　すなわち，かなり行き届いた教材研究によって，少なくとも男子に関して8年間（女子には4年間）一貫した構成がなされており，尋常小学校第1学年から，平面・立体概念の形成に基づく図学・製図の基本的学習を重視し，さらに高等小学校第3・4学年に至っては，それらで得た知識を，製図，けがき，部材検査，修正加工などの製作の一連の工程において，実地に応用することを重視した実際的で体系立った指導書であったといえる。

　さらに，同書に掲載された製作課題をみてみると，国家主義的教材ないし軍事教材にあたるものは，尋常小学校第1学年第1学期の色板排の第5課での「国旗」が管見の限り，唯一のものである。この製作課題は，白の三角形の色板2枚を組み合わせて四角形をつくり，その上に赤の円形の色板をのせ，辺にそって青の細長い色板を竿にみたてて添えて，竿頭に黄色の小さな円形の色板を置くというものである。「要旨」は，「色板を排列して極めて簡易なる庶物の形をつくることを工夫すると共に，色の配合を悟らしむる」とされている。ちなみ

に，図画のように「軍旗」ではなく「国旗」であった。

　修身では「靖国神社」，国語読本では「水兵の母」「一太郎やあい」，図画では「砲弾」「軍旗」「軍帽」「士官」の画題など，軍事教材が国定一期から取り入れられている。これらの教科と比べると，『教師用手工教科書』は，国家主義的内容が極めて薄い教科書であったといえる。

おわりに

　以上，本章では，工作・技術教育における教科書使用をめぐる議論の系譜として，戦前日本の小学校手工科において，教科書が国定化されず，児童用教科書の使用も禁止されていた経緯とその理由に迫ることを試みた。最後に，本章での結論を4点にまとめ，教科書国定期における手工科の歴史的意義の一端を述べることで，むすびとしたい。

　第1に，教科書の国定化や児童用教科書使用の可否は，教科の必修や実習教科か否かという観点ないし観点のみでは，理由づけられていない。手工科の児童用教科書の使用が禁止されたのは，1903年の国定制開始時期より10年ほど前の1892年9月19日であった。手工科の教科書が国定化されず，児童用教科書の使用が禁止されていた理由を，単に，教科書国定期に必修教科でなかったことや実習教科であったことにみるのは一面的である。

　第2に，国定A，国定B，検定C，検定Dの4つの教科分類の線引きの根拠は，当時の文部省側の意見によれば，ひとつには教科書疑獄事件の再発防止と父兄負担の軽減を考慮した上での教科書発行部数の違いにあった。しかし，理由は，それだけではない。当時の文部省側には，よい教員を数多く養成できれば小学校教育にはむしろ教科書を使用しない方がよいとの考えがあり，こうした考えが一定程度の影響を与えていた。

　第3に，手工科での児童用教科書の使用禁止の理由について，上記の点のほかにも，日本特有の実物教授・開発主義の影響，国家主義的思想統制との絡み，地域の産業条件を考慮した全国画一化の是非等，要因が複雑に絡んでいた可能

性も否定できない。このことは，裏をかえせば，手工科がそれだけ特異な位置づけにあったといえる。

　第4に，手工科で唯一の文部省著作教科書である『教師用手工教科書』には，修身や国語などの教科書分析で指摘される国家主義的色彩は，まったくみられない。他方で，児童用教科書は，国民学校令が施行されるまで半世紀にわたり，使用が認められていなかった。つまり，手工科は少なくとも教育内容の面では，教科書による国家主義的な思想統制をうけない教科として存在していたといえる。

　教科書国定期に，児童に教科書をもたせるという直接的な思想統制がなく，教師用教科書にも国家主義的色彩がない，加えてよい教員を数多く得られればむしろ教科書を使用しない方がよいとする教育観を教員養成面で担保しえた可能性があったという点において，やや大胆にいうならば，平面・立体概念を養い，眼との協働作用を伴う手の巧緻性を高め，産業・職業世界を視野においたものづくりを行うための知識と技能を習得させるなど，子どもの発達を考慮した教育内容で構成された教科である手工科が，教科書国定期の小学校教育の一部を担い続けたことの意味は小さくないであろう。

　今日的な視野でみるならば，教科書を使用しないことは，一面で，科学に基づく真理・真実など，子どもに教授すべき知識を問うことなく，勤労愛好精神などのイデオロギーを精神主義的に注入する危険性が伴う。しかし，教員の養成・専門性などの質が担保されてさえいれば，むしろ，教科書の使用が義務づけられないことによって，思想統制に左右されない教科指導を行うことが可能である。上原六四郎の言葉を借りるならば，手工科は，不安定な位置づけでありながらも，普通教育として「世間に立てる人をつくる[38]」上で必要不可欠な内容，すなわち子どもの発達を第一義的ねらいとして存在することを標榜しえた教科であった。今日の図画工作科と技術科は，戦前からのこうした性格を継承した教科であることは，押さえてしかるべき歴史的事実であろう。

注

1) 細谷俊夫 (1944)『技術教育』育英出版　p. 131
2) 手工科は，1886年から半世紀にわたり，初等教育の8学年を通じて実施されていた。1886年に高等小学校で，1890年に尋常小学校で加設された後，幾度の制度的変遷を経て，1926年には高等小学校で，1941年には尋常小学校段階にあたる国民学校初等科でも芸能科工作として必修化された教科である。しかも，第2次世界大戦後，こうした手工科ないし芸能科工作は，小・中学校の図画工作科の工作教育へと継承される。さらに，1958年の学校教育法施行規則の一部改正によって，中学校では「生産的技術に関する部分」の内容が，図画工作科から新設の技術・家庭科へと移行された。
3) 唐沢富太郎 (1956)『教科書の歴史』創文社　p. 1
4) この点に関し，中村紀久二は，『教科書の社会史』(1992) 岩波書店にて，「国定教科書は絶対の権威をもち，そこに書かれていることは，それが真理・真実でないことがらでも，日本人の国民常識として定着させられたのである」(p. i) と述べている。
5) 唐沢富太郎　前掲書，仲新・海後宗臣編 (1961-1967)『日本教科書大系 (近代編)』講談社，山住正己 (1970)『教科書』岩波書店，仲新・稲垣忠彦・佐藤秀夫編 (1982-1983)『近代日本教科書教授法資料集成』講談社，中村紀久二 (1984-1986)『教科書研究資料文献』芳文閣などを参照。
6) 唐沢富太郎前掲書の時期区分は，次の通り。国定一期 (1904-1909)「資本主義興盛期の比較的近代的教科書」・国定二期 (1910-1917)「家族主義観に基づく帝国主義段階の教科書」・国定三期 (1918-1932)「大正デモクラシー期の教科書」・国定四期 (1933-1940)「ファシズム強化の教科書」・国定五期 (1941-1945)「決戦体制下の軍事的教科書」
7) 国定教科書制度をみちびく決定的契機となった事件。検定制度下では，教科書の売り込み競争の激化に伴い，教科書会社と，採択に関与あるいは権限をもつ府県当局者・審査委員との間で，教科書の採択をめぐる贈収賄が誘発しやすく，事実，不正行為の疑惑が，しばしば新聞紙上をにぎわして世間の注目をひいていた。
8) 中村 (前掲書4　pp. 125-127) によれば，教科書疑獄事件の結果，文部省はその対応策として教科書を国定化したという従前の通説に対して，「むしろ教科書の国定制を実施するために『多年ノ積弊』であった不正行為の一斉摘発，すなわち疑獄事件が発生した」と通説を疑問視する説や，これに対して「文部省側から教科書疑獄事件は仕掛けられたとは到底考えがたい」とする説，また，「日露戦争をひかえた陸軍当局からの強い要請によって仕組まれた事件ではないかとの疑惑ももたれている」との意見もあるとされる。
9) 同第24条の条文は以下の通り。「小学校ノ教科用図書ハ文部省ニ於テ著作権ヲ有スルモノタルヘシ／前項ノ図書同一ノ教科目ニ関シ数種アルトキハ其ノ中ニ就キ府県知事ヲ予定ス／文部大臣ハ第一項ノ規定ニ拘ラス修身，日本歴史，地理ノ教科用図書及国語読本ヲ除キ其ノ他ノ教科用図書ニ限リ文部省ニ於テ著作権ヲ有スルモノ及文部大臣ノ検定シタルモノニ就キ府県知事ヲシテ之ヲ予定セシムルコトヲ得」。
10) 1900年8月20日勅令小学校令改正により，読書と作文と習字が国語科に統合され，その内容は「読ミ方」，「綴リ方」，「書キ方」で構成された。
11) 尋常小学校の唱歌は，1911年に文部省著作『尋常小学唱歌』が発行されることにより，児童用教科書の使用を認める旨の規定は出されなかったものの，実際には児童用教科書

として使用されたといわれる。

12) 同53条の規定は次の通り。「小学校教科用図書中修身，国語，算術，日本歴史，地理，図画ヲ除キ其ノ他ノ図書ニ限リ文部省ニ於テ著作権ヲ有スルモノ及文部大臣ノ検定ヲ経タルモノニ就キ府縣知事之ヲ採定ス但シ體操，裁縫，手工，理科及尋常小学校ノ唱歌ニ関シテハ児童ニ使用セシムヘキ図書ヲ採定スルコトヲ得ス又国書書キ方，算術，図画ノ教科用図書ハ学校長ニ於テ之ヲ児童ニ使用セシメサルコトヲ得」。

13) ちなみに，1926年に新設された工業科は，その後も小学校令施行規則第53条で，教科書についての規定がなされることはなかった。また，裁縫に関しては，「各府県の教育会などが児童用の『裁縫学習帳』を作成していた場合が多い」との指摘がある（佐々木享監修（1994）『文部省著作　家庭科教科書　解説編』大空社　p.45）。

14) 表1-1 は，中村が作成した表（前掲書4　p.129）を参考に作成。なお，中村は分類 A について，「国定制度発足当初から絶対性をもって国定 A と規定されていた」と述べている。

15) ただし，1891年の文部省令第10号「随意科目等ニ関スル規則」によって，1900年まで尋常小学校で「随意科目トナスコトヲ得」とされていた。

16) 沢柳政太郎私家文書（1903）「教科書国定ニ就テ（菊池文部大臣演説大要）」成城学園教育研究所所蔵。

17) 1903年時の手工科の加設率は，尋常科で1%未満，高等科で6.9%。

18) ちなみに，教科書国定化に関する文部省の対応は，1900年以前においては否定的であり，樺山資紀文相は教科書の採択を各小学校にまかせ，正教員の会議の過半数意見によって教科書採択を行う自由採択制案を作成していた。ただし，菊池は国体との関係で，修身や国語読本の国定化は実施すべきとの立場をとっていたことは指摘しておく。

19) 理科では1903年に児童用教科書の使用が禁止される以前に，小林義則（1894）『（生徒用）新定理科書』文学社や，学海指針社編（1893）『小学理科新書（甲種）』集英堂などの児童用検定済教科書が多数，出版されていた。手工でも，1892年9月19日以前に，瓜生寅（1887）『小学校用　手工編』と興文社（1888）『実業教育　手工教授書』の2冊が，必ずしも教師用とは限らない高等小学校手工科用の検定済教科書として出版されていた。ただし，中村は前掲書5（（1986）『検定済教科用図書表』p.14）にて，「検定初期の教科書は生徒用と教師用の区別について明確ではなく，小学読本を除いて，ほとんどが教師用であったといえる」と述べている。

20)『教師用手工教科書』の「手工教授の目的」（p.1）には，「手工教授は眼及び手指を錬磨し〔中略〕，更に図画，理科，数学などに関する事項を実地製作の上に応用して工夫創造などの能力を増進し，〔後略〕」と記されている。

21) 板倉は，『増補日本理科教育史』（2009）仮説社にて，「科学」教育と「理科」教育との関係について，「『小／中学校の理科教育は科学そのものの教育を目指すものではない』ということを主張する人びと」の論拠は，「〈『下等の人民』には科学などわかりっこないし，たとえわからせることができたにしても何の役にもたたない〉というのである。そのような議論では，雄大な科学的自然観／科学観が人びとの生き方を変えるような威力をもちうることが忘れられているか，故意に無視されているのである。また科学のもっとも基本的な概念や原理的な法則についての知識が，次の時代に必要不可欠になるという展望を欠いている」（p.174）と論じている。

22) 同上　p.258。ちなみに，板倉は同書にて，「『開発主義の教授法』は確かに理想主義的な色彩をもつ教授法ではあったが，日本の開発主義教育は，その形式的な面のみに注意を奪われ，科学的な自然観／合理主義を考慮せずに，教育の反動化と調和し，教育政策の反動化と統制強化のなかに喜んで迎え入れられたというべき」と述べている（pp.156-157）。

23) 坂口謙一 (1996)「普通教育課程における形式陶冶主義工芸教育の成立」佐々木享編『技術教育・職業教育の諸相』大空社　pp.135-160 を参照。

24) 板倉聖宣　前掲書　pp.258-259

25) 板倉は，〈神と自然の偉大さを教える宗教教育／情操教育と勤労教育〉とから出発したドイツの国民教育における理科教育は，「『自然科学』ではなく『通常の天然物』や『自然の現象』を統合して教えるという」ドイツ独特のものであり（前掲書　p.242），「『理科』という教科教育は，国家主義化した日本がドイツ帝国の政治／教育／科学を全体として見習うための一環として日本の小学校教育に取り入れられたもの」(p.255) と述べ，この点に関して，次のように論じている。「〈国家主義的な教育統制〉を意図した『学校令』の精神からすれば，『学制』において〈封建的／儒教的精神〉に対し，〈科学的／合理的精神の養成〉を意図して導入された学校での科学教育は，無用というよりもむしろ危険な存在として意識されるようになったのであろう。明治初年の『学制』が，啓蒙主義に基づいて儒教主義に対立する科学教育に力を注いだのとまったく対照的に，1886年の『小学校令』は軍国主義的な教育方針のもとに，近代科学の合理主義に敵対する修身／歴史 (皇国史)／体操 (兵式体操) に力を注ぐことになったのである」(p.184)。

26) 中内敏夫 (1973)『近代日本教育思想史』国土社　pp.216-228

27) 板倉聖宣　前掲書　p.277

28) ただし，農業も導入経緯と教育内容で同様な面をもっているにもかかわらず，文部省著作教科書と検定済教科書のなかから知事採定によって児童用教科書が使用されていたことも，判断の考慮に入れなければなるまい。

29) 疋田祥人 (1999)「師範学校手工科教員の養成における直接養成と間接養成」『産業教育学研究』第29巻第2号　pp.36-42 ほか参照。

30) 成城学園教育研究所所蔵 沢柳政太郎私家文書「教科書編纂関係者氏名」(「沢柳研究資料」12) に，国定教科書の編纂関係者の氏名と役職が教科ごとに記されている。

31) 板倉聖宣　前掲書　p.266

32) 梶山雅史 (1988)『近代日本教科書史研究』ミネルヴァ書房　pp.319-320 を参照。

33) 岡山秀吉 (1920)「現下の手工科教授に対する所感」『教育研究』第202号　p.160

34) 文部省普通学務局 (1913)『国定教科書意見報告彙纂 (第一輯)』ほか参照。

35) 川村侔 (1975)「Ⅱ-1-4　手工科の再建」『講座 現代技術と教育8　技術教育の歴史と展望』開隆堂　pp.31-37

36) 坂口謙一 (1994)「手技の練習と製図・図形学習を重視する手工教育」『産業教育学研究』第24巻第2号　pp.17-24

37) 平舘善明 (2011)「木工教材の復原にみる文部省編纂『小学校教師用　手工教科書』の特質」『産業教育学研究』第41巻第2号　pp.8-15

38) 上原六四郎 (1888)『東京府学術講義　手工科講義録』上巻　教育書房

第 2 章

師範学校学科課程における
手工科教育の位置づけ

疋 田 祥 人

はじめに

　日本の普通教育としての技術教育は，戦前の小学校の手工科および実業，中学校の作業科および実業を系譜にしている。このうち，「我国に於て技術教育を学校に導入した最初の運動」[1]とされる手工科については，手工科教育を担う教員の養成を，国際的にみても早くから，かつ全国規模で整え営んできた。

　しかし，戦前日本の普通教育としての技術教育を担ってきた小学校教員養成における手工科教育の営みと成果については，今日の図画工作科教育関係者ばかりか，技術教育関係者でさえも，忘却してしまっている状況がある。それは，これまで小学校の手工科教育についての歴史的研究は少なくはないけれども，その教員養成に関する研究はほとんどないという事実からも，一層鮮明になる。

　ところで，学校における教育実践は，教師に依存する部分が大きい。そのため，戦前日本の小学校における手工科教育の教育実践の水準は，教師の力量によるところが大きいと考えることには根拠があり，小学校教員を養成していた師範学校での手工科教育の実態の解明は，重要であるといえる。

　また，学校における教員養成の営みの特徴は，そこでの教育課程にもっとも直接的に反映されていると考えられる。したがって，師範学校における手工科教育の営みを，その学科課程の特徴から分析することは，最重要かつ有効な方

法であろう。

　以上のような問題関心から，本章では，日本の普通教育としての技術教育の
教員養成史研究の一環として，戦前日本の尋常・高等小学校教員の養成を目的
としていた師範学校（尋常師範学校と時期により使い分ける）の学科課程に注
目する。そして，師範学校学科課程における手工科教育を，小学校における手
工科教育の実施状況との比較を中心に分析する。

　具体的には，手工科教育の歴史を尋常・高等小学校段階および師範学校段階
における法制度的位置づけに則して時期区分すると，① 手工科教育の模索期
（1886～1906），② 手工科教育の定着期（1907～1925），③ 手工科教育の充実期
（1926～1942），の3つの時期に区分できる[2]。

　本章では，こうした3つの時期における師範学校学科課程における手工科教
育および小学校における手工科教育の実施状況を，以下の方法によって分析す
ることを試みる。

　第1に，師範学校学科課程における手工科教育について，「師範学校ノ学科
及其程度」および「師範学校規程」などの各法令，とりわけ手工科または手工
科教育を担う学科目の位置づけや教授時間数に変化があった法令に着目し，手
工科教育を担う学科目の学科課程上の位置づけやその教授時間数について分析
する。

　第2に，こうした師範学校の卒業生の多くが勤務していた小学校における手
工科の実施状況について，『文部省年報』に掲載された全国の尋常・高等小学
校における手工科の加設学校数に注目し分析する。

　なぜなら，小学校の教科課程における手工科教育の位置づけについては，原
正敏・川村侔（1975）[3]，石原英雄・橋本泰幸（1987）[4]，森下一期（1990）[5]，坂口謙一
（1992）[6] など，これまでに多くの研究が蓄積されている。これらの先行研究では，
小学校では，尋常・高等小学校段階のすべての子どもに手工科教育が課される
ようになったのは，1941（昭和16）年に国民学校の初等科・高等科の児童に芸
能科工作が課されるようになってからのことであり，それまでの小学校の教科
課程における手工科は，「『土地の状況』などにより増課することができ（中略），

学校単位で，すべての子どもが履修しなければならない」とする「加設科目」や，「学校が設置してもすべての子どもが履修することを前提としない」とする「随意科目」など，「性別による取扱いの違いも加わり，多様な位置づけがなされていた」とされている。[7]したがって，小学校での手工科教育の実施状況を知るうえでは，手工科を加設していた学校数が重要な手がかりになると考えられるためである。[8]

　本章では，こうした第1，第2の分析を比較検討することによって，師範学校学科課程上の手工科教育の位置づけの特徴およびその技術教育教員養成史上の意味を解明することを目的としている。

第1節　師範学校学科課程における手工科教育

第1項　手工科教育の模索期 (1886〜1906)

　師範学校段階における手工科教育は，「農業手工」が尋常師範学校の学科課程に導入されたことにはじまる。

　1886 (明治19) 年に制定された「尋常師範学校ノ学科及其程度」(文部省令第9号) によると，尋常師範学校の学科目は，倫理，教育，国語，漢文，英語，数学，簿記，地理歴史，博物，物理化学，農業手工 (男生徒)，家事 (女生徒)，習字図画，音楽，体操とされ，男生徒のみであるけれども，手工科教育を担う「農業手工」が尋常師範学校で行われることとなった。そして，この「農業手工」の教授時間は，第1学年から第3学年までの各学年では週2時間，第4学年で週6時間とされ，4年間合計で12時間の週当たりの教授時間が配当された (表2-1)。

表2-1　1886年「尋常師範学校ノ学科及其程度」における手工科教育の教授時間配当
【男生徒】

学科目	第1学年	第2学年	第3学年	第4学年	合　計
農業手工	2	2	2	6	12

出所)「尋常師範学校ノ学科及其程度」(1886年5月文部省令第9号) 第5条より作成。

　他方で，尋常師範学校の女生徒には，「農業手工」またはその他手工科教育に関する学科目は課せられなかった。女生徒の学科課程については，1889（明治22）年の「尋常師範学校ノ女生徒ニ課スヘキ学科及其程度」（文部省令第8号）により改正されるけれども，ここにおいても，女生徒に対して手工科教育が課されることはなかった。

　そして，1892（明治25）年の「尋常師範学校ノ学科及其程度」（文部省令第8号）では，男生徒に課すべき学科目が，修身，教育，国語，漢文，歴史，地理，数学，物理化学，博物，習字，図画，音楽，体操とされ，土地の状況によって，外国語，農業，商業，手工のうちの1学科目もしくは数学科目を加え，数学科目を加えた場合は，そのうちの1学科目のみを生徒に課すこととされた。

　これにより，従来の「農業手工」は，手工科および農業科に分けられることとなった。しかし，手工科はすべての男生徒に課されるものではなく，男生徒には，外国語，農業科，商業科，手工科のうちの1学科目のみが課されることになった。そして，そのときの教授時間は，第1学年では週2時間，第2学年から第4学年までの各学年で週3時間とされ，4年間合計で11時間の教授時間が配当された（表2-2）。

　また，ここにおいても，女生徒には，手工科またはその他手工科教育に関する学科目は課せられることはなかった。

　このように，模索期（1886～1906）においては，手工科教育は，一貫して男生徒のみに課せられる学科目として師範学校の学科課程に位置づいていた。1886年の「尋常師範学校ノ学科及其程度」では，合計12時間の週当たり教授時間

表2-2　1892年「尋常師範学校ノ学科及其程度」における手工科教育の教授時間配当
【男生徒】

学科目	第1学年	第2学年	第3学年	第4学年	合　計
外国語 農　業 商　業 手　工	2	3	3	3	11

出所）「尋常師範学校ノ学科及其程度」（1892年7月文部省令第8号）第10条より作成。

の「農業手工」を尋常師範学校のすべての男生徒に課すこととされていた。また，1892年の「尋常師範学校ノ学科及其程度」では，手工科と農業科は分けられたけれども，手工科はすべての男生徒に課せられず，外国語，農業科，商業科，手工科のうちの1学科目のみを合計11時間の週当たり教授時間で課すこととされた。

第2項　手工科教育の定着期 (1907〜1925)

1907 (明治40) 年，「師範学校規程」(文部省令第12号) が制定され，「従前の関係法令はすべてここに一括」[9]されることとなった。

同省令では，師範学校が，① 修業年限2年の高等小学校卒業者を主な対象とした予備科，② 予備科の修了者または修業年限3年の高等小学校卒業者を主な対象とした本科第一部 (修業年限：4年)，③ 男生徒は中学校卒業者，女生徒は高等女学校卒業者を主な対象とした本科第二部 (修業年限：男生徒1年・女生徒1年または2年) に分けられた。

そして，本科第一部の男生徒に課すべき学科目は，修身，教育，国語及漢文，英語，歴史，地理，数学，博物，物理及化学，法制及経済，習字，図画，手工，音楽，体操とし，これらのうち英語は随意科目とすることとされた。また，これらのほかに農業か商業の1学科目もしくは2学科目を加え，2学科目を加えた場合は，そのうちのどちらかを生徒に学習させることとされた。他方で，女生徒に課すべき学科目は，修身，教育，国語及漢文，歴史，地理，数学，博物，物理及化学，家事，裁縫，習字，図画，手工，音楽，体操とされ，これらの他に随意科目として英語を加えることも認められた。

また，本科第二部の男生徒に課すべき学科目は，修身，教育，国語及漢文，数学，博物，物理及化学，法制及経済，図画，手工，音楽，体操とされ，法制及経済に関しては，中学校で学習した生徒には欠くことが認められた。他方で，女生徒に課すべき学科目は，修身，教育，国語及漢文，数学，博物，物理及化学，裁縫，図画，手工，音楽，体操とし，これらの他に，随意科目として英語を加えることや修業年限を2年とした場合には歴史と地理を加えることが認め

られた。

　そして，こうした師範学校のそれぞれの学科目の教授時間数は，1910（明治
43）年に制定された「師範学校教授要目」（文部省訓令第13号）によって，詳細
に規定された。

　同訓令では，本科第一部男生徒の手工科の教授時間は，第1学年と第3学年
で週1時間，第2学年と第4学年では週2時間とされ，4年間合計で6時間の
週当たりの教授時間が配当された。また，本科第一部女生徒の手工科の教授時
間は，第1学年，第3学年，第4学年では週1時間，第2学年では週2時間と
され，4年間合計で5時間の週当たりの教授時間が配当された。

　さらに，本科第二部の男生徒および修業年限1年の女生徒の手工科の教授時
間は週2時間とされた。また，修業年限2年の女生徒の手工の教授時間は，第
1学年で週2時間，第2学年では週1時間とされ，2年間合計で3時間の週当
たりの教授時間が配当された（表2-3）。

　このように，定着期（1907〜1925）においては，1907年の「師範学校規程」
によって，手工科が本科の女生徒にも課されるようになり，手工科教育が本科
の男生徒および女生徒に課すべき必須科目として師範学校の学科課程に位置づ
けられた。そして，本科第一部の生徒に対しては合計5ないし6時間，本科第
二部の生徒に対しては合計2ないし3時間の手工科が課されることになった。

表2-3　1910年「師範学校教授要目」における手工科教育の教授時間配当

		学科目	第1学年	第2学年	第3学年	第4学年	合　計
本科第一部	男生徒	手　工	1	2	1	2	6
	女生徒	手　工	1	2	1	1	5
本科第二部	男生徒	手　工	2				2
	女生徒（修業年限：1年）	手　工	2				2
	女生徒（修業年限：2年）	手　工	2	1			3

出所）「師範学校教授要目」（1910年5月文部省訓令第13号）より作成。

第 3 項 手工科教育の充実期（1926〜1942）

1925（大正14）年の「師範学校規程中改正」（文部省令第8号）では，従前の予備科を廃止して，本科第一部の修業年限を5年間とし，さらに，本科の上に「本科ノ学科目又ハ之ニ関連スル学科目ニ付精深ナル程度ニ於テ学修ヲ為サシムル[10]」ことを目的とする修業年限1年の専攻科が設置されることとなった。

そして，本科第一部の男生徒に課すべき学科目は，修身，教育，国語及漢文，英語，歴史，地理，数学，博物，物理及化学，法制及経済，農業又ハ商業，習字，図画，手工，音楽，体操とされた。他方，女生徒に課すべき学科目は，修身，教育，国語及漢文，歴史，地理，数学，博物，物理及化学，法制及経済，家事，裁縫，習字，図画，手工，音楽，体操とされ，随意科目として英語および農業又ハ商業の1学科目または数学科目を加えることが認められた。

また，本科第二部の男生徒に課すべき学科目は，修身，教育，国語及漢文，歴史，地理，数学，博物，物理及化学，法制及経済，農業又ハ商業，図画，手工，音楽，体操とされた。他方，女生徒に課すべき学科目は，修身，教育，国語及漢文，歴史，地理，数学，博物，物理及化学，法制及経済，家事，裁縫，図画，手工，音楽，体操とされ，これらのほかに，修業年限が2年の女生徒には，随意科目として英語および農業又ハ商業の1学科目または数学科目を加えることが認められた。

そして，同年に全面改正された「師範学校教授要目」（文部省訓令第7号）では，本科第一部の男生徒および女生徒の手工科の教授時間が，第2学年で週に2時間，それ以外の各学年で週に1時間とされ，5年間合計で6時間の教授時間が配当された。

他方で，本科第二部の男生徒および修業年限1年の女生徒の手工科の教授時間は週に2時間とされた。また，修業年限2年の女生徒には各学年で週に1時間とされ，2年間合計で2時間の週当たりの教授時間が配当された（表2-4）。

さらに，「実習ヲ必要トシ且人々巧拙能不能ノ差多キモノナレハ実習ハ課程表ノ時数外ニ於テ尚之ヲ課スルコトヲ認メ当事者ヲシテ生徒ノ能力ヲ斟酌シテ適宜ニ奨励セシムル[11]」とされ，こうした学科課程の教授時間以外に手工科の実

表 2-4　1925 年「師範学校教授要目」における手工科教育の教授時間配当

		学科目	第 1 学年	第 2 学年	第 3 学年	第 4 学年	第 5 学年	合　計
本科第一部	男生徒	手　工	1	2	1	1	1	6
	女生徒	手　工	1	2	1	1	1	6
本科第二部	男生徒	手　工	2					2
	女生徒（修業年限：1 年）	手　工	2					2
	女生徒（修業年限：2 年）	手　工	1	1				2

注)　手工科の実習は教授時間以外に課すことができる。
出所)「師範学校教授要目」(1925 年 4 月文部省訓令第 7 号) より作成。

習を課すことが認められた。

　その後，1931（昭和 6）年には，再び「師範学校規程中改正」(文部省令第 1 号)
が行われた。

　同省令では，師範学校の学科課程が基本科目と増課科目とに大別された。

　これらのうち，基本科目とは，すべての生徒が一様に学習する学科目である。
本科第一部での基本科目は，修身，公民科，教育，国語漢文，歴史，地理，英
語，数学，理科，実業（男生徒），家事（女生徒），裁縫（女生徒），図画，手工，
音楽，体操とされた。また，本科第二部では，修身，公民科，教育，国語漢文，
歴史，地理，数学，理科，実業（男生徒），家事（女生徒），裁縫（女生徒），図
画，手工，音楽，体操が基本科目とされた。

　他方で，増課科目とは，本科第一部の第 4 学年以上の生徒，第二部の生徒，
および専攻科の生徒に対して，基本科目に加えて選択学習させるものである。
本科第一部では，国語漢文，歴史，地理，英語，数学，理科，実業，家事（女
生徒），裁縫（女生徒），図画，手工，音楽が増課科目とされた。また，本科第
二部では，国語漢文，歴史，地理，英語，数学，理科，家事（女生徒），裁縫
（女生徒），実業，図画，手工，音楽が増課科目とされた。

　そして，同年に全面改正された「師範学校教授要目」(文部省訓令第 7 号) では，

表 2-5　1931 年「師範学校教授要目」における手工科教育の教授時間配当

<table>
<tr><td colspan="3"></td><td>学科目</td><td>第１学年</td><td>第２学年</td><td>第３学年</td><td>第４学年</td><td>第５学年</td><td>合　　計</td></tr>
<tr><td rowspan="4">本科第一部</td><td rowspan="2">男生徒</td><td>基本科目</td><td>手　工</td><td>1</td><td>2</td><td>1</td><td>1</td><td>1</td><td>6</td></tr>
<tr><td>増課科目</td><td>手　工</td><td>-</td><td>-</td><td>-</td><td>2〜4</td><td>2〜4</td><td>4〜8</td></tr>
<tr><td rowspan="2">女生徒</td><td>基本科目</td><td>手　工</td><td>1</td><td>2</td><td>1</td><td>1</td><td>1</td><td>6</td></tr>
<tr><td>増課科目</td><td>手　工</td><td>-</td><td>-</td><td>-</td><td>2〜4</td><td>2〜4</td><td>4〜8</td></tr>
<tr><td rowspan="4">本科第二部</td><td rowspan="2">男生徒</td><td>基本科目</td><td>手　工</td><td>1</td><td>1</td><td></td><td></td><td></td><td>2</td></tr>
<tr><td>増課科目</td><td>手　工</td><td>2〜4</td><td>2〜4</td><td></td><td></td><td></td><td>4〜8</td></tr>
<tr><td rowspan="2">女生徒</td><td>基本科目</td><td>手　工</td><td>1</td><td>1</td><td></td><td></td><td></td><td>2</td></tr>
<tr><td>増課科目</td><td>手　工</td><td>2〜4</td><td>2〜4</td><td></td><td></td><td></td><td>4〜8</td></tr>
</table>

注) 手工科の実習は教授時間以外に課すことができる。
出所)「師範学校教授要目」(1931 年 3 月文部省訓令第 7 号) より作成。

　本科第一部の男生徒および女生徒の基本科目としての手工科の教授時間が，第
2 学年では週に 2 時間，それ以外の各学年では週に 1 時間とされ，5 年間で合
計 6 時間の週当たりの教授時間が配当された。

　また，本科第二部の男生徒および女生徒の基本科目としての手工科の教授時
間は，各学年で週に 1 時間とされ，合計 2 時間の週当たりの教授時間が配当さ
れた。

　さらに，手工科については，増課科目として，本科第一部の第 4 学年以上お
よび本科第二部において週に 2 ないし 4 時間の手工科を学ぶことや，従前と同
様に，実習をこうした学科課程の教授時間以外に課すことも認められていた (表
2-5)。

　このように，充実期 (1926〜1942) における師範学校の手工科教育は，定着期
(1907〜1925) と同様に，本科のすべての生徒に課すべき必須科目として位置づ
けられていた。そして，本科第一部の生徒に対しては合計 5 ないし 6 時間，本
科第二部の生徒に対しては合計 2 ないし 3 時間の手工科を課すこととされてい
た。

第2節　小学校における手工科の実施状況

第1項　手工科教育の模索期 (1886～1906)

　小学校における手工科教育は，1886年に制定された「小学校令」（勅令第14号），いわゆる「第一次小学校令」で，手工科が，高等小学校の教科課程に加えられたことにはじまる。同勅令では，高等小学校の教科課程に，英語，農業，手工，商業のうちの1教科または2教科を土地の状況によって加えることが認められた。

　こうした高等小学校に手工科が設置された当初の『文部省年報』には，小学校における手工科加設学校数は記されていない。しかし，1887（明治20）年の『文部省年報』によると，「府県多クハ農業，手工等ノ実業科ヲ設ケントスル傾向アリ既ニ之ヲ設ケタルモノモ亦少ナカラズ」とされており，高等小学校で手工科を加設していた学校は少なくなかったと考えられる。

　そして，1890（明治23）年に制定された「小学校令」（勅令第215号），いわゆる「第二次小学校令」では，尋常小学校の教科課程にも手工科が加えられ，尋常小学校および高等小学校で手工科を加設することが認められた。

　しかし，1890年代後半には，手工科を加設していた学校はほとんどなく，手工科を加設した尋常・高等小学校の割合は，1896（明治29）年を除いて1.0％にも満たない状況であった。尋常小学校では，1897（明治30）年に手工科を加設する学校が87校あったけれども，これは全尋常小学校の0.4％にすぎなかった。また，高等小学校においても，1896年に全高等小学校数の1.2％にあたる42校の学校で手工科が加設されたけれども，それ以外の年は手工科を加設していた学校は，1.0％未満であった（表2-6）。

　さらに，この時期は，1891（明治24）年の「随意科目等ニ関スル規則」（文部省令第10号）で，尋常・高等小学校の手工科は随意科目にすることが認められたため，手工科を加設した小学校においても，当該学校のすべての児童がそれを履修するとは限らなかった。したがって，実際に手工科を履修していた児童も皆無に近い状況であったと考えられる。

表2-6　手工科を加設する小学校数とその割合

年	尋常小学校			高等小学校		
	A：手工科加設学校数	B：市町村立・私立学校総数	加設率(%)(A/B)	C：手工科加設学校数	D：市町村立・私立学校総数	加設率(%)(C/D)
1895	64	22,318	0.3	17	3,260	0.5
1896	48	22,277	0.2	42	3,609	1.2
1897	87	22,090	0.4	19	3,984	0.5
1898	15	22,002	0.1	23	4,340	0.5
1899	15	21,914	0.1	39	4,694	0.8
1900	24	21,930	0.1	9	5,119	0.2
1901	18	22,026	0.1	23	6,354	0.4
1902	65	22,031	0.3	30	6,998	0.4
1903	68	22,024	0.3	103	7,408	1.4
1904	374	22,330	1.7	531	7,705	6.9
1905	1,431	22,373	6.4	1,006	8,143	12.4
1906	1,964	22,309	8.8	1,258	8,673	14.5
1907	2,827	22,188	12.7	1,550	9,242	16.8
1908	5,359	21,343	25.1	2,222	8,137	27.3
1909	7,242	21,064	34.4	2,110	8,350	25.3
1910	8,497	20,857	40.7	3,974	8,804	45.1
1911	8,961	20,782	43.1	4,046	9,140	44.3
1912	9,302	20,742	44.8	2,348	9,515	24.7
1913	9,220	20,665	44.6	2,139	9,689	22.1
1914	9,003	20,582	43.7	1,823	9,896	18.4
1915	8,869	20,577	43.1	1,686	10,072	16.7
1916	8,850	20,582	43.0	1,619	10,267	15.8
1917	8,660	20,573	42.1	1,559	10,439	14.9
1918	8,659	20,574	42.1	1,459	10,709	13.6
1919	8,015	20,592	38.9	1,468	11,002	13.3
1920	7,850	20,612	38.1	1,548	11,410	13.6
1921	7,605	20,555	37.0	1,399	11,737	11.9
1922	7,596	20,540	37.0	1,392	12,188	11.4
1923	7,651	20,457	37.4	1,514	12,675	11.9
1924	7,660	20,385	37.6	1,541	13,038	11.8
1925	7,932	20,367	38.9	1,752	13,319	13.2
1926	7,641	20,356	37.5	13,545	13,545	100.0
1927	8,949	20,344	44.0	13,713	13,713	100.0
1928	9,056	20,377	44.4	13,842	13,842	100.0
1929	9,311	20,414	45.6	13,941	13,941	100.0
1930	9,708	20,446	47.5	13,980	13,980	100.0
1931	10,042	20,409	49.2	13,961	13,961	100.0
1932	10,440	20,441	51.1	13,971	13,971	100.0
1933	10,890	20,464	53.2	14,002	14,002	100.0
1934	11,304	20,518	55.1	14,065	14,065	100.0
1935	11,664	20,556	56.7	14,143	14,143	100.0
1936	12,091	20,593	58.7	14,207	14,207	100.0
1937	12,505	20,628	60.6	14,287	14,287	100.0
1938	12,628	20,645	61.2	14,366	14,366	100.0
1939	12,927	20,670	62.5	14,473	14,473	100.0
1940	13,036	20,731	62.9	14,664	14,664	100.0
1941	20,688	20,688	100.0	14,907	14,907	100.0

注1) 市町村立・私立学校総数は本校のみを示している（分校はのぞく）。
注2) 尋常高等小学校に関しては，尋常，高等の各1校として計算した。
注3) 1926年以降の高等小学校の手工加設学校数は工業を実施している学校数を含む。
出所) 各年度の『文部省年報』より作成。

そして，こうした手工科を加設する学校がいちじるしく少なく，手工科を履修していた児童もほとんどいないと推測できる状況は，1900（明治33）年に新たな「小学校令」，いわゆる「第三次小学校令」（勅令第344号）が制定されてからも続いている。

　1900年代の初めには，尋常小学校および高等小学校では全学校の1.0％に満たない学校でしか手工科が加設されていなかった。また，「第三次小学校令」でも，手工科は随意科目にすることも認められており，手工科を加設した学校においても，すべての児童が手工科を履修しているわけではなかった。

　ところが，1904（明治37）年以降，手工科を加設する学校が増加している。手工科を加設する尋常小学校数は，1904年には374校と，その割合が初めて1.0％を超え，1906（明治39）年には全尋常小学校の8.8％にあたる1,964校で手工科が加設されるようになった。また，高等小学校でも，1904年には，全高等小学校の6.9％にあたる531校にまで増加し，1906年には，全高等小学校の14.5％にあたる1,258校で手工科が加設されるようになった（表2-6）。

　この背景には，日清・日露戦争の影響がないとは考えにくい。すなわち，日清戦争により，教育の問題として，実業教育に関する諸規程および各種の実業諸学校を統一的に規定する「実業学校令」（勅令第29号）が制定されるなかで，実業教育の振興がはかられてきた。そして，日露戦争の影響で，日本の近代的産業の発達および実業教育の振興はさらに促進され，「遂に小学校に於ける手工教育の振興にまで及んで来た」ことから，手工科を加設する小学校が増加したと考えられる。

　このように，模索期（1886〜1906）においては，日清・日露戦争の影響で，1904年以降に手工科を加設する学校が増加する傾向がみられるけれども，尋常小学校では1割を満たない学校で手工科が加設されていたにすぎなかった。また，高等小学校においても，1904年まで手工科を加設する学校は1割を満たず，もっとも加設率が高い1906年でもおよそ15％にすぎなかった。

第 2 項　手工科教育の定着期 (1907〜1925)

　日清・日露戦争の影響による手工科を加設する学校数の増加は，その後
1910 年頃まで続いた。

　そして，1910 年には，尋常小学校では全尋常小学校の 40.7% にあたる 8,497 校，
高等小学校では全高等小学校の 45.1% にあたる 3,974 校で手工科を加設するよ
うになった (表 2-6)。また，1907 年の「小学校令中改正」(勅令第 52 号) では，
手工科は随意科目とすることができなくなっていたため，こうした手工科を加
設した学校では，すべての児童が手工科を学習することになった。

　しかし，1911 (明治 44) 年の「小学校令中改正」(勅令第 216 号) により，高等
小学校では，手工，農業，商業のうちの 1 教科目または数教科目を必ず加え，
数教科を加えた場合，それらのうちの 1 教科目を児童に課すこととされた。こ
れにより，手工科は，それまで可能であった農業科や商業科と併せて課すこと
ができなくなった。

　そして，1912 (大正元) 年以降，手工科を加設する学校は，再び減少してい
くこととなる。1912 年には，全高等小学校の 24.7% にあたる 2,348 校と，前年
に比べておよそ半減してしまい，その後も年々手工科を加設する高等小学校は
減少していった。そして，1922 (大正 11) 年には，全高等小学校の 11.4% でし
かない 1,392 校でのみ手工科が加設されるようになった。また，これに伴って，
尋常小学校においても，手工科を加設する学校が 1912 年の 9,302 校をさかいに，
徐々に減少していき，1922 年には，全尋常小学校の 37.0% にあたる 7,596 校と
なった (表 2-6)。

　このように，定着期 (1907〜1925) においては，手工科を加設する小学校は，
1912 年までは年々増加していき，1912 年に全尋常小学校のおよそ 45% にあた
る 9,302 校で，1911 年には全高等小学校のおよそ 44% にあたる 4,046 校で手工
科が加設されるようになった。しかし，1912 年以降，手工科を加設する尋常・
高等小学校の数は年々減少し，1924 (大正 13) 年には，全高等小学校のおよそ
12% にしかあたらない 1,541 校，尋常小学校では，全尋常小学校のおよそ 38%
にあたる 7,660 校でのみ手工科が加設されるようになった。

第3項　手工科教育の充実期 (1926〜1942)

1926 (大正 15) 年には,「小学校令中改正」(勅令第 73 号) が行われ, 高等小学校では, 手工科が原則として必設とされ, 実業科の工業を学習する児童以外のすべての児童に手工科が課されることになった。

そして, こうしたことが影響し, 尋常小学校で手工科を加設する学校も, 1926 年以降に再び増加することになった。1932 (昭和6) 年には全尋常小学校の半数以上の 10,440 校で手工科を加設するようになり, 1940 (昭和 15) 年には, 全尋常小学校の 62.9 ％にあたる 13,036 校の尋常小学校で手工科を加設するようになった (表 2-6)。

そして, 1941 年には,「国民学校令」(勅令第 48 号) が制定され, 手工科が芸能科の1科目である工作にかわり, 従前の尋常小学校段階あたる国民学校初等科, および高等小学校段階にあたる国民学校高等科のすべての児童に課されることになった。

このように, 充実期 (1926〜1942) においては, 1926 年にすべての高等小学校において手工科が原則として必設とされ, 実業科工業を履修する児童以外のすべての児童に課されることになった。また, こうしたことが影響し, 尋常小学校では, 手工科を加設する学校が徐々に増加し, 1940 年には, 全尋常小学校のおよそ 62 ％にあたる 13,036 校で手工科が加設されるようになった。そして, 1941 年に手工科は芸能科工作にかわり, 尋常小学校段階および高等小学校段階のすべての児童に課されることになった。

おわりに

以上のように, 師範学校学科課程での手工科教育の位置づけを, 小学校における手工科教育の実施状況との比較において分析すると, 次の3点の特徴が指摘できる。

第1に, 尋常小学校では全体の 12.7 ％でしかない 2,827 校, 高等小学校では全体の 16.8 ％でしかない 1,550 校でのみ手工科が加設されていたにすぎなかっ

た1907年に，師範学校においては，手工科が本科の男女すべての生徒に課すべき必須科目のひとつとされた点である。小学校の手工科の実施状況とは相対的に区別されて，師範学校では手工科が必須化された点が注目される。

　第2に，師範学校における手工科の教授時間数の多さである。師範学校での手工科教育は，1886年から1891年にかけては，男生徒のみを対象とした「農業手工」であり，1892年から1906年までは，外国語，農業科，商業科，手工科のうちの1学科目を男生徒のみに課すことになっていたけれども，合計7ないし12時間の週当たり教授時間が与えられていた。また，必須化された1907年以降も，本科第一部では4年間または5年間で計5時間ないし6時間以上の週当たり教授時間が与えられていた。これらの点は，師範学校における手工科教育が時間数の点で相当程度行われていたと考えられる。

　たとえば，現在の小学校図画工作科は，戦前の手工科教育と図画科教育の性格を引き継いでいる。現行の「教育職員免許法」および「教育職員免許法施行規則」によれば，現在の大学学部における小学校教員養成において，全学生を対象とした図画工作科に関わる必須科目は4年間で2単位のみである。しかし，現行制度の単位数に換算すれば，戦前の師範学校の本科第一部では，少なくとも4年間もしくは5年間で合計5単位ないし6単位以上の手工科教育が課されていたことになる。

　第3に，1907年以降，こうした教授時間数が男生徒，および女生徒にほぼ等しい教授時間数が与えられていた点である。師範学校における手工科教育が，男女を問わず，すべての小学校教員に必要な教育であることが認められていたと考えられる。

　こうした点から，戦前日本の小学校教員を養成していた師範学校においては，1886年に「農業手工」として発足して以来，小学校における手工科教育の実施状況に比べて，手工科教育が常に重く位置づけられていたといえる。

　つまり，戦前日本においては，手工科の知識や技能が，男女問わず，すべての小学校教員に必要とされる重要な力量とみなす教職観の存在がこれらの諸点に示唆されており，その力量形成のため師範学校では，手工科教育が重く位置

づけられていたとみることができる。

注

1) 細谷俊夫（1944）『技術教育―成立と課題』育英出版　p.131
2) Y. HIKIDA, and Y. TANAKA（2006）Questioning Period Subdivision of History of Manual Training in Pre-World War II Japan, Journal of Educational Research, Vol.13, pp.169-179.
3) 原正敏・川村侔（1975）『講座　現代技術と教育8　技術教育の歴史と展望』開隆堂
4) 石原英雄・橋本泰幸編著（1987）『工作・工芸教育の新展開』ぎょうせい
5) 森下一期（1990）「高等小学校における［選択制］に関する一考察」『名古屋大学教育学部紀要（教育学科）』第36巻　pp.289-303
6) 坂口謙一（1992）「1926年高等小学校教育改革における『女子手工科』の成立」『名古屋大学教育学部紀要（教育学科）』第39巻　pp.155-164
7) 森下一期　前掲書　p.292
8) なお，手工科を加設する小学校については細谷俊夫前掲書でも解明されているけれども，分析対象が1934（昭和9）年までとなっており，課題が残っている。
9) 国立教育研究所編（1974）『日本近代教育百年史』第4巻　国立教育研究所　p.1416
10) 「師範学校規程中改正」（1925年4月文部省令第8号）第3条
11) 「師範学校規程中改正ノ趣旨」（1925年4月文部省訓令第4号）
12) 文部省（1887）『文部省年報』p.31
13) 細谷俊夫　前掲書　p.141

第 3 章

戦前における城戸幡太郎の
職能教育概念の再検討
―知的障害児技術教育論の視点から―

尾 高 　 進

はじめに

　本章は，城戸幡太郎（1893-1985）を取り上げ，その職能教育概念についての再検討を行うことを目的とする。

　城戸は，技術教育研究の面では，敗戦直後から，生産教育論を展開したことで知られている。それは，平和と日本復興のための民主日本人を育成することを目的として，生産技術を中核とする総合技術教育という性格をもつものであった[1]。また，戦前の城戸には，技術教育に関してなにか特定の論といえるほどまとまった研究はないけれども，1920年代後半から，技術・労働と教育との関係に関心をもち，いくつかの論文を発表している。

　他方，障害児教育研究の面で城戸は，戦前，教育科学研究会に設置された精神薄弱児研究部会のメンバーとして中心的な役割を果たすなど，戦前・戦後にわたり，わが国の知的障害児教育理論の開拓者として知られている[2]。

　さらに城戸は，日本において，従来の観念的な教育学に対して，教育事象を科学的に研究することを志向し，教育科学論の研究およびその運動を指導し行動した人物でもある[3]。

　ところで，近年の研究動向から，戦前，とりわけ，第二次世界大戦期に活動した教育学者を対象として研究をしようとする時に，戦争との関係を抜きに検

討することは難しい状況となっている。

　この点における典型的な先行研究として，佐藤広美のものをあげることができる。[4] 佐藤の研究は，それまでの「通説」に対する根本的な批判を意図し，主として戦前教育科学研究会に集った教育学者を対象とし，それらの人たちの国策協力への転向のプロセスを描き出そうとしたものである。対象となった人のなかに，城戸も含まれている。

　佐藤は，城戸が国策協力へと転向するプロセスを以下の3点においてとらえている。

　その第1は，城戸が大政翼賛会に参入した思想的基盤として，城戸の「社会協力」があるとする点である。「社会協力」についての佐藤の整理は次の通りである。城戸の「社会協力」には階級闘争を否定するという弱点があり，時局の進展に応じて，「国家への協力」に転化した。また「社会協力」には，三木清の「東亜協同体論」（協同主義）の影響がある。佐藤はいう。

　　「たしかに城戸は資本主義体制批判を行なう。しかし，この批判は，彼のなかで次第にあらわにされてきた資本主義＝利潤追求，社会主義＝計画と統制という図式によって，恣意的な利潤追求を行なう個別資本を国家による統制と計画のもとにおく，すなわち『天皇のもとでも〔ママ〕社会主義』という展望に解消されてしまった」[5]

　第2は，技術・職業教育に関わっていえば，城戸は職業教育から職能教育へと主張を転換したとする点である。

　　「『資本主義体制』を批判し，経済・教育の計画性を論じ，個人の自主性を認める点で，城戸の『職能教育』論は，昭和研究会の『協同主義の経済倫理』ときわめて近いところに位置していた。しかし，『職能の原理』は結局『経営協同体』や『東亜協同体』に包摂され，それに奉仕する個人の創出を目的としたのであって，これが城戸の『職能教育』論に共通して内

在する問題であった」[6]

　第3は，城戸の国家観についてである。佐藤によれば，城戸は「天皇のもとでの社会主義」という構想をもっていたが，これは，城戸がもつ「近代国家」像と「道義国家」像との併存＝融合から生じたとする。なお「道義国家」像とは，伝統的な国家像であり，精神的価値と政治的権力の両方をかねそなえ，倫理と権力が融合した国家像のこととされる。

　以上のように，佐藤においては，職能教育概念は城戸の戦争協力へのプロセスを技術・職業教育の面から理解する上でもっとも重要な概念となっている。それに加えて，職能教育概念は1930年代半ば以降，城戸のみならず何人かの論者や団体によって主張され[7]，一定の影響力をもったと考えられることから，職能教育概念を取り上げることは意味のないことではないといえる。

　しかし，ここで考えるべき問題が2つあるように思われる。

　そのひとつは，教育において技術・職業教育がもつ固有の課題と戦争との関係であり，2つ目は，前述したように城戸は，知的障害児教育論の開拓者でもあったということである。

　生産技術を教えるべき対象（＝内容）とする技術・職業教育は，社会の生産力と密接に関係している。また，環境問題や原子力問題に端的に示されているように，技術は国民的にコントロールされなくてはならない。その意味で技術は直接的に政治課題であって，技術教育は一面では政治教育の一翼を担う[8]。技術をわがものとさせることは，技術・職業教育の重要な課題であるけれども，そのことと戦争協力との関係をどのように整理するべきなのか。

　さらに，知的障害児教育論の視点を加えてみるとき，城戸の理論を評価する新たな契機は見出しえないだろうか。佐藤の先行研究には，知的障害児教育論の視点からの検討はみられない。

　本章では，城戸の職能教育概念を取り上げ，知的障害児技術教育論[9]との関連において再検討を行う。その際，職能教育概念が実際に果たした役割と，職能教育概念に城戸が込めていた可能性のある意図とを区別することによって考察

を行いたい。

　なお，戦前において職能教育概念が用いられた主張としては，前述したように留岡清男のものや宮原誠一のもの，昭和研究会によるものがあるけれども，本章においてはこれらは扱わない。他日を期したい。

第1節　職業と教育の関係についての城戸幡太郎の把握

第1項　城戸幡太郎の問題意識と生活力の涵養概念

　城戸幡太郎は，その研究史において，初めから職能教育概念を提起していたわけではない。ただし，後に職能教育概念に連なるような問題意識をもっていたことは確かであろう。本節ではそれをみていく。

　まず，城戸は30代のうちから，教育学が労働力の生産の問題を扱うべきであることを自覚していた。城戸はいう。

　　「生産活動の根源すなわち人間の労働力（Arbeitsfraft cd-vermögen）は之を直ちに自然的物資として労働の対象或は手段とすることはできぬ。（中略：引用者）人間の労働力其者の生産を問題とする方法を自分は既に述べた如く教育学の方法に求めねばならぬと考へてゐるものである[10]」

　さらに城戸は，人間（労働力）は労働手段ではないにもかかわらず，当時の資本主義社会では労働手段として使役されていることに対して「現代の資本主義社会は資本の増殖を目的として人間を機械と同様に労働手段として使役してゐるのである[11]」と述べ，資本主義社会における人間の扱いにたいする批判意識を示している。

　他方，戦前の城戸の教育科学論において重要な位置を占める概念に生活力の涵養がある。

　この概念が「生活力」という表現で初めて出てくるのは「哲学的人間学[12]」（1932）であるけれども，この時は，生活力は「実現」するものとされていた。

生活力の涵養という表現があらわれるのは 1937 年であり，そのひとつに「社会教育の系統化」がある。城戸はいう。

> 「而して一般に社会教育機関としての学校は単に学科を授業するに止らず，生産技術の修錬，殊に生活力の涵養に重要な意義を有する消費生活の教養に意を用ゐ，青年の元気恢復のために享楽生活の教育的組織化を図ることが肝要である[13]」

すなわち，生活力の涵養には，生産技術と消費生活の教養を身につけることが必要であるといえる。消費生活の教養は，別の論文では社会的享楽とも表現されている。この生活力の涵養概念は，後述するように，城戸の知的障害児技術教育論においても中心的な意義をもつものであった。

第 2 項　職業教育論の基本的骨格

「職業教育と職業指導」(1933) には，城戸の職業教育についての基本的な考え方が述べられている。要点を示すと以下の通りである[14]。

まず，国民生活を向上させる上からいって，尋常小学校を卒業した 12 歳くらいの子どもを直ちに職業に就かせることは望ましいかどうかを考える必要があるとする。

城戸自身は，尋常小学校における職業指導は少し早まった教育的態度だと考えている。少なくとも尋常小学校 4 年生までは基礎教育を十分にやるべきだという。「真に人間の個性に基いて職業教育を施すと同時に，就職のための職業指導がなされるのは少くとも尋常小学校を卒業してからの問題である。国家のため国民生活の向上を図るためには少くとも十五歳までの義務教育延長が希望される」。

また「中等学校はすべて国民としての職責を果すために必要な学科を修得せしむる職業教育を施すべきところでなくてはならぬはずである。かゝる意味において職業教育及び職業指導の重心はむしろ小学校にあるのではなく中等学校

にあるべき」であるとする。

　城戸においては，まずは基礎となる教育を子どもに施し，具体的な職業教育
はその後に行うというのが職業教育に関する基本的な骨格であった。このこと
は，当時の日本においては，ユニークな主張であったといってよい。

第2節　城戸幡太郎における職能教育概念とその視野

第1項　職能教育概念

　通常，職能という場合，それは職業・職務上の能力やそれらの働きを指すこ
とが多いと思われる。しかし，城戸幡太郎において職能概念は，そうした通常
の意味とは異なっている。

　城戸幡太郎が職能について初めて言及するのは1937年の「中学校の改革案
について」であると思われる。そのなかで城戸は「しかし中学校の教育を各種
の職業教育に分化せしむるといつても，それは国民的職能を果しえる生活力の
涵養を目的とするもので，中学校で直ちに一人前の職業人がつくられるわけで
はない」と述べている。¹⁵⁾しかし，これだけでは，職能が意味するところを十分
に読み取ることはできない。

　そこで「新体制の思想原理」(1940)をみると，そこでは，職能について，城
戸は次のように述べている。

　　「職能とか職域とか職分とかいふことは，これを単に職業といふ意味に解
　　してはならぬ。職業といふことは個人が生計を立てるために選んだ仕事と
　　いふ意味に解されるが，職能或は職分といふことは国家が国家目的を遂行
　　するに必要な事業を行ふために国民が責任を以て果さねばならぬ労務であ
　　る。そして現在の国家が強力な国防国家を建設せねばならぬとすれば，そ
　　のために必要な職分が国民に負はされるのである」¹⁶⁾

　城戸によれば，職能（あるいは職域や職分）は，単に職業を意味しないという。

城戸のいう職能とは，国家がその目的を遂行するために国民が果たさなければならない「労務」である。では，この内容はどういうものか。

この点に関して城戸は，「教育制度革新論」(1941) において，次のようにいう。

> 「技術教育は職能教育と緊密な聯関を保つて教授されねばならぬ。しかし，この時期［国民学校を卒業してから：引用者］の学校教育では技術の基本的訓練を施すことが目的であつて，種々なる職業的技術はむしろ学校を卒業してからそれぞれの職場において教育されることが望ましい[17]」

さらに「国防と女子教育」においても「一般に職業に関する技術教育は職場において行ふべきもので，学校はその基本訓練だけを施せばよいのである[18]」と述べている。

職業的に分化した内容は学校を卒業してからそれぞれの職場で教育されるべきだというのはすでにみたように城戸のかねてからの主張である。それに加えて，これもすでにみたように，城戸において職能は単に職業を意味しない。さらに，国民学校卒業以後の学校教育では技術の基本的訓練を施すことが目的であるならば，城戸がいう職能教育とは，その後の職業教育につながるような内容，すなわち，普通教育としての技術教育ないしはそれと非常に近い内容が構想されていたとみることも不可能ではないように思われる。

このことが妥当であるとすれば，佐藤広美がいうように，城戸は職業教育論から職能教育論へとその主張を転換させたのではなく，両者はその対象および主張の力点が異なるということになる。

第2項　知的障害児に対する視野

同時に，城戸の職能教育概念は，知的障害児に対する視野をもっていたことにも注意する必要がある。「精神欠陥者保護法制度の必要」(1939) において城戸は，次のように述べている。

　「不具児や精神薄弱児の如き異常児に対する教育も，彼等に小学校での教科課程を履修せしむるのが，彼等の生活能力を涵養する方法ではないのであつて，彼等が一国民として社会的職責を果しえるだけの特殊なる職能教育を施すことが，彼等のための国民教育であり義務教育でもあるのである。」「もし彼等〔補助学級の児童のこと：引用者〕に小学校の教科課程によらぬ特殊の職能教育を施したならば，一定の職業に就きえないものはなくなるであらう[19]」

　すなわち，この城戸の主張は，知的障害をもつ子どもであっても，通常の教育課程によらない，その子どもたちに合った教育を施したならば，それによってえた力を土台にして，職業に就くことが可能になるという見通しを示したものといえるであろう。

第3節　職能教育概念が果たした役割と可能性

第1項　戦争協力への水路

　城戸幡太郎の職能教育概念は，どのような役割を果たし，また，どのような可能性をもちえたのか。整理を試みたい。

　まず，城戸の職能教育概念が果たした役割として，それが戦争協力への水路をもっていたという点をあげることができる。この点に関しては，佐藤広美の先行研究における結論を本小論も基本的に支持するものである。以下，この点について，城戸の主張に即してみていく。

　1939年に「現存教育制度の批判」において，城戸は以下のように述べる。

　「学校は如何に特殊化されても，それだけでは直ちに現場に役立つやうな人間を養成することはできぬのであつて，学校教育は国民の社会的職能に応じてその基本的訓練を与ふることができればよいのである。随つて学校の種類は，国家の必要とする基本的職能に応じて区別すべきで，特殊の職

業教育はそれぞれの職場において行はるべきものである[20]」

また，翌年の1940年には「国民学校への希望」において，城戸は以下のようにいう。

　　「実業科の要旨として『実業ハ産業ノ一般ヲ理解セシメ其ノ一部ニ関スル
　　普通ノ知識技能ヲ得シムルト共ニ勤労ノ習慣ヲ養ヒ産業ノ国家的使命ヲ自
　　覚セシメ国運ノ発展ニ貢献スルノ素地ヲ培フコト』とあるが産業の国家的
　　使命を自覚さすといふことは，国防国家の建設においてもっとも重要な意
　　義を有する国防経済の確立にとつて緊急を要する国民の自覚であり教養で
　　ある。そして，それは国民学校を卒業して直ちに就職する青年に対して一
　　日も早く徹底せしめねばならぬ職能教育である[21]」

　すなわち，国家が必要とする職能に応じて学校種を区別したり，産業の国家
的使命を自覚させることが，国民学校を卒業して直ちに就職する青年に対して
一日も早く徹底させなければならない職能教育であるということである。
　単純化することをおそれずにいえば，教育の目的（目指すべき人間像）を，
個人の能力の開花・発展におくのか，それとも社会の維持のための人材創出に
おくのかのいわば綱引きによって，そこからデザインされる教育の形が決まっ
てくると考えたとき，城戸のこの主張は，当時の社会状況の下で，本人の意図
はともかく，事実としては戦争に協力する方向で機能したといえるのではない
か。
　前節において，城戸の職能教育概念が，知的障害児への視野をもっていたこ
とをみた。本節においてこれまでみてきた，城戸の職能教育概念が戦争協力へ
の水路をもっていたという問題は，知的障害児に対しても指摘できる。「精神
薄弱児に対する教育法規並びに保護法規の制定について」（1939）において，城
戸は次のように述べ，知的障害児であっても，適切な教材を用意すれば生産力
拡充に寄与する国民として役に立つと主張している。

「しかし精神薄弱児の問題は何といつても先ず教育の立場から考へられねばならぬ。国家が国民に教育の義務を負はすといふことは国家が必要とする人的資源を培養しておかねばならぬからである。(中略：引用者) 現行の教科書を学習することができなくとも，一人前の生活能力を有してゐるものはある。国民の生活能力或は生産能力を規準としてこれを培養する教科書及び教材が選ばれたならば，これまで未開発のものであつた国民の能力がより多く啓発されることは確かである。それで将来の国民教育を徹底するために教科内容の改革を行ひ，智能指数八〇位の精神薄弱児でもその素質を生産力拡充に役立てるやうな教材を与へることが必要であり，むしろ優秀なる材能を有する児童のための顗才教育を別に考へた方がよい」[22]

第2項　職能教育概念がもちえた可能性

佐藤広美は，城戸の職能教育概念について「このように国家の技術教育体制の再編に『職能教育』の思想をもって能動的に応えていった」[23]という。佐藤によれば，職能教育概念は戦前の労働力養成のための国家的管理の政策への対応である。佐藤は，職能教育概念を，職業教育の分野における戦争協力のいわばキーワードとして把握しているといってよい。

たしかに，職能教育概念が果たした役割 (事実) に戦争協力があったということはいえると思われる。しかしそれが「能動的」であったかどうか，すなわち，戦争協力という意図をもって主張されていたといえるのだろうか。

たとえば城戸は，戦時下である 1940 年に「児童保護と国民教育」において次のようにいう。

「国民教育の建前としては凡ての国民をその処を得さしむるやう国家の職能に対して各々その職分を果さしむることである能力を涵養してやらねばならぬのである。瘋癲白痴強度のものに対しては特別の保護を加へる必要があるが，多くはその性能に応じて適切な教育を施すことによつて国家の職能を全うするに足る適当な場所を与へることはできるのである。不具廃

疾，殊に盲聾唖者や肢体不自由者の如きは，一人前の国民として充分この職分を果し得るやうな教育を与へることができるのである[24]」

また，同じ 1940 年に「長期建設期における社会事業について」では，次のようにもいう。

「生活能力の涵養といふことが国民教育の根幹をなしてゐるのであるが，それは一般国民の生活能力を規準として考へられたもので，特別な保護を必要とする教育を一般の教育制度の間に織込むことは困難である。現行の小学校令において特に義務教育の免除及び猶予に関する規定が設けられてゐるのもそのためであるが，しかし，これは教育をしなくてもよいといふのではなく，特別な教育を施すことによつて彼等に一人前の国民として生活する能力を賦与することの必要を認めてゐるものと考へねばならぬ[25]」

これらはいずれも，障害をもつ子どもに対する保護や教育の必要性とその意義を強調することにその主旨がある。

城戸は，「精神薄弱」児施設である小金井学園の経営・運営に関与している。小金井学園は 1930 年 12 月に設立され，1945 年 3 月に閉鎖されている。城戸が小金井学園に関わったのは，1935 年 3 月以降である。

先にみたように，職能教育概念は，知的障害児への視野をもつものであった。戦争に突き進む社会を目の前にするという時代状況のなかで，知的障害をもっていても，適切な教育をうけることによって，彼等のもつ能力を伸ばし，発揮させることができ，一人前の国民としてやっていくことは可能である，すなわち，戦時下においても，知的障害児が社会から抹殺されることなく，何とか生きていけるような論理を含んだものとして職能教育概念が意図され，構築されたとはいえないだろうか。

このことのいわば傍証として，城戸の次のような主張をあげることができる。

　「国家が統制経済の建前をとるとすれば当然職能人に対する生活の安定を
期しなければならぬが，職能が国家全体の機能を発揮するものとすれば職
能には高下の差別は設けられないのであり，随つて職能人に対する生活は
一律に国家が保証せねばならぬはずである²⁶⁾」

　この部分は，知的障害児に直接関わって言及されているわけではないけれど
も，障害の有無にかかわらず，職能には高下の差別はないということが含意さ
れているとみることは不可能ではないと思われる。

　さて，戦前の城戸の知的障害児技術教育論における鍵概念として生活力の涵
養があることはすでにみたとおりである。そして生活力の涵養とは，生産技術
と消費生活の教養を身につけることであった。すなわち，普通教育としての技
術教育の内容を多分に含むものであった。

　先にみた職能教育概念の含意に関する筆者の見立てが妥当だとすれば，職能
教育概念と生活力の涵養概念とを整合的に理解することが可能になる。すなわ
ち，両者は極めて近接した概念であり，その内容は，普通教育としての技術教
育を構成する生産技術と消費生活に関する教養であったといえるのではないか。

おわりに

　城戸幡太郎は敗戦直後の 1945 年 11 月に，文部省の国立教育研修所（現国立
教育政策研究所）の所員となる。その後，1947 年 12 月に同研修所を辞めている。
これは，第二次世界大戦中に，城戸が大政翼賛会の組織局の副部長をしていた
ために，公職追放しようという動きがあったからであるとされる。城戸はこの
時のことを「わたしは戦争協力などはとんでもないと，ガンとしてきかなかっ
た」と回想している²⁷⁾。

　これらのことについて佐藤広美は「戦前の教育科学運動は反国家的なもので
はない。城戸の立場の自覚ははっきりしており，この点で城戸に反省はない」
とする²⁸⁾。

戦争に加担したことは，事実としてはそうであるといえるかもしれない。しかし，少なくとも城戸自身はそう意図して行動したようにはみえない。戦時下における言動・行動の意図と，それが実際に果たした役割（事実）との関係をどのように解き明かしていくのか。

　本章では，生活力の涵養概念との関連で職能教育概念がもちうる可能性を検討した。本章の最後に，今後の課題を整理しておきたい。

　まず，戦前の城戸の教育科学論において生活力の涵養概念と並ぶ重要な鍵概念に生活共同体論がある。生活力の涵養，生活協同体論，職能教育概念の関連を明らかにしたいと考えている。また，城戸と同時期に職能教育概念を提起した人物や団体として，留岡清男，宮原誠一，昭和研究会などがある。これらの職能教育概念との比較も必要であろう。さらに，戦後の城戸の理論と行動との関連において，戦前の城戸のそれをみたときに把握できることを明らかにしたい。

　いずれにしても，技術・職業教育において，戦争に協力する理論と行動を取るということは具体的にどうすることなのか。このことがわからなければ，戦争に反対する理論と行動のあり方を考えることもできないのではないだろうか。戦争できる国づくりが急速に進められようとしている今，この課題を引き続き解明していくことは急務であろうと考える。その点で，城戸幡太郎の研究と運動の足跡から今，汲み取ることができることはまだあるといえるように思われる。

注
1) 藤岡貞彦「城戸＝宮原教育計画論の構造素描」および原正敏「生産教育―城戸生産教育論はどう生きているか―『技術』科教育の現状と展望」城戸幡太郎先生 80 歳祝賀記念論文集刊行委員会編 (1976) 所収『日本の教育科学』日本文化科学社，清原道壽 (1998)『昭和技術教育史』農山漁村文化協会など。
2) たとえば，高橋智／清水寛 (1998)『城戸幡太郎と日本の障害者教育科学―障害児教育における「近代化」と「現代化」の歴史的位相―』多賀出版など。
3) たとえば，中内敏夫「生活教育論争における教育科学の概念―城戸幡太郎『教具史観』の論理と心理」城戸幡太郎先生 80 歳祝賀記念論文集刊行委員会編 (1976) 所収『日本の

　教育科学』日本文化科学社など。

4) 佐藤広美 (1997)『総力戦体制と教育科学—戦前教育科学研究会における「教育改革」
　の研究—』大月書店

5) 同上　p.77

6) 同上　p.80

7) 留岡清男 (1940.10)「教育新体制の促進」『教育』第八巻第十号, 宮原誠一 (1943)『文化
　政策論稿』新経済社, 酒井三郎 (1979)「協同主義の経済倫理」『昭和研究会』TBS ブリ
　タニカ所収などがある。

8) 依田有弘 (1999.12)「技教研 40 周年に当たって」『技術と教育』第 312 号　p.7

9) 本章の論旨に即して表記するならば, 知的障害児技術・職業教育論とすべきであるけ
　れども, やや煩瑣な印象を与えると思われるため, 知的障害児技術教育論と表記してお
　きたい。

10) 城戸幡太郎 (1928.9)「精神科学と社会科学—特に心理学と経済学との関係について—」
　『法政大学五十週年記念論文集』p.78

11) 城戸幡太郎 (1929.9)「精神科学と教育的弁証法」『教育論叢』第二十二巻第三号　p.5

12) 城戸幡太郎 (1932)「哲学的人間学」『岩波講座哲学第 8 輯　体系的研究 1』

13) 城戸幡太郎 (1937.9)「社会教育の系統化」『教育』第五巻第九号　p.6

14) 城戸幡太郎 (1933.12)「職業教育と職業指導」『職業指導』第六巻第十二号　pp.16-17

15) 城戸幡太郎 (1937.4)「中学校の改革案について」『教育』第五巻第四号　p.8

16) 城戸幡太郎 (1940.10)「新体制の思想原理」『教育』第八巻第十号　p.21

17) 城戸幡太郎 (1941.12)「教育制度革新論—特に技術教育を中心として—」『技術評論』
　第 18 巻第 12 号　No.227　p.6

18) 城戸幡太郎 (1941.11)「国防と女子教育」『教育』第九巻第十一号　p.30

19) 城戸幡太郎 (1939.7)「精神欠陥者保護法制度の必要」『児童保護』第九巻第七号
　pp.5-6

20) 城戸幡太郎 (1939.6) 所収「現存教育制度の批判」『学生叢書第 6 巻　学生と学園』日
　本評論社　p.507

21) 城戸幡太郎 (1940.11)「国民学校への希望」『国民学校　その意義と解説』朝日新聞社
　p.260。なお, 原文は地の文のほとんどの漢字にルビが付されている。

22) 城戸幡太郎 (1939.8)「精神薄弱児に対する教育法規並びに保護法規の制定について」
　『社会事業研究』第二十七巻第八号　pp.29-30

23) 佐藤広美　前掲書　p.74

24) 城戸幡太郎 (1940.9)「児童保護と国民教育」『児童保護』第十巻第九号　p.5

25) 城戸幡太郎 (1940.4)「長期建設期における社会事業について」『社会事業』第二十四巻
　四号　p.117

26) 城戸幡太郎 (1940.10) 前掲論文　p.23

27) 城戸幡太郎 (1978)『教育科学七十年』北大図書刊行会　p.179

28) 佐藤広美 (2014.10)「戦後教育学と戦争体験の思想化」教育科学研究会編著『講座　教
　育実践と教育学の再生　別巻　戦後日本の教育と教育学』かもがわ出版　p.18

第 4 章

長谷川淳の文部省における
技術教育の探究と挫折

丸 山 剛 史

はじめに

本章は，戦後日本技術教育史をよりリアルに把握するための試みとして，戦後日本の代表的な技術教育研究者のひとりであり，普通教育としての技術教育の樹立を探究した長谷川淳 (1912-1994) に焦点をあてる[1]。特に長谷川の文部省勤務時代を取り上げ，長谷川の取り組みの内容，とりわけ長谷川の作業分析法研究の意義を再考するとともに，長谷川の文部省退職の経緯を明らかにすることにより，わが国に普通教育としての技術教育を定着させるための障壁を少しでも解明することを目的としている。

長谷川は，1912 年生まれ，東京帝国大学工学部機械工学科に学び，内閣企画院技師，技術院参技官，東京府立航空工業専門学校教授を経て，1944 年に文部省に図書監修官として入省した。第二次世界大戦後，教科書局図書監修官として教育課程改革にあたった。局課再編により初等中等教育局職業教育課に配属された後，1953 年の中央産業教育審議会（以下，中産審）建議「中学校職業・家庭科について」，いわゆる第一次建議では杉江清職業教育課長（当時）とともに，その成立に中心的な役割を果たした。

ところが，中産審における第一次建議具体化の審議過程において長谷川は審議から外れることとなり，画期的な技術教育の計画も挫折したかたちとなった。

1955 年には東京工業大学助教授となり，文部省を離れた。その後は日本教職員組合および民間教育研究団体（技術教育研究会，技術教育を語る会）の教育課程の自主編成運動に関与し，理論リーダーとして議論を促進した。1971 年には名古屋大学教育学部技術教育学講座初代教授となり，後進の技術教育研究者の育成にも取り組んだ（1976 年退官）。1994 年逝去。

　こうした経歴をもつ長谷川は，細谷俊夫（1909-2005），清原道寿（1911-2002）らとともにわが国を代表する技術教育研究者のひとりと目されている。また，文部省の学習指導要領編集，教職員組合や民間教育研究団体の教育課程の自主編成運動に中心的にかかわっており，わが国の普通教育としての技術教育の教育課程の歴史を振り返る上で好個の人物である。

　筆者らはかつて長谷川の技術教育論の特質に関して検討したが，旧稿では，長谷川がアメリカ合衆国のフリックランド（V. C. Fryklund 1886-1980）らの作業分析法に注目し，紹介したのは技術教育の教育課程編成論確立を企図したものととらえていた。[2] しかし，近年，田中喜美・木下龍らがアメリカ合衆国技術教育教員養成史研究を深め，同国での作業分析法の技術教育的意義を明らかにし，同国では技術教育教員養成において作業分析法を学生たちに学ばせ，学生たちが自ら教育課程を編成できる力量を形成させようとしていたことを明らかにした。[3] そこで，長谷川の作業分析法研究に関してもこうした観点があったか否か再検討する必要性が生じた。そこで，本稿ではこの点を主な課題のひとつとする。

　また，旧稿以後の調査により，長谷川が戦前に執筆した論考を収集することができ，長谷川が戦前から「技術教育」に論及していたことも確認できた。長谷川の「技術教育」研究史は，わが国の「技術教育」研究史とも無関係でない。そこで，本稿では，長谷川の「技術教育」への接近としてふれておく。

　その他，長谷川が文部省を去ったのは文部省がいわゆる逆コース，反動化傾向を強めた時期であった。戦後日本教育史研究においても，この反動化の時期に関する論考は多くない。[4] そこで本稿では長谷川に焦点をあてながら，こうした反動化傾向を強めた時期の省内の状況を少しでも明らかにしておきたい。

第1節　長谷川の「技術教育」への接近再考

　長谷川淳は，1912年に青森県に生まれ，弘前高等学校を経て，東京帝国大学工学部機械工学科に学んだ。[5)] 1936年7月の東京帝大卒業後は，陸軍への応召を経て，1941年5月21日付けで企画院に技師として就職した。この企画院への就職が長谷川を技術教育とその研究へと接近させることとなった。

　長谷川の就職より一週間ほど早く（5月15日），菅井準一（1903-1982）が着任していた。企画院就職以前，菅井は大政翼賛会文化部副部長を務め，科学技術新体制運動の一翼を担っていた。大政翼賛会の性格変化に伴い，同会を辞め，企画院へ異動してきた。長谷川は企画院就職以前から菅井の存在を知っており，菅井と同じ課に所属し話すようになり，菅井の薫陶をうけたという。[6)]

　菅井は，1903年に山形県に生まれ，東京帝国大学理学部物理学科を卒業し，東京帝大理学部航空物理学講座助手，陸軍士官学校教授，松本高等学校等講師，大政翼賛会文化部副部長を経て，企画院技師となった。東京帝大の学生時代に[7)]物理学史とその研究に関心を寄せ，哲学者・桑木厳翼の弟，桑木或雄に師事し，科学史研究に取り組むようになる。当初は物理学史に関心を寄せていたが，その後，科学教育，[8)]科学と技術の関係史に論及するようになり，[9)]技術教育にも言及するようになっていた。[10)]

　菅井と知り合った長谷川（当時29歳）は，日本科学史学会の創立準備会に参加したとも記されているが，[11)]学会創立は1941年4月22日であり，長谷川の企画院就職以前である。したがって，科学史学会創立準備会への参加は誤記と思われる。しかし，1941年11月の「青年技術者の座談会『技術と政治』」には相川春喜らとともに参加しており，菅井と知り合うことにより，科学・技術問題に関心を深め，社会的な活動に参加し始めたことがわかる。[12)] 1942年6月発行の技術院校閲・科学動員協会総務部調査課編『科学技術年鑑　昭和十七年版』では「科学年表」の作成を担当しており，すでに職務の上でも一定の役割を果たしていたことが窺われる。

　同じ頃，執筆活動も始めており，技術者論に関する文章を執筆し，公にして

いる。1942年9月発行の『工作機械』誌に掲載された「技術者の態度」では，技術者のあり方に言及し，「技術者の教育」を批判している。[13]「かつて第一次世界大戦後，昭和の初めの頃までの社会運動の盛んであった時期に於いて，これに対して技術者は何等の反感を示すことなく，むしろ産業合理化への資本的要求にしたがって，一般的知識層からかけ離れた存在となっていた」という書き出しで始まり，「新しい型の技術者を生み出すような組織」や「技術ジャーナリズム」の必要性を指摘した後，根本問題として「技術教育の貧困」をあげ，技術者教育としての「技術教育」のあり方について述べた。

　　「技術者に求められるべき以上に述べた欠点をもたらした大きな原因のひとつは，技術教育の貧困であり，形態化であると思ふ。今一例を大学の技術教育についてみるも，専門教育については一応形がととのっているとは云へ，各課目はまったくバラバラに講ぜられ，相互間の連繋が極めてうすい。また生産現場との関係も夏期の実習を除いては全然考慮されていないと云ってよい。何かひとつの機械について講義する場合でも，その理論を述べるだけでなく，その歴史的発達の過程や，戦争との関係や，世界各国の現状や，個々の会社の製作の状況やについての相当の時間をさくべきだと思ふ。工学部で講ぜられる経済学や法学でさへも極少数の学生の知識欲をみたしている程度である。ましてや，一応全然関係がないと思はれる技術史や科学史や，哲学等の講義をのぞむことはまったく不可能である。歴史や哲学に対する素養こそ，自分の仕事の方向を考へるものであり技術者にとってもっとも必要なことである。科学や技術は人間の歴史と結びついて発展して来たことを全然忘れられているのである。」

　こうして，戦前から技術者問題にかかわり，「技術教育」に言及し，批判的論考を公にしていた。

　その後，長谷川は菅井の紹介により，1944年11月25日に文部省図書監修官として入省した（32歳）。長谷川の文部省入省は菅井の科学教育・技術教育

改革構想の一環をなすものではなかったかと思われるが，この点は吟味を要する。いずれにせよ，菅井が文部省に科学官として入省（1942 年 10 月）すると，科学教育を担う者として稲沼瑞穂（43 年），技術教育を担う者として長谷川が相次いで文部省に入省した。

　ただし，文部省では「戦後まで仕事は何もやらなかった」ともいわれている。第二次大戦中，長谷川が所属した国民教育局は東京女子高等師範学校で業務を行い，「宅調」という名目で「自宅で仕事をし，週一回だけ事務連絡のために出勤する」ことになったという[15]。

　戦後，国民教育局が学校教育局と教科書局に再編され，長谷川は教科書局図書監修官となり，国民学校工作担当となっていた[16]。その後，さらなる改組により，第二編修課において実業科教育，特に工業教育を担当した。

　教科書局は，国民学校教科書（いわゆる暫定教科書）改訂，コース・オブ・スタディ編纂，新学制の文部省著作教科書編集という 3 つの作業をほぼ同時に進めた[17]。長谷川もコース・オブ・スタディ編集に編纂委員会委員のひとりとして参加し，新学制文部省著作教科書の編集にも取り組んだ[18]。

第 2 節　技術教育理論，技術教育史への関心

　長谷川は文部省に入省し，教育課程行政に従事するようになり，技術教育理論に関心をもつとともに，技術教育史にも関心をもち始めた。

　1948 年に CI&E の職業教育（教員養成）コンサルタント（Vocational Education Consultant, Vocational Teacher Training Consultant）としてウィスコンシン州スタウト大学学長のフリックランドが来日した。フリックランドは，「職業教育における職業分析の重要性を説き，職業教員養成課程のなかに職業分析のコースを設けることを勧告」するとともに[19]，著書（*Trade and Job Analysis*）を訳出するよう薦め[20]，長谷川が『職業分析』として訳出した。長谷川は「あれを訳してロシア法の意味がわかった」という[21]。

　フリックランドは，当時アメリカの技術教育教員養成の有力な専門職団体の

ひとつであるミシシッピヴァリ会議の議長を務めており[22]，陸軍長官（Secretary of Army）から日本の職業教育教員質保証のための計画（plans for certifying vocational teachers in Japan）を準備することを依頼され[23]，1948年4月から8月までの約半年間，日本に滞在した。その間に各地を訪問し，調査を行い，最終報告書「日本の職業教師教育」（Vocational Teacher Education in Japan）を作成した[24]。この間に山崎三郎（実業教科書株式会社）が交渉し，セルヴィッジ（R. W. Selvidge 1872-1941）とフリックランドの共著（*Principles on Trade and Industrial Teaching*, 1946）およびフリックランドの単著（*Trade and Job Analysis*, 1948）の翻訳が許可されていた。後者は上述のように1949年に長谷川により訳書が刊行され，前者も長谷川とミヤザキヒロシの共訳により『工業教育の原理』として刊行される予定になっていた[25]。

　ロシア法は，帝政ロシア期のシベリア鉄道敷設に際して大量の技術者が必要となり，その技術者養成のために創出された方法であり，「技術教育のために創案・開発された，教授原理・教育課程・指導形態の一体系」とされる[26]。技術教育に分析―総合の科学方法論を適用した点に特徴がある[27]。わが国では，手島精一[28]，細谷俊夫[29]が紹介していたが，いずれもロシア法がもつ，分析―総合の科学方法論としての意義には言及していなかった。長谷川は，日本人がロシア法の意義を十分に理解できなかったことに着目し，日本は「理論を取り入れていくのが十分ではなかった」と述べた[30]。

　長谷川は，ロシア法と作業分析法との連続性に関心を寄せた。池本洋一（東京学芸大学）がフリックランドのもとに留学することになった際，長谷川は池本に「*Trade and Job Analysis* のもとになっている本」を探すように依頼したという。長谷川は *Trade and Job Analysis* だけでなく，セルヴィッジ・フリックランドの共著書も知っていたので，「もとになっている本」が何をさすかは定かでない[31]。池本にも「ない」といわれたそうである。しかし，長谷川は後に「生産教授の教授学の基礎」を訳出した際にロシアとアメリカの交流が1930年代に始まっており，それが頻繁に行われていたことも知ったという。

　「生産教授の教授学の基礎」は，1977年に『現代教育科学』誌に掲載された

ロシア語文献の翻訳文である[32]。スカトキン，シャポリンスキーらが執筆したものであり，同論文はセルヴィッジ・フリックランドの共著に言及していた。旧ソ連では，1932年にガイシノヴィッチ校閲のもと，セルヴィッジとフリックランドの『産業教育の原理』の抄訳が刊行されていた（ロシア語版は全175ページ，旧レーニン図書館所蔵）。こうした米露技術教育理論交流に関して，長谷川は，「ああいう交流をやらなければならない」と語った[33]。

　なお，長谷川は，日米技術教育理論交流にも注目し，前記のフリックランドと清家正（1891-1974）との会談を記録している[34]。清家は，わが国において「第三角法」を最初に提唱した製図学の専門家として知られるだけでなく，戦前に東京府機械工養成所所長（東京府立電機工業学校，府立高等工業学校長も兼任）を務め，熟練工養成に関して効果的な単能工養成の機関・方法の確立に取り組み，その後の職業訓練に小さくない影響を与えた人物としても知られている[35]。CI&E文書によれば，1948年7月15日，来日中のフリックランドは実習室と教員の能力に関する調査のため，鮫洲にある清家校長の学校（東京都立電機工業学校をさすと思われる）を訪問し，清家らと会談していた[36]。

第3節　作業分析法の紹介と批判的摂取

　長谷川は，技術教育理論交流，ロシア法と作業分析法の関係史に関心をよせるだけでなく，作業分析法を紹介するとともに，作業分析法の批判的摂取に取り組んだ。この過程では，長谷川自身も非常勤講師として大学において作業分析法を講義していた。

　1952年7月発行の文部省職業教育課編『産業教育』誌には，長谷川により「資料」としてアメリカの「工業教員養成のプログラム」が紹介されている。この資料紹介は，大学の教員養成の教職に関する科目に「教科教育法」があり，工業に関しては「工業教育法」があるが，その「内容がいかなるものであるか明確な規定がなく，これの実施について照会をうけることも多く，困難を来している所が多いと思われるので，アメリカにおいて実施している現状を紹介」

するとして，1948 年 4 月開催の工業教員養成会議において策定された「工業
教員養成の教科内容のプラン」を紹介したものである[37]。全 11 項目のうち，第
2 項に「作業分析と教科課程の構成」として作業分析が取り上げられていた。
全 11 項目は以下の通りである。

　「一．職業教育序論」「二．作業分析と教科課程の構成」「三．教授法」「四．
授業の観察と指導による教授」「五．実習工場の組織と管理」「六．職業教育の
原理と目的」「七．工業教育の心理学」「八．聴視覚教具の作成と使用」「九．
教材の作成，構成および使用」「一〇．職業指導」「一一．産業界および社会と
の諸関係」

　「二」は，「作業分析を基礎にして教科課程を構成する技術を教えるためのコー
スである」とされ，作業分析が教育の内容を決定するためのものであり，そ
れを教員養成の段階において学ばせることが明らかにされている。

　作業分析法は，日本の大学における教員養成にも授業科目として導入された
という[38]。長谷川も 1952 年から東京工業大学で教職課程の非常勤講師を務め，「職
業分析第一」「同　第二」を講じた[39]。

　1953 年刊行の単著『工業教育』は，工業教員養成を目的とした著書であり，
ここでも作業分析法に関して記述されている。同書は，「産業教育振興」のた
めに「教科教育法としての『工業教育』」の「本質を追求し，その発展を阻害
している諸要因を究明し，その振興の方法を見い出す」ための「試み」として
執筆された[40]。内容構成は，以下の通りである。

　序　工業教育の問題点／第 1 章　工業教育の歴史／第 2 章　工業教育の目的
／第 3 章　教科課程／第 4 章　作業分析⑴／第 5 章　作業分析⑵／第 6 章
指導法と指導計画／第 7 章　産業教育の計画

　全 7 章のうちの 2 章が作業分析法の説明にあてられた。第 1 章でもアメリカ
の工業教育に関して述べ，作業分析法に言及していた。

　ただし，長谷川は，フリックランドの作業分析法を紹介し，実践するのでは
なく，その批判的摂取に努めていた。作業分析法の発達史に関心を寄せ，フリ
ックランド法の特質と課題を把握しようとした。単著『工業教育』においても，

フリックランド法に関して「セルヴィッジの系統をひき，もっとも新しいフリックランドの分析の方法は生産的職業のなかの技能（オペレーション）と，それに不可欠な技術的知識の分析に重点がおかれ，一般的知識，職業指導的知識，の分析が従属的な地位におかれている」と問題点を指摘するとともに，「…したがって，われわれが工業教育の計画の作成に作業分析を適用し，工業教育をある程度批判にたえるものにするためには，それぞれの方法をそのまま形式的に採用するのではなく，その工業の目的あるいは従事すべき作業の性質，訓練の目標などによって，それぞれに適した方法を採用し，従来の定式化されている方法にそれぞれ修正を加えて行くことが必要であろう」と作業分析法の課題を述べ，作業分析法をそのまま受け入れるのではなく，批判的に学びとろうとしていた。その後，長谷川は，ダニロフ・イェシポフ編『教授学』の第10章「労働教授の方法」の訳出協力を行うことにより，作業分析法批判を確立していく。

　前節で述べたように職業教育教員養成の教育内容として作業分析法を取り入れることはフリックランド自身により勧告されていたが，本節で記したように長谷川もアメリカにおいて作業分析法が技術教育教員養成の教育内容のひとつとして取り上げられていることを把握しており，実際に長谷川自身も東京工業大学非常勤講師として講義していた。これはアメリカでの取り上げられ方と軌を一にするものであったと考えられる。ただし，長谷川の場合は，フリックランドの作業分析法をそのまま実践するのでなく，その批判的摂取に努め，発展させようとしていた。

　1953年から54年にかけて取り組まれた，中産審第一次建議具体化に関する審議に際しては，長谷川が作業分析的手法を用い，教育課程基準の作成に取り組んでいた。第一次建議後の中産審中学校産業教育専門部会（第二期）では，「長谷川試案」が提示され，「基本的な産業分野」のなかから「基本的分野」を選び出し，選定された「基本的分野」ごとに「到達目標」としてあらわす「技能」と「関係知識」の「最低必要規準」をつくらせようとした。そして，「知識技能」が「組織をもち，系列をもって」含まれる「代表的なプロジェクト」

を設定させようとした[42]。

　しかし，作業分析法は，学校教育関係者には十分理解されなかった。長谷川によれば，フリックランドの作業分析法は「短絡的に」「単能工の短期速成の方法であるとして，この方法が紹介されて以来，学校側，特に中学校から歓迎されませんでした」という。訳書『職業分析』も，「学校関係にはあまり普及しなかったので，初版2,000部だけで絶版」にしたという[43]。学問的にも，作業分析は「大量の技能者を速成的に養成するための方法」という評価がなされ[44]，本格的に研究されることはなかった[45]。作業分析法が十分理解されなかった原因や背景は，わが国の技術教育理論の弱点として，アメリカでの展開をも含め，今後追究される必要があろう。

第4節　長谷川の文部省退職の経緯：技術教育探究の挫折

　こうして技術教育理論，技術教育史に関心を寄せ，作業分析法研究を探究するだけでなく，その日本的適用も試みたが，長谷川が文部省を去る時が来る。

　長谷川の文部省辞職に関しては，中産審第一次建議が文部省内で「黙殺」されたことを述べた箇所で言及されている。長谷川は，第一次建議の原案を作成した専門部会の委員に宮原誠一，桐原葆見がいたことを紹介した後，自身が「事務局の担当幹事」であり，第一次建議の作成において責任ある立場にあったことを明かしている。そして第一次建議が「文部省当局によって黙殺され，通達も発表もされなかった」と記し，1954年の中産審第二次建議審議の際には，専門部会の編成がかわり，宮原，桐原も解任され，課長もかわり，「筆者も辞表を提出していた」と記していた[46]。

　長谷川は杉江とともに第一次建議成立に尽力しており，辞表提出は，第一次建議が文部省当局によって「黙殺」されたことに対する長谷川の断固たる意思のあらわれであろう。実際には，第一次建議後も長谷川は幹事として審議に出席し，1953年11月までは関与していたが[47]，その後，幹事を降任させられた。

　長谷川自身によれば，自身の文部省退職は，直接には島田喜知治らとの関係

によるものと語ったが，契機は田中義男（以下，田中（義））の関与にあるとされる[48]。田中（義）は，警察畑を歩み，群馬県特高課長などを務めた元内務官僚であり[49]，第一次建議の頃は文部省初等中等教育局長を務めていた。

　田中（義）は 1901 年生まれ，官立第一高等学校，東京帝国大学法学部政治学科に学び，卒業後，熊本県警部，岡山県警部，群馬県特高課長などを経て，1935 年文部省思想局思想課長として文部省に入省した[50]。その後，教学局庶務課長，普通学務局学務課長，大臣官房秘書課長などを歴任した後，関東局在満教務部長を一時務め，再び文部省に戻ると，参事官，大臣官房総務室長，学校教育次長などを務めた。戦後，関東局在満教務部長の経歴が問われ公職追放に遭うが[51]，1952 年に田中耕太郎の紹介により初等中等教育局長に就任し[52]，文部省への復帰を果たした。1953 年 8 月には文部事務次官となった。同年 9 月には中産審委員にも就任していた[53]。

　田中（義）に関しては活字として残されたものは少なく[54]，いまのところ彼の思想の全体の把握は困難である。それでも残された記事から次のことがわかる。

　在満教務部長時代は，「大戦を完遂し大東亜共栄圏を確保するに為にはその中核たる正しく逞しき大和民族を培養することが絶対に必要であり」，実現のためには「増殖力旺盛な」「農村民」が重要とし，「開拓地教育の振興」を説いた。民族主義的立場で戦争遂行のための植民地支配の教育を鼓吹した[55]。

　また，田中（義）の数少ない文章は日本職業指導協会編『職業指導』誌に 2 編掲載されている。田中（義）は，「適材適所」などの人材選別機能を学校に期待する，領域主義の職業指導論の立場で職業指導の役割を強調し，職業指導主事の設置を高く評価し，職業指導の強化に積極的であった[56]。

　長谷川らが推進した第一次建議は，職業指導における個性調査，職業相談，就職斡旋などの活動を教科外で行わせることを確認し，職業・家庭科における職業指導の内容を限定しようとしていた。こうした措置は，それまで職業・家庭科を職業指導の重要な拠り所としてきた職業指導関係者，特に日本職業指導協会関係者を困惑させた。第一次建議後，職業指導担当の文部事務官・水谷統夫は，「職業指導関係者から屢々意見を求められ」，その対応のために『職業指

導』誌において第一次建議の解釈を説明しなければならなかった。[57)]

　なお，第二次建議の際も第一次建議と同様な事態がおきていたことを付言しておく。厚沢留次郎は，第二次建議公表に苦労したことを次のように語っていた。[58)]

　　「あまり部内のことまで申上げるわけには参りませんが，審議会から第一次の建議があったのに，流したのか流さなかったのかはっきりしない，何とか手を打ってほしいと催促されまして，私たちとしてもよく相談いたしまして，この間の発表で僅か三行でしたが，相当審議を重ねまして，やっとあの文句を入れることになり，さて局議にかけますと十分か十五分で片づくと思ったのが，あにはからんや，二時間もかかったのです。これを流した場合，現場にどういう影響を与えるか文部省としてはどういう手を打つがよいか，一体何年度から実施するか，教科書をどうするかというように，あらゆる角度から検討しまして，各都道府県に『こういう風な建議がでたから文部省でも慎重審議して，学習指導要領を修正する方針である』として流すまでになったのです。僅か三行ですが，その点は第一次建議の場合とちがって，割合はっきりしていると思うのです。」

　この談話は座談会の記録であり，座談会は1954年11月13日に開催されていた。「この間の発表で僅か三行」と記されているのは，1954年11月5日付け文初職第584号「中学校職業・家庭科について」の冒頭の文章をさすものと思われる。「局議」とはいうまでもなく，初等中等教育局議であろう（当時の初中局長は緒方信一である。緒方も警視庁外事課長などを務めた元内務官僚である）。厚沢は，第二次建議公表に苦労したことを語ったが，それは初中局議が慎重な態度を示したことによるものであった。

おわりに

　長谷川は，企画院技師時代から「技術教育」に論及していた。長谷川の「技術教育」への関心は文部省入省以前からのものであったことが明らかになった。後年，長谷川は新制中学校職業科工業学習指導要領草案「中学工業学習指導要領」を，「義務的普通教育における一般的総合的な技術教育」を志向したものとし，中産審第一次建議に関しても「今後の技術教育の方向を示したもの」と評価したが，職業科新設時や職業・家庭科改革の際にはすでに「技術教育」の樹立が意識されていたものと考えられる。

　文部省入省後，特に戦後は，技術教育理論の発展に関心を寄せ，アメリカの作業分析法やその起源であるロシア法に注目し，アメリカにおいて工業教員養成の内容に作業分析法が含まれていることを紹介するとともに，長谷川自身も大学において作業分析法を教えた。長谷川の作業分析法の学び取り方は，アメリカでの作業分析法の展開と軌を一にするものであった。ただし，長谷川は，フリックランドの作業分析法を紹介，実践するのではなく，作業分析法の発達史に関心を寄せつつ，作業分析法の批判的摂取に努めた。こうした長谷川の作業分析法研究は，中産審第一次建議具体化作業にも活かされた。こうして，職業・家庭科改革を通じて技術教育の樹立が探究された。

　こうした技術教育樹立の探究の挫折とも考えられる，長谷川の文部省辞職の契機にあげられた田中義男は，警察畑を歩いた元内務官僚であり，「満洲国」時代には民族主義の立場で植民地支配のための教育を鼓吹した人物であった。中産審第一次建議成立時には初等中等教育局長を務めていた。残された田中（義）の文章は数少ないが，そのうち2編は日本職業指導協会編『職業指導』誌に掲載されており，職業指導への関心の高さが窺われる。田中（義）は人材選別機能を学校に期待する，領域主義の職業指導論の立場をとっていた。こうした点が職業・家庭科における職業指導の内容を限定しようとした長谷川らと対立したのではないか，長谷川が自身の文部省辞職の契機に田中（義）の関与をあげた背景にはこうした職業指導の位置づけや内容の問題があったのではな

いか，ということを仮説的に記しておきたい。今後，わが国の普通教育として
の技術教育の樹立を求めるとき，こうした観点からの分析が必要であると考え
る。

注

1) 長谷川に関しては，佐々木享 (1985)「技術・職業教育の理論」小川利夫・柿沼肇編『戦
後日本の教育理論 (下)』ミネルヴァ書房　pp. 76-93，丸山剛史 (2004)「戦後日本にお
ける普通教育としての技術教育の教育課程の歴史と構造―長谷川淳の活動を手がかりに
して―」東京学芸大学大学院連合学校教育学研究科博士論文，などを参照されたい。

2) 丸山剛史・木村誠 (1996)「中学校技術科教育方法史の一斑―長谷川淳と細谷俊夫の事
績を手がかりにして―」佐々木享編『技術教育・職業教育の諸相』大空社　pp. 161-
184

3) 田中喜美・木下龍 (2010)『アメリカ合衆国技術教育教員養成実践史論―技術教育のた
めの「大学における教員養成」の形成―』学文社　p. 188

4) 大田堯編 (1978)『戦後日本教育史』岩波書店，藤田祐介・貝塚茂樹 (2011)『教育にお
ける『政治的中立』の誕生―「教育二法」成立過程の研究―』ミネルヴァ書房，など。

5) 卒業論文の題目は「運搬機」。ただし，本文は保存されていない。

6) 長谷川淳氏への聞き取り，1994 年 5 月 17 日。

7) 菅井準一に関しては，「菅井準一」(板倉聖宣 1977)『現代人物事典』朝日新聞社
p. 686)，黒岩俊郎「菅井準一先生―人とその業績―」(『専修経営学論集』第 47 号
pp. 25-44) に詳しい。

8) 菅井準一 (1938)「科学教育の再建」『科学画報』第 27 巻第 6 号　pp. 17-22

9) 菅井準一 (1939)「科学と技術交渉史の一断面」『科学画報』第 28 巻第 1 号　pp. 106-
111

10) たとえば，菅井準一 (1941)「国民生活と科学」宮本武之輔編『科学技術の新体制』中
央公論社　pp. 143-184

11) 菊池俊彦 (1992)『我が国の科学史研究の歴史と現状についての実証的研究』(平成元年
～3 年度科学研究費補助金 (総合研究 A) 研究成果報告書) p. 8

12) 利根川教一・中井淳・後藤正夫・相川春喜 (1941)「青年技術者の座談会『技術と政
治』」『科学主義工業』第 5 巻第 11 号　pp. 82-108

13) 中井淳 (1942)「技術者の態度」『工作機械』第 5 巻第 18 号　pp. 527-528

14) たとえば，菅井　前掲「国民生活と科学」を参照されたい。

15) 長谷川淳 (1986)「稲沼さんの想い出」稲沼さんを偲ぶ会『稲沼瑞穂さん』p. 60

16)「文部省内自然科学関係　視学官／図書監修官／科学官一覧」『大島文義旧蔵文書』(国
立教育政策研究所教育図書館所蔵)

17) 三羽光彦 (1999)『六・三・三制の成立』法律文化社

18) この当時のことは，長谷川淳「教育内容研究は敗戦から何を学んだか―技術教育の場
合・その 1―」(1968『教育』第 225 号　pp. 52-57)，同「戦後日本の技術教育史(1)」

（1972『技術教育研究』創刊号　pp. 2-8）に回想されている。

19）長谷川淳（1953）「教育における職業分析」中野佐三責任編集『教育心理学講座　6　職業指導の心理』金子書房　p. 131. なお，「作業分析」に関しては，長谷川（1953）『工業教育』以降，「職業分析」と「作業分析」が明確に区別されるようになった。校正時に，『工業教育』には装丁および発行年月日の異なる（1952 年 6 月 25 日と 1953 年 5 月 20 日）二種類があることが判明した。本稿では 1953 年発行本を参照した。

20）訳書『職業分析』の「訳者序」では，「本書の翻訳をすすめ翻訳権を快く譲渡され，更に翻訳中訳者の質疑に対して懇切な指示を本国より送り，特に日本版のために序文を寄せられた原著者」（pp. 3-4）と記されており，原著者であるフリックランドが著書の翻訳を薦めたと考えられる。

21）長谷川淳氏への聞き取り，1994 年 5 月 17 日。

22）フリックランドの学術上の業績に関しては，田中・木下　前掲書（2010）pp. 218-220 を参照。

23）PRESIDENT'S PEN, *THE STOUTONIA* (October 22, 1948)

24）CI&E 文書には，"VOCATIONAL TEACHER EDUCATION IN JAPAN" (6 August 1948) と題するフリックランドの最終報告書（全 21 ページ）が収録されている。

25）長谷川淳（1953）『工業教育』（岩崎書店）には，「『工業教育の原理』〔ママ〕筆者およびミヤザキヒロシ共訳，実教出版株式会社近刊」（p. 33）と記されており，セルヴィッジ・フリックランドの共著も訳書が刊行されることが予定されていたことがわかる。刊行されなかった経緯は定かでない。

26）田中喜美（1993）『技術教育の形成と展開—米国技術教育実践史論—』多賀出版　p. 47

27）田中　前掲書（1993）　pp. 64-65

28）大日本工業学会編集・発行（1940）『手島精一先生遺稿』pp. 10-12, p. 13

29）細谷俊夫（1944）『技術教育—成立と課題—』育英出版　pp. 94-95

30）長谷川淳氏への聞き取り，1994 年 5 月 17 日。

31）共著者のひとりであり，フリックランドの師であるセルヴィッジには『産業教育の原理』に先立ち *How to Teach a Trade* (1924) The Manual Arts Press がある。同書をさすか否かは定かでない。

32）長谷川淳（1977）「翻訳『生産教授の教授学の基礎』」『現代教育科学』第 235 号　pp. 113-131

33）長谷川淳氏への聞き取り，1994 年 5 月 17 日。

34）長谷川　前掲（1968）「教育内容研究は敗戦から何を学んだか」pp. 56-57

35）清家正に関しては，(1980)『調査研究資料　第 34 号　教科方法研究資料（Ⅰ）』職業訓練大学校職業訓練研究センター，国立教育研究所（1973）『日本近代教育百年史　第 10 巻　産業教育(2)』pp. 210-214（該当箇所は原正敏執筆）などを参照。

36）Report of Conference, V. C. Fryklund, 15 July 1948. *GHQ/SCAP, CI&E Records,* Box 5359.

37）長谷川淳（1952）「資料　工業教員養成のプログラム」『産業教育』第 2 巻第 7 号　pp. 38-41

38）1950 年 8 月発行『高校教育』誌　第 3 巻第 8 号掲載の実業教科書株式会社出版物の広

告には，長谷川の訳書『職業分析』が掲げられており，次のように紹介されている。「C・I・Eの職業教育の顧問として来朝したフリックランド博士の各地での講演で，しばしばふれた職業分析は，すでに学芸大学のカリキュラムに取入れられ，わが国職業教育の刷新に欠くことのできないものとなった。／本書は同博士の著書を，その方面の権威長谷川氏よりほん訳された職業教育に必須の指導指針！」

39) 道家達将 (1996)「長谷川淳先生のこと」長谷川淳先生追悼記念誌編纂委員会編『かわりびょうぶ―長谷川淳先生追悼記念誌―』p. 17。道家は『東京工業大学一覧　自昭和26年度至昭和28年度』を参照し，執筆している。

40) 長谷川淳 (1953)『工業教育』岩崎書店 (まえがき)

41) 長谷川淳 (1953)『工業教育』pp. 93-95

42) 丸山剛史 (2001)「普通教育としての技術教育の教科課程編成論史における中央産業教育審議会中学校産業教育専門部会 (第二期) の位置」『産業教育学研究』第31巻第1号 pp. 104-105

43) 長谷川淳 (1983)「職業訓練と作業分析」雇用促進事業団職業訓練大学校職業訓練研究センター『調査研究資料　第48号　教科方法研究資料〔Ⅲ〕職業訓練と職業分析』pp. 7-8

44) 清原道寿 (1968)『技術教育の原理と方法』国土社　p. 130

45) 木下龍・田中喜美 (2002)「アメリカ職業協会『産業科教育の到達目標標準』におけるR. W. セルヴィッジの作業分析法の役割」『日本産業技術教育学会誌』第44巻第3号 p. 155

46) 長谷川淳 (1975)「戦後日本の技術教育史(5)」『技術教育研究』第8号　pp. 46-50

47) 長谷川淳 (1954)「中学校における産業教育」『教育委員会月報』第5巻第11号　静岡県教育委員会　pp. 2-10。同論文は1953年12月15・16日開催「昭和27年度文部省産業教育研究指定校合同研究発表会」での説明をまとめたものであり，第一次建議後の審議に言及している。

48) 長谷川淳氏への聞き取り，1994年5月17日。

49) 平野孝 (1990)『内務省解体史論』法律文化社　p. 26

50)「田中義男」(2013) 秦郁彦編『日本近現代人物履歴事典　第2版』東京大学出版会 pp. 356-357

51) 長浜功監修 (1988)『復刻　資料　公職追放Ⅱ「公職追放に関する覚書該当者名簿」』明石書店　p. 1285

52) 天野貞祐 (1977)「田中さんの思い出」鈴木竹雄編『田中耕太郎　人と業績』有斐閣 p. 365

53) 総理府 (平成元年度)『昭和二十八年　任免　九月　巻二十二』国立公文書館所蔵 3A, p. 35, p. 263。前文部次官西崎恵の後任とされる。

54) 国立教育政策研究所 (2006)『戦後教育法制の形成過程に関する実証的調査研究　資料2　文部省職員著作目録』を参照されたい。ここに掲載されている3点以外に，(1942)「開拓地教育の振興について」『在満教育研究』第3号，(1953)「新年にあたって」『初等教育資料』第32号があることを確認している。その他，座談会 (1956)「『教育革命』十年の秘史」『日本週報』第373号，参加者は田中 (義) のほか大村清一，天野貞祐，日高第

　　四郎が出席している。

55）田中義男（1942）「開拓地教育の振興について」『在満教育研究』第 3 号　pp. 1-2

56）田中義男（1954）「職業指導主事設置に際して」『職業指導』第 27 巻第 3 号　p. 133.
　　同（1956）「職業指導主事に期待する」同上　第 29 巻第 4 号　pp. 10-12

57）水谷統夫（1953）「昭和 28 年を回顧して来年に望む」『職業指導』第 26 巻第 12 号
　　p. 686

58）座談会（1954）「転換する職業・家庭科──中央産業教育審議会の建議を巡って──」『職
　　業と教育』第 2 巻第 12 号　p. 6

第 5 章

職業紹介法からの転換過程からみる
職業安定法制定の意義

柴沼　俊輔

はじめに

　本章は，職業紹介法（1921 年 4 月 9 日法律第 55 号）から職業安定法（1947 年 11 月 30 日法律第 141 号）への転換過程の分析を通して，職業安定法制定の意義を明らかにすることを目的としている。

　日本の職業紹介制度の法制度は，1921 年 4 月 9 日制定の職業紹介法（法律第 55 号）が嚆矢である。同法は，無料職業紹介所を市町村長が設置運営すること（第 1 条・2 条・4 条）を規定し，公的職業紹介制度の基礎をつくった。

　職業紹介法は，1938 年 4 月 1 日法律第 61 号をもって全面改正された。1938 年改正職業紹介法では，職業紹介所が国営化され（第 1 条），政府以外の者が行う職業紹介事業が全面禁止された（第 2 条）。以後，国営化された職業紹介所は，総力戦体制のもとで労働力の強制配置を実行する機関として機能した。

　他方，敗戦後の日本では，連合国最高司令官総司令部（General Headquarters/ Supreme Commander Allied Powers，以下 GHQ/SCAP と略記）の間接統治のもとで，1947 年 11 月 30 日，職業紹介法を廃止，職業安定法が制定された。

　職業安定法は，「従来の職業紹介法の単なる改正ではなく，まったく新たな精神と意義をもつ画期的な労働立法である[1]」と評されるように，従来の職業紹介制度を根本から改革することを意図して制定されたといわれる。また，制定

時点の職業安定法は，戦後日本独特の制度である，学校教員が行う職業紹介の法制度の問題点を解明するうえで重要な意義を有していたことが指摘されている[2]。

　しかし，職業安定法の制定過程を分析の対象とした研究はなく，同法制定の意図および同法制定の歴史的意義が充分に解明されてきたとはいえない。

　そこで本章では，職業安定法の制定過程を，同過程に対するGHQ/SCAPの関与に注目し，分析を行う。

　占領下日本の政策の決定と実行には，GHQ/SCAPの承認が不可欠であった。GHQ/SCAPで職業安定法案の作成を含む労働政策を担当した部局はGHQ経済科学局労働課（Economic Scientific Section/Labor Division）である。とりわけ，職業紹介政策は，同労働課人的資源係（Manpower Branch）が担当した。

　具体的に，職業安定法制定過程の分析は，以下の2つの手順で行う。

　第1は，1946年7月29日発表の「労働諮問委員会最終報告書—日本における労働政策とプログラム」（以下，「日本における労働政策とプログラム」と略記）における職業紹介制度改革案の分析である。

　GHQ労働課人的資源係職業紹介担当官であったマックボイ（E. C. McVOY）は，GHQの職業紹介制度改革がGHQ労働諮問委員会「日本における労働政策とプログラム」における改革案に基づいて行われたと証言[3]しており，同報告書の分析は職業安定法の制定経緯を解明するうえで不可欠であると考えられる。

　この分析には，国立国会図書館憲政資料室所蔵の占領軍GHQ/SCAP文書に収録された原文[4]を利用する。分析の際，竹前栄治の邦訳文[5]を参考にした。

　第2は，職業安定法案の審議過程の分析である。

　ここでは，1946年7月29日GHQ労働諮問委員会「日本における労働政策とプログラム」発表後，職業安定法案が日本政府とGHQ経済科学局労働課によって作成，同年8月13日に第1回国会へ上程され，1947年11月25日に参議院本会議第52号にて可決・成立に至るまでの期間における審議を分析する。

　この分析には，①GHQ経済科学局労働課「月間報告[6]」，②竹前栄治によるマックボイに対するインタビュー調査[7]，③労働省職業安定局編『職業安定行

政十年史』(雇用問題研究会，1959 年)，④ 国立国会図書館「国会会議録検索システム」に収録された国会会議録[8]，を利用する。

第 1 節　GHQ 労働諮問委員会「日本における労働政策とプログラム」における職業紹介制度改革案

　GHQ 労働諮問委員会は，日本および朝鮮における労働政策について勧告するために，連合国軍最高司令官の要請によって招聘され，1946 年 2 月から同年 7 月まで日本で調査研究を行い，その成果に基づく政策勧告を「日本における労働政策とプログラム」として同年 7 月 29 日に発表した[9]。

　同委員会は，12 名の，労働行政，労働関係，労働経済，賃金政策，保護立法，雇用行政，社会保険および労働統計という各分野の職務経験を有する人員で構成されていた。雇用分野に関する担当官は，3 名であった[10]。

　「日本における労働政策とプログラム」は，以下の内容で構成されていた。

　委員一覧／はじめに／目次／第 1 章　日本における労働立法と労働政策に関する勧告の要約／第 2 章　労働関係と労働組合／第 3 章　占領下日本において推奨される雇用政策／第 4 章　長期的な賃金及び給与に関する政策／第 5 章　保護的労働立法／第 6 章　日本の公共職業紹介制度：研究成果と勧告／第 7 章　日本政府における労働関係行政の組織に関する勧告（全 121 頁）

　このうち，日本の職業紹介制度について言及されている部分は，「第 6 章　日本の公共職業紹介制度：研究成果と勧告」である。その構成は以下の通り。

　1　緒言／2　勧告方針／3　行政組織／4　人事―調査と勧告／5　地方勤労署の運営／6　職業紹介に関する報告および統計

　第 6 章における勧告の扱いについては，以下のように記述されている。

　「本委員会は，現在および近い将来の日本経済および社会の枠組内で，日本の職業紹介所がより効果的，かつ一層有用なものになる方法を示唆する視点からこの問題に接近することを意図した。委員たちはアメリカの経験から職業紹介所のよき運営と管理の基本的原理を析出し，かつこれらの諸原理を日本に適

用することに努めた。しかし，委員たちの日本における観察は，時間的，空間的に限られており，以下の勧告は，青写真というより接近の方向を示したものと考えられるべきであり，この方向をうまく追求するには，GHQ の指導と援助をえて，厚生省が絶えざる努力をすることが必要である。」[11)]

すなわち，「日本における労働政策とプログラム」に示された勧告は，アメリカの職業紹介制度における運営・管理の原則を日本に適用する方向で作成されたものの，日本の経済および社会の枠組みとの整合性を考慮にいれたうえで，GHQ/SCAP と日本政府が最終的に決定し実行することが意図されていた。

具体的に，GHQ 労働諮問委員会は，以下の職業紹介制度改革案を示した。

GHQ 労働諮問委員会は，職業紹介制度について「労働力は日本の最大の財産であり，かつ日本の再建は，重要な生産および分配のための労働力動員に大いに依存する。これは職業紹介制度の最優先目標となるべきである[12)]」とした。

ここでは，職業紹介制度の「最優先目標」として，敗戦直後の日本経済再建のために重要な生産と分配に必要な労働力を配置することが強調された。

GHQ 労働諮問委員会は，その「最優先目標」に附随して，「適切な重きをおくべき」職業紹介制度の目標として，7点をあげた。このうち，本研究の内容に関わり，「(7)労働ボスおよびその他の非経済的かつ古い募集形式の必要性と，その利用を排除するためのサービスの提供[13)]」が注目される。

GHQ 労働諮問委員会は，「職業紹介施設は，労働ボス，個人的募集代理人およびその他の不経済な古い募集方法を，職業紹介の慣行として必要のないものとするように，範囲上および能率上拡大されるべきである[14)]」として，「労働ボス」などの労働者募集慣行を廃絶するために，公的職業紹介所の充実を求めた。

ここでいう「労働ボス」とは，労働者供給業者をさす。労働者供給とは，「供給契約に基いて労働者を他人に使用させること」(職業安定法第5条) である。

「労働ボス」は，土建業や港湾荷役業において，常時，筋肉労働者を支配下におき，必要とする事業に彼らを臨時労働者として供給することを業とした[15)]。「労働ボス」は，配下の労働者を親分・子分的な関係で支配し，就労の強制，個人生活への干渉，賃金の10～40％の中間搾取を行った[16)]。1947 年 12 月 31 日

時点で，250万人の労働者が「労働ボス」の支配下にあったといわれている[17]。

　他方，「個人的募集代理人」は，「労働ブローカー」ともよばれ，労働者を支配下に常時おくわけではなく，労働者を，虚偽を含む情報を伝えて募集し，必要とする事業に送りこむことを業とした営利業者である[18]。GHQ/SCAPは，とりわけ，北海道の鉱山などで働く成人男子労働者や，繊維工場で寄宿舎に住み込みながら勤務する少女の募集を担った営利業者を問題視していた[19]。

　GHQ労働諮問委員会は，「労働ボス」と「個人的募集代理人」の廃絶のため，これらの法的規制のみならず，公的職業紹介制度の充実により，これらの必要性を排除することを勧告した。これに関する勧告のうち，2点が注目される。

(1)　労働省の設置と同省による職業紹介行政の管轄

　第1の点は，職業紹介を管轄する行政機構の問題である。

　敗戦後の労働行政は，厚生省内の労政局と勤労局の二部局が管掌していた。

　GHQ労働諮問委員会は，まず，労働行政を厚生省内に位置づけることに対し，「労働業務は，公衆衛生，施設衛生，救済，および社会保険などの直接関係のない問題をも取扱う省のなかの二局に配分されている。この配分は必然的に労働の分野における政府の責任が，当該閣僚の部分的注意しか引かない事を意味する[20]」と批判した。同委員会は，労働行政が独立した省で扱われないことで，労働分野に関する「内閣の代表欠如」という問題が生じることを指摘した[21]。

　こうした認識に基づき，GHQ労働諮問委員会は，「日本労働行政の現在の欠陥および弱点が克服されるためには，強力にしてかつ独立的な労働省の設置が必要不可欠である[22]」とし，日本の労働行政の問題を解決するには，他省と独立した権限をもつ労働省の設置が不可欠であると強調した。

　また，GHQ労働諮問委員会は，厚生省勤労局が職業紹介行政を管掌していたものの，その権限が当該行政の全体計画の立案にとどまり，末端の職業紹介所の運営にまで権限を及ぼせていない点を問題視した。当時の職業紹介所は，都道府県庁の管轄下にあり，その監督権，職員の配置などの決定権は都道府県知事にあった。都道府県知事や地方官吏の監督権・任命権は，内務省にあった。

　GHQ労働諮問委員会は，厚生省勤労局が職業紹介所に対して権限を行使す

る場合，内務省を経由する必要がある，この状況を問題視し，「目標は，労働省が管掌する職業紹介所の全国的制度をもつことである。この組織では，勤労局（本省職員）がすべての職業紹介制度の直接的実施権限と責任を有すべきである[23]」「職業紹介制度の独占的な責任が労働省に付与されるべきであり，労働省の設置までは，厚生省に付与されるべきである[24]」とし，労働省を設置して，労働省に職業紹介行政を専管させることを勧告した。

⑵　**職業紹介行政の業務を担当する職員の専門性確保**

　第2の点は，職業紹介行政を担う職員の問題である。

　GHQ労働諮問委員会は，職員の専門性確保に関する政策を勧告した。

　「勤労局の目標は，一般労働問題に十分な知識と経験をもち，個々の業務の遂行に熟練した職員を有することとすべきである。近代的労働法規の実施に経験ある職員が限られている国では，資格ある職員は，認定基準による慎重な選考と包括的な訓練計画という手段によって獲得されなければならない[25]。」

　ここでは，全国的職業紹介制度を統括する本省職員として，労働省（労働省設置以前は厚生省勤労局）に労働問題に精通した職員を確保するため，一定の基準に基づく選考と養成訓練の計画を作成することが勧告された。

　さらに，職業紹介所の「紹介斡旋職員には，産業および通商における経験のある職員を含むべきである[26]」として，職業紹介担当者の経験を重視した。

　このように，GHQ労働諮問委員会は，日本の公的職業紹介制度を，国民に奉仕するサービス機関へと転換，その施設設備の拡大，資格ある職員の確保を通して，その機能を充実させることを勧告した。この勧告は，公的職業紹介制度が充分なサービスを提供することを通して，多くの労働者の権利を侵害していた「労働ボス」などの労働者募集慣行の廃絶を意図したものであった。

第2節　職業安定法案の審議過程

第1項　職業安定法案の作成過程

職業安定法案の作成に関わるもっとも古い日付を示している一次資料は，

GHQ 経済科学局労働課 1947 年 1 月版「月間報告[27]」である。ここでは，「労使双方の代表者が見解に憤慨した 1 月 7 日・8 日の公聴会後，1938 年職業紹介法改正案（a draft bill to revise the Employment Exchange Law of 1938）が作成され，帝国議会へ提案するための議事日程に追加された[28]」と記録されている。

　この報告によれば，「職業紹介法改正案」と関わって，1 月 7 日・8 日に「公聴会」が開催され，これ以降，同法案の国会提出へ向けた起草が開始された。この時点では，本法案は，「職業紹介法改正案」であって，「職業安定法案」ではなかった。当初の予定では，同法案は，第 92 回帝国議会（1946 年 12 月 28 日～1947 年 3 月 31 日）に提出され，審議される予定であった。

　しかし，上記の「職業紹介法改正案」は，第 92 回帝国議会に「付託された議案総数の削減[29]」を理由に，同年 8 月の第 1 回国会まで審議延期となった。

　「職業紹介法改正案」の国会上程前，1947 年 4 月 8 日に公共職業安定所官制（勅令第 118 号）が公布された。同勅令は，1938 年職業紹介法を改正する法案が国会で審議されるまでの「暫定措置」であった[30]。同勅令は，初めて「公共職業安定所」の名称が使われた法令であった。これをうけて，同 4 月版「月間報告」では，それまで「職業紹介法改正案」として表記されていた法案名が，初めて，「職業安定法案（the Employment Security Bill）」と表記された[31]。

　その後，職業安定法案は，「5 月中に今次国会へ提案するために修正された[32]」あと，最終的に，1947 年 8 月 13 日に第 1 回国会へ上程された。

　このように，職業安定法案は，少なくとも 1947 年 1 月 7 日以前に作成が開始され，同年 5 月頃まで法案の検討作業が行われており，法案作成から国会提出までに少なくとも 8 ヵ月を要していたとみられる。

　法案作成過程の事情について，当時の厚生省勤労局企画課長の斎藤邦吉は，「最初われわれとしては，職業安定法が現在あるようなこれ程尨大な内容をもったものを新たに創設するという程のつもりはなく，従来の職業紹介法の不都合なところを一部改正して，新時代に沿うように改めたいという程度の気持ちだった[33]」と回想した。当初の政府案は，職業紹介法の一部改正であり，新法制定は想定されていなかったとみられる。

　政府原案の内容について，当時，職業安定法の立案に関わった亀井光は，「政府の行う職業紹介，政府以外のものの行う職業紹介という二本立に構想を書いて，従来のいきさつ，法律の根拠を書いたのです。(中略) われわれで立案してもっていったが，司令部はお気に入らないのです。アメリカの職業紹介法というものが先に進んでいるものですから，したがって政府の原案に基いてアメリカの国内法をそれに加えた。英文の1条から説きおこした全条文のお墨付をわれわれがいただいたのです」とした。[34]

　このように，職業安定法案の作成過程当初，日本政府側は，職業安定法案ではなく，職業紹介法の一部改正という形で立案した。その内容は，「政府の行う職業紹介」「政府以外のものの行う職業紹介」の「二本立」であった。しかし，この原案は，GHQの承認をえられなかった。最終的に，職業安定法案は，GHQによる指導を通じて，斎藤が「これ程尨大な内容をもったもの」と形容するほど充実した法案へと改められた。

　他方，GHQ労働課人的資源係のマックボイは，「職業安定法はわれわれの職業紹介に関する基本概念を具体化し，実現する重要な鍵になりました。職安法はアメリカやイギリス，ILOなどの基準をふまえて，われわれが骨子を起草し，日本側に示しました。日本側がこれを具体的な条文に書き，われわれと6ヵ月間にわたって議論し，日本側の特殊事情を充分にこの法案にもりこみました。ですからこの法律はアメリカの『ワグナー・パイザー法』(1933) よりも，いや世界のどの職安法よりもよいものになったのではないでしょうか」と回想している。[35]

　すなわち，職業安定法案の作成にあたり，GHQ経済科学局労働課は，アメリカやイギリスの職業紹介制度，およびILOの国際基準を参考にして「骨子」を作成，日本政府へ提示した。この過程において，同労働課は，日本政府との職業安定法案作成のための議論に6ヵ月間を費やしたとされているように，西欧諸国の職業紹介制度を強制的に日本に導入するのではなく，日本の特殊事情と矛盾しないように慎重に配慮していたとみられる。

　それは，斎藤邦吉が「日本側の考えと，理想的なものをつくりたいという

GHQ の野心とが一致して出たのが職業安定法」であり，「この法律は双方の完全な意見の一致の下に出来た」と回想していること³⁶⁾からも，明らかである。

さて，具体的に，GHQ 経済科学局労働課は，職業紹介制度改革と職業安定法案の作成に対して，少なくとも，以下の３点の働きかけを行った。

(1)　労働者供給業および労働者の遠隔募集への規制

当時，厚生省勤労局長および厚生省職業安定局長を歴任した上山顕は，経済科学局労働課長のコーエンから，以下の示唆をうけたことを回想している。

「一番の問題は，レーバー・ボスの排除と，通勤区域から募集の原則であった。僕が勤労局長になり，当時の労働課長コーエン氏にはじめて挨拶に行ったとき，『君がレーバー・ボスの味方などせずやるなら，僕は大いに君を援助しよう』との言葉があった。労働者供給事業の禁止は，職業選択の自由を認めず強制労働となるからとか，中間搾取を排除しなければならぬとかいう労働政策以上に，レーバー・ボス→右翼団体の温床というふうの連関をもって，占領政策の核心に触れる問題であったのだ。(中略) 通勤区域から募集の原則も，繊維産業が遠隔の農村から，若い女子を低賃金で雇い入れ，自由を束縛して寄宿舎に収容しているといった，強い先入観念が背景にあり，司令部の某氏が大阪での講演か談話で，紡績工場の寄宿舎を廃止さす方針を言明したとかで，大騒ぎとなったことがある。通勤区域からの原則は結構だが，いますぐ全面的にといっても無理だろうと考えたが，この点は司令部も弾力的な運営を理解してくれ，あまり問題無く経過できた³⁷⁾。」

このように，コーエンは，労働ボス＝労働者供給事業と，繊維産業などでみられた遠隔地からの労働者募集の規制を指示していた。これは，GHQ 労働諮問委員会「日本における労働政策とプログラム」で勧告された内容であった。

(2)　「公共職業安定所」の名称決定

職業安定法案が審議延期とされた期間中，その「暫定措置」として，1947年４月８日に公共職業安定所官制が公布された。これは，職業安定法の制定に先だって，初めて「公共職業安定所」の名称を定めた法令であった。

斎藤邦吉によれば，当初，厚生省は，当時の職業紹介所の名称「勤労署」か

ら，戦時統制時代以前の「職業紹介所」に戻すことを提案した[38]。その理由は，「職業紹介所」の名称が「業務の性格を端的にあらわす」こと，「職業紹介所という戦前の名称の方が国民にはなじみがあるし，望ましい」ことであった[39]。

斎藤は，厚生省のこうした提案に対して，GHQ経済科学局労働課長コーエンと同労働課人的資源係コレットから以下の意見があったことを回想している。

「コーエン氏の下にいたコレット氏が『職業紹介所という名は不適当である。まず第1に，この名前には，かつて強制的な労務配置をした悪い印象がこびりついている。第2にこの機関の行う仕事は以前と違って職業紹介だけを行うところではない。職業指導，職業補導，失業保険その他職業に関する諸般の業務を取り扱う機関である。この2つの理由により「職業紹介所」という名前は賛成できない』という挨拶であった[40]。」

このように，コーエンとコレットは，第1に，戦時下において「職業紹介所」が「強制的な労務配置をした」歴史があり，人びとにとって「悪い印象がこびりついている」こと，および，第2に，この機関の行う業務が，職業紹介に限らず，職業指導，職業補導，失業保険などの業務を含むことを示すために，「職業紹介所」とは別の，新たな名称とする必要性を主張した。

最終的には，コーエンが「Public Employment Security Office」を直訳したものをその機関の名称とすることを提案し，「公共職業安定所」となった[41]。

マックボイは，コーエンらによる提案の意図を以下のように補足した。

「われわれGHQは，(1)業務の公共的性格をあらわすこと，(2)平等原則に基づく『サービス』の提供機関の性格をあらわすこと，(3)失業などの経済的不安，妨害に対するセキュリティ（保障）ないし，スタビリティ（安定）の性格をあらわすこと，の3条件を満たすような名称にすべきであると主張したのである[42]。」

すなわち，「公共職業安定所」の名称の採用は，日本の公的職業紹介機関を，失業などの経済的不安や妨害に対する安定を国民に保障するための「サービス」機関へ転換させる措置の一環として位置づくものであった。

このように，GHQ経済科学局労働課は，GHQ労働諮問委員会が勧告した，日本の公的職業紹介機関をサービス機関へと転換する措置を具体化するととも

に，その理念を，「公共職業安定所」という名称に込め，表現したといえる。

(3)　労働省による職業紹介（安定）行政権の確立

職業安定法案成立までの「暫定措置」であった公共職業安定所官制は，当該機関の行政権を，厚生省勤労局が専管する制度を確立する措置であった。

同「官制」第1条では，「政府は，職業の確保と産業の興隆に寄与するように，労務が公平且つ適正に配置されることを目的として，公平に奉仕する公共職業安定所を設置する」として，公共職業安定所の設置が規定された。公共職業安定所は，「厚生大臣の管理に属し，職業の紹介，指導，補導，その他職業に関する事務を掌る」（第2条）とされ，厚生大臣の管轄下で職業紹介，職業指導，職業補導などの業務を管掌することが規定された。その実務を担う職員も，公共職業安定所職員として，厚生省の管轄下におかれた（第3条・第14条）。

このように，公共職業安定所官制は，従来，職業紹介行政を担当する政府機関であった厚生省勤労局が末端の職業紹介所に対して直接権限を及ぼせなかった状況を改めるものであった。

その後，労働省設置法（1947年8月31日法律第97号）に基づいて，1947年9月1日，「労働者の福祉と職業の確保とを図り以て経済の興隆と国民生活の安定とに寄与する」ことを目的として（第1条），労働省が設置された。さらに，労働省設置法では，労働省職業安定局の設置（第3条），および，同職業安定局が職業紹介などの業務を管掌することが規定された（第8条）。

以上，公共職業安定所官制と労働省設置法の制定により，GHQ労働諮問委員会が勧告した政策である，全国的な職業紹介制度を，労働者の福祉と職業の確保のための独立した権限をもつ労働省が専管する制度が確立された。

第2項　第1回国会における職業安定法案の審議過程

職業安定法案は，1947年8月13日に第1回国会へ上程され，同年8月15日から衆議院労働委員会で審議が開始された。その後，衆参両院で計21回の審議が行われた。同法案は，衆参両院で一部修正と附帯条件が付されたあと，同年11月15日参議院本会議第52号で賛成多数により可決，成立に至った。

　国会審議における修正内容は，法律の根本的な原則を転換するものではなく，原案を大きく変更する修正は行われなかった。すなわち，1947 年 11 月 30 日制定の職業安定法の骨格は，同法案の国会上程以前に，労働省（それ以前は厚生省）と GHQ 経済科学局労働課によって既に完成されていたといえる。

おわりに

　職業安定法（1947 年 11 月 30 日法律第 141 号）の制定過程を分析した結果，職業安定法は，1938 年職業紹介法の単なる一部改正にとどまらない，新たな法律として制定されたことが明らかになった。職業安定法の制定とこれに伴う措置を通じた日本の公的職業紹介制度の改革には，GHQ 経済科学局労働課の助言が大きな影響を与えていた。同労働課の助言は，1946 年 7 月 29 日付 GHQ 労働諮問委員会「日本における労働政策とプログラム」の勧告に基づいていた。

　その改革の第 1 は，労働行政を専門とする独立した権限をもつ労働省を設置し，同省に職業紹介制度を専管させる制度の確立である。

　敗戦後の日本の公的職業紹介制度は，厚生省内の一部局である勤労局が管轄した。厚生省勤労局の権限は，職業紹介行政の全体計画にとどまり，内務省管轄の地方官吏である職業紹介所職員に対して直接の監督権をもっていなかった。

　GHQ 労働諮問委員会は，敗戦当時の日本の公的職業紹介制度の行政機構について，第 1 に，地方官吏であった職業紹介所職員の監督権を内務省が有していたために，当時の職業紹介行政の中央行政機関であった厚生省勤労局が末端の職業紹介所の運営に対して直接の権限を及ぼせなかったこと，第 2 に，職業紹介を含む労働行政を厚生省の一部に位置づけることで内閣における労働政策の代表欠如を招くことを問題視し，この改善を求めた。

　第 1 の問題は，1947 年 4 月 9 日制定の公共職業安定所官制による公共職業安定所に対する厚生省の行政権の確立，第 2 の問題は，同年 8 月 30 日制定の労働省設置法に基づく労働省設置（9 月 1 日）によって，それぞれ克服された。

　これらの措置により，労働省が公的職業紹介制度を専管する制度が確立され

た。これは，言い換えれば，日本の公的職業紹介制度が，「労働者の福祉と職業の確保」（労働省設置法第1条）を目的とする労働行政の一環に，日本史上で初めて，位置づけられたことを意味していたといえる。

改革の第2は，公的職業紹介制度を，「公共職業安定 (Public Employment Security)」制度へと転換したことである。

GHQ/SCAP は，「労働ボス」＝労働者供給事業などの，労働者の人権侵害を伴う労働者募集慣行の廃絶を目指していた。GHQ 労働諮問委員会は，これらの募集慣行廃絶にあたり，「労働ボス」の禁止などの法的規制だけではなく，公的職業紹介所のサービスを充実させることを通して，これらの募集慣行の存在意義を喪失させる手段を採ることを勧告した。

こうした職業紹介制度の理念の転換は，「公共職業安定所」という名称に表現された。すなわち，戦時統制機関として機能した職業紹介所とは異なり，「公共職業安定所」は，職業紹介のみならず，職業指導，職業補導，失業保険などの諸サービスの提供を通して，労働者に対し，失業などの経済的不安に対する保障 (security) ないし安定 (stability) を与える機関へと転換された。この理念を実現するために，職業紹介行政および職業紹介の実務担当者として，資格ある職員の確保のための諸施策が重要視された。

以上の改革は，GHQ 労働諮問委員会と同経済科学局労働課が，米英の職業紹介制度，ILO 条約などの国際基準を参考に立案した。しかし，この改革は，西欧諸国の職業紹介制度の強制的導入ではなく，日本の実情を6ヵ月以上精査し，日本政府との合意のうえで，日本の職業紹介制度を，世界最高水準の公共職業安定制度へと発展させることをねらったものであった事実は看過できない。

注
1) 斎藤邦吉 (1948)「推薦の辞」工藤誠爾『職業安定法解説』p. 1
2) 柴沼俊輔 (2014)「戦後日本における学校が行う職業紹介制度の成立」東京学芸大学大学院連合学校教育学研究科博士論文
3) 竹前栄治 (1991)『増補改訂版　GHQ 労働課の人と政策』エムティ出版　p. 261
4) ESS (B) 02781-02783, *Bulk Enclosure No. 1032 : Final Report of the Advisory*

Committee on Labor-Labor Policies and Programs in Japan.

5) 竹前栄治 (1970)『アメリカ対日労働政策の研究』日本評論社　pp. 374-493

6) 以下2点の国立国会図書館県政資料室所蔵の文書綴に収録された文書を使用した。ESS (B) 16712-16714, *Reports : Labor Division Monthly Reports, Apr. 1947, May 1947, Sept. 1948, Oct. 1948*（*Originals*）. CAS (A) 04761-04763, *Labor Division Monthly Report*（*ESS*）.

7) 竹前栄治　前掲書

8) 国立国会図書館「国会会議録検索システム」（http://kokkai.ndl.go.jp/，2016年3月25日アクセス）より取得。

9) GHQ/SCAP (29 July 1946) *Final Report of the Advisory Committee on Labor―Labor Policies and Programs in Japan*―, Tokyo, p. ii.

10) *Ibid.*, p. i. GHQ 労働諮問委員会における雇用政策担当官は，以下の3名。①ライル・ガーロック（職業紹介・雇用問題専門委員）：合衆国職業紹介所副企画部長，戦時人的資源委員会副行政部長を歴任。②エドワード・ホランダー（職業紹介・雇用問題専門委員）：戦時人的資源委員会経済主任，社会保障委員会職業安定局職業紹介調査課長を歴任。③フレッチャー・ウエレメイヤー（労働力統計専門委員）：1943年海軍入隊まで戦時人的資源委員会社会保障委員会および労働省労働市場報告担当。

11) *Ibid.*, p. 100.

12) *Ibid.*

13) *Ibid.*, p. 99.

14) *Ibid.*, p. 18.

15) 遠藤公嗣「解説」天川晃他編著 (1998)『GHQ 日本占領史　第32巻　労働条件』日本図書センター　p. 4

16) 同上書　p. 43

17) E. C. McVOY, (1955) "Introducing Democratic Employment Practices in Japan", *Hand Across Frontiers, Netherlands*, p. 455.

18) 遠藤公嗣　前掲書　p. 4

19) 天川他　前掲書　pp. 48-53

20) GHQ/SCAP, *op. cit.*, p. 113.

21) *Ibid.*, p. 113.

22) *Ibid.*

23) *Ibid.*, p. 103.

24) *Ibid.*, p. 100.

25) *Ibid.*, p. 105.

26) *Ibid.*, p. 106.

27) GHQ/SCAP ESS Labor Division, "Labor Division Report for Month of January 1947", CAS (A) 04767, *Labor Division Monthly Report*（*ESS*）.

28) *Ibid.*

29) GHQ/SCAP ESS Labor Division, "Labor Division Report for Month of February 1947", CAS (A) 04767, *Labor Division Monthly Report*（*ESS*）.

30) GHQ/SCAP ESS Labor Division, "Labor April", ESS（B）16712, *Reports : Labor Division Monthly Reports, Apr. 1947, May 1947, Sept. 1948, Oct. 1948*（Originals）.

31) *Ibid.*

32) GHQ/SCAP ESS Labor Division, "LABOR May 47", ESS（B）16713, *Reports : Labor Division Monthly Reports, Apr. 1947, May 1947, Sept. 1948, Oct. 1948*（Originals）.

33) 斎藤邦吉（1959）「進歩的な職業安定法の制定」労働省職業安定局編『職業安定行政十年史』雇用問題研究会　p. 9

34)「〈座談会〉職業安定法・失業保険法制定当時を顧みて」労働省編（1957.10）『労働時報』10 巻 12 号　p. 14

35) 竹前栄治　前掲書　p. 263

36) 斎藤邦吉（1959）前掲書　p. 10

37) 上山顕（1959）『十年一昔』労働省職業安定局編『職業安定行政十年史』雇用問題研究会　p. 7

38) 斎藤邦吉（1959）前掲書　p. 9

39) 竹前栄治　前掲書　p. 263

40) 斎藤邦吉（1959）前掲書　p. 9

41) 同上

42) 竹前栄治　前掲書　p. 263

アメリカ合衆国における公教育としての職業教育制度の成立と職業教育の公共性
—マサチューセッツ州の職業教育制度が全米レベルのそれに与えた影響を中心に—

横尾　恒隆

はじめに

　今日職業教育の公共性が問われている。それは「新自由主義」的教育政策の展開により教育の公共性が問われている[1]ことに加え，職業教育の公共性自体も，「公教育」としての職業教育・訓練の「比重の低下[2]」などの点から問題にする必要があると考えられるからである。本章では，アメリカ合衆国（以下，アメリカ）における，1906 年以降の職業教育運動（vocational education movement）展開，および同国で最初の職業教育連邦補助法であるスミス・ヒューズ法[3]制定（1917 年）の事例を手がかりにして，職業教育の公共性の問題について検討する。

　職業教育運動展開とスミス・ヒューズ法制定の過程については，研究が蓄積されてきた[4]。これまでの研究では，スミス・ヒューズ法によって連邦補助という形で職業教育への公費支出が認められたことをもって，同法が「公教育としての職業教育の制度化を促進し」，「職業教育制度の基本を構築した[5]」との認識は共有されているように思われる。

　しかし，職業教育運動展開以前にはアメリカでも，職業教育は私事に属するものとの観念が一般的であって，それに対する公費支出をすべきではないとする観念が存在した[6]。そのため職業教育への連邦補助が正当化されるためには，こうした観念が転換される必要があった。職業教育への公費支出が正当化され

た過程を解明するためには，職業教育運動の展開過程とスミス・ヒューズ法の制定過程において，職業教育の公共性をめぐる問題がどのように議論され，決着をみたのかを検討する作業が必要不可欠であると考えられる。

　職業教育運動展開とスミス・ヒューズ法制定の過程において，職業教育の公共性に関する問題がどのように取り扱われたかについては，すでに拙著『アメリカにおける公教育としての職業教育制度の成立』(以下，拙著)[7]，さらには別稿で一定程度明らかにしている[8]。しかし前者では，職業教育の公共性について論じる現代的意義や公共性の定義に関する検討に関して不十分な点を残していた。また後者では，こうした拙著の弱点を補ったうえで，職業教育の公共性の問題を，職業教育運動を中心的に担った団体のひとつである全米産業教育振興協会(National Society for the Promotion of Industrial Education，以下 NSPIE)を中心に形成された職業教育制度構想の事例を中心に検討している。

　けれどもアメリカは連邦制国家であり，教育が各州の権限とされてきたことは周知の通りである。職業教育制度の場合も例外ではなく，最初に州レベルで創設され，その後に全米レベルの職業教育制度が創設されるという経緯を辿った。したがって，アメリカにおける職業教育制度の形成過程を解明するためには，州レベルの職業教育制度創設から，連邦レベルのそれの創設という発展過程を解明する必要があろう。

　先行研究では，1906 年のマサチューセッツ州において公費による職業教育制度創設を求めた「産業・技術教育委員会」(Commission on Industrial and Technical Education，以下「ダグラス委員会」) の報告書 (以下「ダグラス委員会報告書」) 提出が，職業教育運動展開のきっかけのひとつとなったことや[9]，同州の職業教育制度がスミス・ヒューズ法制定によって，他州の職業教育制度や全米レベルで成立したそれのモデル的存在となったことは，指摘されている[10]。しかしこの州の職業教育制度の成立過程を詳細に分析したレイザーソン[11]や木下順[12]の研究を含めて，従来同州の職業教育制度が全米レベルのそれに対して与えた影響について，ほとんど解明されてこなかったように思われる。

　こうした問題意識から本章では，職業教育の公共性を担保した職業教育制度

の成立という観点から，① マサチューセッツ州を中心に州レベルで創設された公費による職業教育制度，② スミス・ヒューズ法制定により全米レベルで創設された公教育としての職業教育制度への発展過程とその教育史的意義を解明する。職業教育の公共性の定義については，別稿で詳細に述べたので，ここでは，職業教育の公共性が担保された職業教育制度の条件として，① 職業教育機関へのアクセス，② 社会の成員全体の利益などの点をあげるのにとどめておく。

　なお本章では，主として州や連邦の補助対象となる職業教育機関の種類として全日制のものに加え，定時制，夜間のそれが加えられた過程やそのことが職業教育の公共性に対してもっていた教育史的意義を解明することを意図する。その際，マサチューセッツ州における職業教育制度の基本的な枠組みが，全米レベルのそれに影響を与える過程において，マサチューセッツ州教育長官補佐（1910〜1912），NSPIE 事務局長（1912〜1915），連邦議会「職業教育国庫補助委員会」委員（1914）を務め，マサチューセッツ州の職業教育制度の基本的な枠組みが，全米レベルのそれに影響を与える際に，大きな役割を果たしたと考えられるプロッサー（C. A. Prosser）の果たした役割に焦点を当てることとする。

第1節　職業教育運動展開の政治的・経済的・社会的背景と私立・企業立職業教育機関の歴史的限界

　まず職業教育運動展開の政治的・経済的・社会的背景について述べる。同運動の政治的・経済的・社会的背景として，①「新移民」増加に伴う，公立学校の進級遅滞問題と義務就学期間終了後の少年，少女たちの就労問題，および② 徒弟制「衰退」問題と熟練労働者養成をめぐる労使の対抗関係をあげることができる。これらのうち前者は，1880 年代以降に，それまでの「旧移民」とは，言語，宗教，習慣などの点で異なる特徴をもつ，東欧・南欧諸国出身の「新移民」が大量に流入した結果，公立学校の進級遅滞（retardation）が問題とされるようになった。またそれに伴って義務就学期間（当時多くの州では14歳

まで）終了後の少年，少女たちの就労問題（彼らの多くが，事務所や商店の使い走りなどの不熟練職種，さらには靴の踵つけ，椅子製作などの低度の熟練しか必要としない職種に従事するか，失業状態にあった）も問題とされていた[15]。

　また後者のうち徒弟制「衰退」問題は，作業現場への機械導入と，それに伴う分業化の進行により徒弟たちが，一部の工程しか教授されなくなったため，徒弟制「衰退」が問題とされたことであった[16]。また熟練労働者養成をめぐる労使の対抗関係については，職能別労働組合による徒弟制規制に対抗して使用者団体のひとつ全米製造業者協会（National Association of Manufacturers：NAM）が私立・企業立職業教育機関設立を志向していた[17]。これに対し職能別労働組合の全米レベルの組織のひとつアメリカ労働総同盟（American Federation of Labor：AFL）は，公立職業教育機関を中心とする職業教育機関設立の必要性を主張した[18]。

　このほか，① 職業教育の開始時期（NAM 内部には，職業教育を 10 歳前後から開始すべきだという議論があった一方，AFL は，職業教育の開始時期を 14 歳以降とする立場を取っていた[19]），② 設立されるべき職業教育機関の種類（NAM は，特定の熟練職種に関する訓練を行うトレード・スクール（trade school）を支持していたのに対し，AFL など職能別労働組合勢力には，産業学校（industrial school）や技術学校（technical school）など，徒弟制の基礎教育を行う，あるいは同制度を補完する教育機関を支持していた[20]）についても，両者の間には対立があった。

　つぎに職業教育の公共性という観点からみた私立・企業立職業教育機関の歴史的限界についてみることとする[21]。まず職業教育機関へのアクセスについてみると，これらの教育機関のなかには，高額な授業料の徴収，入学要件（特定の団体や特定の人種，特定の企業に所属することが求められていた場合少なからずあった）の点で，社会の成員全体に開かれていたとはいいがたいものもかなり存在していた。またアメリカ社会の成員全体の利益という点について，これらの教育機関には，労働組合対策や「スト破り」（strike-breakers）養成のために設立され[22]，使用者側の利益や特定の企業のそれに奉仕していたものもあったことは否定できない。

第2節　マサチューセッツ州における公費による
　　　　　職業教育制度の創設

　つぎにマサチューセッツ州で創設された職業教育制度について検討する。同州では 1906 年 4 月，先述の「ダグラス委員会」が報告書を州議会に対して提出した。同報告書は，① 徒弟制「衰退」問題と既存の教育機関の技術・職業教育の不十分さ，② 義務就学期間終了後の少年，少女たちの就労問題などの理由をあげ，公費による職業教育制度創設を勧告した。[23]

　その内容は，既存の州教育委員会から独立した産業教育委員会 (Commission on Industrial Education) の設置と，その管轄下に置かれ，既存の公教育制度から独立した「独立産業学校」(independent industrial school) 設立であった。後者は，原則として 14 歳以上の生徒たちを対象に，農業，家庭技芸，加工技術の原理に関する教授を行うことを目的としており，全日制の課程のみならず，① 雇用されている労働者を対象とする夜間課程 (evening courses)，② 雇用されている 14〜18 歳の青少年を対象に昼間の時間帯に授業を行う定時制クラス (part-time classes) も含んでいた。同時に，この種の教育機関を設立する市町村 (あるいはそれらが連合して結成した学区) に対して州の補助金を支出することも勧告していた。

　「ダグラス委員会報告書」提出の 2 ヵ月後 (1906.6) には，「産業教育委員会を設立するための法律」(An Act to Establish the Commission on Industrial Educa-tion1，以下 1906 年法)[24] が制定された。同法は，「ダグラス委員会報告書」の勧告にしたがい，① 州内の職業教育を管轄する産業教育委員 (Commission on In-dustrial Education) の設置，② 職業教育機関を設置する州内の自治体に対する州の補助規定に加え，③ 補助対象となる職業教育の分野 (農業，家庭技芸，加工技術) や職業教育機関の種類 (全日制，定時制，夜間) について規定していた。こうしてマサチューセッツ州で創設された職業教育制度は，① 公立職業教育機関の設立とそれに対する州の補助金支出，② 職業教育の開始時期 (14 歳以降)，③ 職業教育機関の種類 (全日制，定時制，夜間) などを特徴とするものとなった。

　同州の職業教育制度の基本的な枠組み，とりわけ夜間や定時制の職業教育機関を含むそれが成立した原因には，下記の点があげられよう。第1は，夜間職業教育機関の母体になる教育機関が，この州で既に設立されていたことである。マサチューセッツ州では，1870年以降，夜間図画製図学校（evening drawing school），夜間の産業学校，繊維学校の夜間課程など夜間教育機関が設立されており，それらの教育機関は，「ダグラス委員会報告書」の勧告や1906年法の規定に基づく夜間職業教育機関への転換が容易であった。しかも夜間職業教育機関は，既存の昼間教育機関の施設・設備が利用可能であり，しかも生徒たちが日中従事していた業務が，実習の役割を果たしており，新たに実習用の施設・設備の設置が不要であった。[25)]

　第2は，木下順の指摘するように，「ダグラス委員会」の構成とその方針が大きな影響を及ぼしていたと考えられる。木下によれば「ダグラス委員会」の構成員には，労使協調路線の立場に立った使用者，労働組合関係者，社会事業家が多く含まれており，またその職業教育制度構想も，「労使共同型」のものであったとされる。[26)]この結果「ダグラス委員会報告書」において設立されるべき職業教育機関の名称がトレード・スクールではなく「独立産業学校」（傍点筆者）とされた。このことに加え，定時制や夜間の職業教育機関が州の補助対象に含まれたことは，これらの職業教育機関が，職能別労働組合が規制を加えていた徒弟制と並存可能であったことによると考えられる。

　しかし，それと同時に義務就学期間終了後の少年，少女たちの就労問題も，この州の職業教育制度に影響を与えたと考えられる。「ダグラス委員会報告書」に収録された「子どもと産業の関係に関する小委員会報告書」（Report of the Sub-Committee on the Relation of Children to the Industry，以下「小委員会報告書」）は，当時，義務就学期間が終了して，公立学校を離れた14～16歳の少年，少女たちの就労問題が「教育界が直面する重要な問題」であると強調していた。[27)]定時制・夜間職業教育機関は，こうした若年労働者を含む，就労している労働者に対し職業教育の機会を開放するという意味ももっていた。

　その後マサチューセッツ州における職業教育制度は発展を遂げていった。

1906 年法によって設置された産業教育委員会は, 1909 年 1 月には廃止され, 再編された州教育委員会に統合された。[28]しかし同年, 州教育長官にスネッデン (D. Snedden), また翌 1910 年に職業教育担当教育長官補佐に先述のプロッサーと, 後に全米レベルの職業教育運動で活躍することになる人びとが, 同州の職業教育行政を指導する地位に就任した。[29]そのこともあり, この州の職業教育制度は, ① 州の補助金をうけた職業教育機関の数 (1907〜1908 年度：5 校, 1912〜1913 年度：35 校), ② 在籍する生徒数 (1907〜1908 年度：1,400 人, 1911〜1912 年度：6,063 人), ③ 職業教育が行われる職種の数 (1907〜1908 年度：4 種類, 1910〜1911 年度：14 種類) などの点で, 大きな発展を遂げた。[30]

　同州の職業教育制度は, 以下のような形で職業教育の公共性を担保したものになったということができる。第 1 は, 公立職業教育機関設立とそれへの補助金支出である。私立・企業立職業教育機関の場合とは異なり, 公立職業教育機関は, 原則として, 地域住民全体に開かれるものであった。またこの種の教育機関は, 原則的には, 使用者のみならず職能別労働組合の組合員である労働者を含む地域社会の成員全体の利益にも貢献するものであった。

　第 2 は, 職業教育の開始時期を 14 歳以降としたことである。そのことにより, 職業教育の機会を進級遅滞の下で 8 年制基礎学校の課程を修了せずに, 公立学校を離れた「新移民」の子どもたちにも開放した。そのことによって職業教育制度は, 「新移民」の子どもたちを含む地域社会の成員全体の利益となるものとなった。

　第 3 は, 定時制・夜間職業教育機関を含む点である。これらの教育機関は, 全日制職業教育機関に通学することができた少年, 少女に加え, 就労していた若年労働者, さらには青年・成人労働者にも, 職業教育の機会を保障した。またそれらの教育機関は, 職能別労働組合が規制を加えていた徒弟制と両立可能なものであった。

　マサチューセッツ州の職業教育制度は, 他州の職業教育制度およびそれらの州を中心に設立された職業教育機関にも影響を及ぼしていった。まず前者からみることとする。これまでみてきたマサチューセッツ州に引き続き, アメリカ

国内では，ニューヨーク（1909），コネティカット（1909），ニュージャージー
（1909〜11），ウィスコンシン（1911）などの北部大西洋沿岸および中西部の各州
で，職業教育制度のために公費を支出する法律が制定されていった。[31]また実際
に設立された公立職業教育機関は，種類（全日制，定時制，夜間），入学要件（14
歳以上）などで，マサチューセッツ州で設立されたそれの基本的な枠組みを継
承していた。[32]

第3節　マサチューセッツ州の職業教育制度が
　　　　全米レベルの職業教育制度に与えた影響

　またマサチューセッツ州で創設された職業教育制度の基本的枠組みは，
NSPIE などによる全米レベルの職業教育制度構想，さらにはスミス・ヒュー
ズ法制定により全米レベルで創設された公教育としての職業教育制度の枠組み
に影響を及ぼしていった。これにはマサチューセッツ州教育長官補佐を勤めた
後に NSPIE 事務局長などを歴任したプロッサーの果たした役割が小さくなか
った。

　最初にプロッサーとマサチューセッツ州の職業教育制度との関わりについて
検討する。彼の指導の下で，全日制職業教育機関の教育課程について，実習の
時間数の割合を増加させるなどの職業教育に関する同州の方針に若干の変更は
みられたが，[33]基本的には，先述のような基本的な枠組みを維持しながら，同州
の職業教育制度は発展していった。

　なおプロッサーは，1912 年に NSPIE 事務局長に就任することになるが，そ
の後彼は，マサチューセッツ州の職業教育制度を参考に，この組織の職業教育
制度構想を立案していった。既に彼の事務局長就任以前の段階で，同協会では，
① 公立職業教育機関を中心とする職業教育制度検討の方針（1908 年 1 月の時点），
② 職業教育の開始時期を 14 歳以降とする方針（1909 年 12 月の時点）は，決定
されていた。[34]しかし設立されるべき職業教育機関の種類に関する方針の最終的
な決定は，プロッサーの事務局長就任後であった。

　彼の就任以前の NSPIE においては，設立されるべき職業教育機関について，全日制と夜間のものの2種類とする議論はみられたものの，その職業教育制度構想に，昼間の時間帯にパートタイムで授業を行う定時制職業教育機関に関する議論は，きちんとした形で位置づいていなかったと考えられる[35]。

　けれどもプロッサーの就任後，そのような状況は変化し始める。その一例として，まず彼の就任 (1912.3) 後間もない 1912 年5月 31 日の NSPIE 執行委員会での議論をあげることができる。この執行委員会で彼は，この組織の検討課題をあげていたが，そのなかには，①16 歳以上の賃労働者の要求に対応する「夜間産業学校」(evening industrial schools)，②雇用されている 14〜16 歳の少年，少女たちを対象とする「定時制・補習学校」(part-time and continuation schools) の2点が含まれていた[36]。

　先述のようなマサチューセッツ州の職業教育制度の基本的な枠組みとプロッサーの経歴をみると，彼が NSPIE の職業教育制度構想立案に当たり，同州の職業教育制度を参考にした可能性は，極めて高いと考えられる。そのことを示すもののひとつとして，マサチューセッツ州教育長官補佐在任中の 1909 年 12 月に，ボストンで開催された NSPIE 第4回大会で彼が行った講演をあげることができる。この講演でプロッサーは，当時同州で，定時制職業教育機関（「定時制クラス」(part-time classes)）と夜間職業教育機関（「夜間産業学校」）について，教育の対象，目的が明確に区別されていると述べていた[37]。

　その後，職業教育機関の種類を全日制，定時制，夜間という3種類とする方針は，1913 年の NSPIE 第6回大会に提出された「州職業教育制度のため州の立法を基礎づける原理と政策」("Principles and Policies That should Underlie State Legislation for A State System of Vocational Education"[38]) によって明確な方針とされた。

　さらにプロッサーは，職業教育の連邦補助法の必要性と制定される法律の下で創設されるべき職業教育制度の枠組みなどについて検討するため，1914 年に連邦議会に設置された「職業教育国庫補助委員会」(Commission on National Aid to Vocational Education) に加わっていた。しかも彼は，同年6月にこの委

員会が出した報告書（以下「職業教育国庫補助委員会報告書」）に含まれていた，スミス・ヒューズ法の原案となった法案の事実上の執筆者であると指摘されており[39]，この委員会で非常に重要な地位を占めていた。

同委員会の報告書の職業教育制度構想は，職業教育の開始時期（14歳以降）や連邦補助の対象となる工業教育機関の種類（全日制，定時制，夜間）などの点で，マサチューセッツ州の職業教育制度やNSPIEの職業教育制度構想の基本的な枠組みを継承していた[40]。先述のようなこの委員会におけるプロッサーの位置を念頭に置くならば，このことは，やはり彼が大きな影響を与えていたとみることができる。

なお「職業教育国庫補助委員会報告書」における職業教育制度構想の基本的な枠組みは，スミス・ヒューズ法制定によって，実際に全米レベルで創設された職業教育制度の基本的な枠組みに継承された。以下では，それについてみることとする。

第4節　スミス・ヒューズ法制定によって創設された全米レベルの職業教育制度の特徴

スミス・ヒューズ法は，「カレッジ段階より下」（less than college grade）の職業教育（工業，農業，家政）への連邦補助を意図して，① 担当教員などの給与，② 担当教員養成，③ 関連する調査・研究に対して補助金を支出することを目的として制定された。同法は，担当教員などの給与などに関しては，各州・自治体で必要とされる費用の半分を補助すると規定していた[41]。

この法律によって創設された職業教育制度の基本的な枠組みは，① 連邦補助の対象となる職業教育機関を，「公的な指導と管理」（public supervision or control）の下にあるものに限定する，② 連邦補助の対象となる職業教育機関のうち工業・家政教育機関には，全日制のものに加え，定時制や夜間のものも含める，③ 補助対象となる職業教育を「14歳以上」の者を対象とするものに限定する（以下「14歳以上」規定[42]）などの点で，基本的にはマサチューセッツ州な

ど州レベルで創設された職業教育制度のそれを継承したものであった。

　つぎにこれらの規定が，どのような意味で職業教育の公共性を担保するものとなったかを，連邦補助の対象となった職業教育機関の種類（全日制，定時制，夜間）を中心に検討する。第1は，職業教育機関へのアクセスの観点である。スミス・ヒューズ法により連邦補助の対象に含まれた定時制・夜間職業教育機関は，職業教育への機会を，就労している若年労働者や青年・成人労働者にも開放した。

　第2は，アメリカ社会の成員全体の利益という点である。先述のように使用者団体のひとつであったNAMは，職能別労働組合による徒弟制規制に対抗してトレード・スクール設立を志向した。これに対しAFLをはじめとする職能別労働組合は，産業学校や技術学校のように徒弟制を補完する職業教育機関設立を支持していた。定時制・夜間職業教育機関は，徒弟制と両立可能なものであり，同制度を規制してきた職能別労働組合の利害にも対応していたということができる。

　以上の点からスミス・ヒューズ法によって創設された職業教育制度，とりわけ全日制職業教育機関のみならず定時制や夜間のものを含むそれは，上記の2点で職業教育の公共性を担保したものとなった。またそれゆえに，職業教育は私事であり公費を支出すべきではないという観念が転換され，連邦補助という形で公費支出が認められるようになったと考えられる。

おわりに

　本章では，今日職業教育の公共性が問われている状況に鑑み，①マサチューセッツ州の事例を中心とする州レベルで創設された職業教育制度，②スミス・ヒューズ法のもとで創設された全米レベルのそれの教育史的意義を，職業教育の公共性という点から解明することを意図した。

　「ダグラス委員会報告書」をうけて創設されたマサチューセッツ州の職業教育制度は，①公立職業教育機関による職業教育制度とそれに対する公費支出，

② 職業教育の開始時期（14歳以降），③ 職業意教育機関の種類（全日制，定時制，夜間），などを基本的な枠組みとしていた。これらの枠組み，とりわけ職業教育機関の種類（全日制，定時制，夜間）は，同州の職業教育担当教育長官補佐，NSPIE 事務局長，「職業教育国庫補助委員会」委員を務めたプロッサーを通じて全米レベルの職業教育制度構想に影響を与えた。さらにそれは，実際にスミス・ヒューズ法によって創設された全米レベルの職業教育制度にも継承された。

それらは，社会（州レベルでは地域住民，全米レベルではアメリカ社会）の成員全体の利益や職業教育機関のアクセスなどの点で，職業教育の公共性を担保したものであった。

こうしてアメリカの場合，まず州レベルで職業教育の構成を担保した職業教育制度が成立し，それを踏まえて，職業教育の公共性を担保する形で NSPIE や「職業教育国庫補助委員会」による全米レベルの職業教育制度構想が生まれるという経緯を辿った。スミス・ヒューズ法によって，連邦補助金という形により全米レベルで職業教育が公費支出されることが認められるようになったのも，こうした形で州レベルや全米レベルで職業教育の公共性を担保した職業教育制度，職業教育制度構想が成立していたからであるとみることができる。

注
1) 高橋哲（2015.12）「現代教育政策の公共性分析」『教育学研究』第 82 巻第 4 号　pp. 13-24
2) 佐々木英一（1997）『ドイツにおける職業教育・訓練の展開と構造』風間書房　pp. 3-4
3) 正式名称は，「職業教育振興を規定する，すなわち農業や工業におけるこのような教育の振興に関する州との協力，職業科目の教員の養成に関する州との協力を規定し，資金を割り当て，その支出について規制する法律」である。(Public Law no.174, 64th Congress, "An Act to Provide for the Promotion of Vocational Education; to Provide for Cooperation with the States in the Promotion of Such Education in Agriculture and the Trade and Industries; and to Provide for Cooperation with the States in the Preparation of Teachers of Vocational Subjects; and to Appropriate Money and Regulate Its Expenditure" (1917). 以下，Smith-Hughes Act と略記)
4) 職業教育運動展開やスミス・ヒューズ法制定に関する先行研究のうち，伝統的な職業教育史研究の系譜に位置づくものとして，C. A. Bennett, *History of Manual and Industrial Education 1870 to 1917*, Chas. A. Bennett Co., Inc. (Peoria, 1937) pp. 507-552 ; L. S.

Hawkins, C. A. Prosser, J. C. Wright, *Development of Vocational Education*, American Technical Society (Chicago 1951) pp. 32-122 などを，また「再解釈主義」教育史学の影響をうけた職業教育史研究としては，E. A. Krug, *The Shaping of American High School 1880-1920*, The University of Wisconsin Press, (Madison, Wis 1969)；H. Kantor, D. Tyack, ed., *Work, Youth, Schooling : Historical Perspectives on Vocationalism in American Education*, Stanford University Press (Stanford 1982) などをあげることができる。

5) 田中喜美 (1993)『技術教育の形成と展開』多賀出版　p. 199

6) Bennett, *op. cit.*, p. 511.

7) 横尾恒隆 (2013)『アメリカにおける公教育としての職業教育の成立』学文社。なお，本書に関する書評としては，後藤武俊 (2014.12)『教育学研究』第 81 巻第 4 号，広瀬信 (2015.10)『日本の教育史学』第 58 集などのものがある。

8) 横尾恒隆 (2016.6)「今日の職業教育をめぐる問題状況と職業教育の公共性—アメリカ合衆国における職業教育運動展開とスミス・ヒューズ法の事例を手がかりにして—」『教育学研究』第 83 巻第 2 号　pp. 207-218

9) Bennett, *op. cit.*, pp. 513-517；Hawkins, et al., *op. cit.*, pp. 32-37；Krug, *op. cit.*, pp. 218-223.

10) Bennett, *op. cit.*, p. 517；Commonwealth of Massachusetts, "State Aided Vocational and Part-Time Education in Massachusetts", *Bulletin of Department of Education*, 1929, No. 3 p. 8.

11) M. Lazerson, *Origins of the Urban School : Public Education in Massachusetts, 1870-1915*, Harvard University Press (Cambridge, Mass, 1971) pp. 169-171.

12) 木下順 (2000)『アメリカ技能養成と労資関係』ミネルヴァ書房　pp. 205-294

13) 横尾恒隆「今日の職業教育をめぐる問題状況と職業教育の公共性」前掲論文。

14) プロッサーの経歴については，Hawkins, et al., *op. cit.* pp. 149-150 などに詳しい。

15) *Report of the Immigration Commission : The Children of Immigrants in Schools*, 61st Congress, 3d Session, Senate Document, no. 749, Government Printing Office (Washington, D. C., 1911)；"Report of the Sub-Committee on the Relation of Children and Industry", in Commonwealth of Massachusetts, *Report of the Commission on Industrial and Technical Education*, Columbia University, Teachers College (New York, 1906) pp. 25-127.

16) P. H. Douglas, *American Apprenticeship and Industrial Education*, Columbia University Press, New York (1921) p. 60.

17) NAM, *Proceedings* (1904) pp. 129-137; NAM *Proceedings* (1905) pp. 143-151; NAM, *Proceedings* (1906) pp. 49-58, pp. 79-82.

18) AFL, *Proceedings* (1908) p. 234；AFL, *Proceedings* (1909) pp. 133-139.

19) J. W. Van Cleave, "Industrial Education from the Standpoint of the Manufacturers", in "Proceedings of First Annual Meeting, Chicago: Part I", NSPIE, *Bulletin* (1908) No. 5 pp. 19-20；AFL, *Proceedings* (1909) *op. cit.*

20) NAM, *Proceedings* (1904) *op. cit.*；NAM, *Proceedings* (1905) *op. cit.*；NAM,

Proceedings (1906) *op. cit.* ; AFL, *Proceedings* (1908) *op. cit.* ; AFL, *Proceedings* (1909) *op. cit.*

21）当時の私立職業教育機関については，*Seventeenth Annual Report of the Commissioner of Labor*, Government Printing Office, (Washington, D. C., 1902) pp. 17-366 などに，また企業立職業教育機関については，*Twenty-Fifth Annual Report of the Commissioner of Labor*, Government Printing Office, (Washington, D. C., 1910) pp. 145-181 などに詳しい。

22）Douglas, *op. cit.*, pp. 315-316；木下順　前掲書　pp. 212-214, pp. 302-307

23）*Report of the Commission on Industrial and Technical Education, op. cit.*

24）Commonwealth of Massachusetts, "An Act to Establish the Commission on Industrial Education", Chapter 505 Acts of 1906 (approved June 21, 1906).

25）横尾恒隆　前掲書　pp. 210-211

26）木下順　前掲書　pp. 223-239, pp. 246-247

27）*Report of the Commission on Industrial Education, op. cit.*, p. 17.

28）州産業教育委員会の廃止の経緯については，Lazerson, *op. cit.*, pp. 169-171 に詳しい。

29）Walter H. Drost (1967) *David Snedden and Education for Social Efficiency*, University of Wisconsin Press, Madison, (Wis 1967) pp. 96-101, pp. 104-105.

30）Commonwealth of Massachusetts (1912) *Seventy-Fifth Annual Report of the Board of Education*, pp. 48-53.

31）Hawkins, et. al., *op. cit.*, pp. 38-50.

32）この時期に全米各地に設立された公立職業教育機関の状況は，*Twenty-Fifth Annual Report of the Commissioner of Labor, op. cit.* ; E. H. Reisner, ed. "A Descriptive List of Trade and Industrial Schools in the United States", NSPIE, *Bulletin*, (1910) No. 11 などに詳しい。

33）Commonwealth of Massachusetts (1912) *Seventy-Fifth Annual Report of the Board of Education*, pp. 141-142.

34）"Minutes of the Board of Managers", the National Society for the Promotion of Industrial Education（以下，NSPIE-BM と略す）(January 18, 1908) pp. 2-3 ; NSPIE-BM (December 17, 1909) pp. 8-15.

35）"Minutes of the Executive Committee", the National Society for the Promotion of Industrial Education（以下，NSPIE-EC と略記）(June 15, 1911) p. 140.

36）NSPIE-EC (May 31, 1912) p. 173.

37）C. A. Prosser, "Massachusetts Independent Evening Industrial Schools", in "Proceedings, Fourth Annual Convention", NSPIE *Bulletin*, (1911), No. 13 pp. 129-143.

38）"Principles and Policies That should Underlie State Legislation for a State System of Vocational Education", in "Proceedings Sixth Annual Meeting Philadelphia, December 5-7, 1912", NSPIE, *Bulletin*, No. 16, 1913, pp. 292-297.

39）A. G. Wirth, *Education in the Technological Society: The Vocational-Liberal Studies in the Early Twentieth Century*, University Press of America (Washington, D.C., 1980) p. 162.

40) *Vocational Education: Report of the Commission on National Aid to Vocational Education*, House of Representatives Document No. 1004 Vol. 1, Government Printing Office (Washington, D.C., 1914) pp. 46–54.

41) Smith-Hughes Act, *op. cit.*

42) *Ibid.*

第 7 章

V. C. フリックランドによる大学における
技術教育教員養成のための作業分析の教育実践

木 下　　龍

はじめに

　本章[1]は，アメリカ合衆国における技術教育のための作業分析（trade and job analysis）に関する歴史研究の一環として，フリックランド（V. C. Fryklund, 1886-1980）による大学における技術教育教員養成のための作業分析の教育実践としての技術教育史的意義を明らかにすることを目的とする。

　近年，学校教育における諸課題の複雑化・多様化に対応して，教員に求められる専門性が見直されるとともに，大学院段階を含めた大学における教員養成のあり方が問われている。とりわけ，技術教育の教員養成は，歴史的には，「公教育と近代社会ではひとつの鬼子である[2]」とされる技術教育固有の矛盾した社会的性格を反映し，教員養成のなかでも特に不安定な位置におかれてきた[3]。本研究は，こうした問題意識のもと，大学における教員養成のなかでも技術教育分野の質保証の問題に，歴史的にアプローチを試みる基礎研究である。

　ところで，本研究の対象とする作業分析とは，「製作の過程を幾つかの基本的な部分に分解し，それぞれの部分の練習を重視するということが骨子[4]」であるロシア法（Russian System）に起源をもつ。ロシア法は，1876 年のフィラデルフィア万国博覧会での紹介を嚆矢にアメリカ合衆国へ普及した。これが 20 世紀に入り，アレン（C. R. Allen, 1862-1938）やセルヴィッジ（R. W. Selvidge,

1872-1941）によって研究され，作業分析として体系化された。こうした作業分析研究の成果をまとめ，それらを「現代的」にしたとされるのが，『作業分析』[5]（1942）にまとめられたフリックランドの作業分析であった。

　しかし，フリックランドの作業分析に関するこれまでの先行研究では，主に分析の対象が『作業分析』で展開されたフリックランドの作業分析に限られてきた。[6]フリックランドの作業分析が，著書ばかりでなく，教育実践として実際に果たした歴史的役割の解明が課題として残されている。

　研究の方法としては，第1に，フリックランドが1945年から1961年まで学長を務めたスタウト大学における技術教育教員養成の営みを概観した上で，第2に，そのなかでフリックランドによって担当された作業分析に関わる科目「教育課程の手順Ⅱ（熟練職分析）」の内容を検討し，第3に，その科目の内容構成に影響を与えたとみられるフリックランドの作業分析の特質を，ミズーリ大学大学院での恩師であり，共同研究者でもあったセルヴィッジの作業分析との比較・継承の視点から明らかにする。第4に，以上の検討結果を総合して，スタウト大学における技術教育教員養成に果たしたフリックランドの作業分析の教育実践としての技術教育史的意義について考察を試みる。

　資料としては，ウィスコンシン・スタウト大学アーカイブズ所蔵 Verne. C. Fryklund（1896-1980），Personal Paper and Publication, 1911-1977（以下，フリックランド資料と省略）を利用する。

第1節　スタウト大学における技術教育教員養成

第1項　スタウト大学の概要

　フリックランドは，1945年に，彼の母校でもあるウィスコンシン州メノモニーにあるスタウト大学の学長に就任し，1961年まで務めた。

　スタウト大学は，当時，産業教育および家政教育，ならびにそれらの職業教育の教員養成を主要な任務とする，アメリカ合衆国では特徴的な大学であった。スタウト大学の前身となるスタウト手工学校（Stout Manual Training School）は，

1891 年に，資産家であり州上院議員でもあったスタウト（J. H. Stout, 1841-1910）
の資金援助によって，ワシントン大学附属セントルイス手工高等学校を参考に
して開校された。その後，1908 年に，校名がスタウト大学へと変更され，ス
タウトが死去した翌年の 1911 年から，その権限が州へ移管された。1917 年には，
学士号授与課程である学部教育が，1935 年には，修士号授与課程である大学
院教育が開始された。

　フリックランドが学長として赴任後の 1950〜1952 年の大学全体の構成とし
ては，学士号（Bachelor of Science）授与課程である学部教育と，修士号（Master
of Science）授与課程である大学院教育からなった。[7]学部教育には，産業教育お
よび家政教育，これらの職業教育に関する主専攻があり，一般教育に関する学
科としては，社会科学，英語，弁論術，数学，物理学，教育，体育教育，音楽
があった。大学院には，産業教育，職業教育，家政教育，家政の 4 つの主専攻
が設置されていた。

　スタウト大学における技術教育教員養成は，学部教育および大学院教育にお
いて行われていた。これらの教育課程の具体的な目的は，初等学校，下級高等
学校，上級高等学校，職業学校，短期大学，専門大学（technical institution）に
おける産業教育の教員ならびに教育指導職の養成にあった。

第 2 項　学部段階における技術教育教員養成の営み

　1950〜1952 年のスタウト大学における産業教育の学部段階の教育課程モデ
ルを，一般教育科目，教科専門科目，教職専門科目ごとにまとめたのが，表
7-1 である。

　表 7-1 にみられるように，スタウト大学における産業教育の学部段階の教育
課程は，第 1 学年 32 単位，第 2 学年 29 単位，第 3 学年 32 単位，第 4 学年 33
単位，総計 34 科目 126 単位で構成された。この内，一般教育科目は 57 単位，
教科専門科目は 42 単位，教職専門科目は 27 単位であった。こうした教育課程
を基本に，産業教育を主専攻として，総計で 128 単位を取得し，かつ，15 単
位からなる 2 つの副専攻を修めれば，学士号を取得できた。

表7-1　スタウト大学における学部段階の技術教育教員養成の教育課程

第1学年 (32)

一般教育 (13)	教科専門 (16)	教職専門 (3)
英作文 (6) 弁論術 I (2) 大学代数 (4) 衛生 (1) 体育 (0)	実習室・図面・設計科目 (16) ・フリーハンドスケッチ (2) ・用器画の初歩 (2) ・手作業による木材加工 (2) ・機械による木材加工 (2) ・板金 (2) ・機械工作 (2) ・電気 (2) ・印刷 (2)	一般心理学 (3)

第2学年 (29)

一般教育 (11)	教科専門 (10)	教職専門 (8)
無機化学 (5) 三角法 (3) 社会学 (3)	実習室・図面・設計科目 (10) ・製図一般 (2) ・印刷技術一般 (2) ・木材加工一般 (2) ・仕上げ一般 (2) ・金属一般 (2) ・力学一般 (2) ・工業力学一般 (2) ・自動車工学一般 (2)	中等教育の原理 (2) 活動分析 (2) 教育課程構成 (2) 産業教育における経営・管理 (2)

第3学年 (32)

一般教育 (18)	教科専門 (6)	教職専門 (8)
説明文 (3) 弁論術 II (2) 物理 I (5) 経済学 (3) アカデミック選択科目 (5)	実習室・図面・設計科目 (6)*	産業科教育法 (2) 教育実習 (2) 教育組織 (2) 教育選択科目 (2)

第4学年 (33)

一般教育 (15)	教科専門 (10)	教職専門 (8)
行政学 (3) 自然科学 (3) 社会科学 (4) アカデミック選択科目 (5)	実習室・図面・設計科目 (10)*	教育実習 (2) 教育評価 (2) 生徒指導 (2) 教育選択科目 (2)

一般教育合計 (57)	教科専門合計 (42)	教職専門合計 (27)

＊第3・4学年の実習室・図面・設計科目は，第1・2学年の学習経験に基づき選択される。

注）カッコ内は単位数を示す。

出所）*The Stout Institute Bulletin (1950-1952) Regular Session Catalog Issue* Vol. XLVII No. 3
　　 February, 1950　pp. 51-53 より作成。

　同時に，スタウト大学では，職業教育としての技術教育の教員養成にも取り組んでいた。工業科教育（Vocational Trade and Industrial Education）の主専攻は，基本的には，上記のような産業教育分野の修了要件と同様で，128 単位の修得によって，学士号が授与された。ただし，学生の実務経験を重視していて，彼らの実務経験を最大で 24 単位認定する，実務経験単位認定試験（trade experience credit examination）が設けられていた。

　以上の学部段階における技術教育教員養成の教育課程の特徴として，次の 4 点が指摘できる。

　第 1 は，一般教育科目がもっとも重視されていた点である。一般教育科目は，全体 128 単位中の 57 単位を占めていた。大学における教員養成，すなわち学位授与課程において行われる教員養成システムの性格からして注目される。

　第 2 は，教科専門科目が，第 1・2 学年では，各専門分野の基礎を幅広く提供し，第 3・4 学年からは，履修経過に基づいて各専門へと深化していく構成になっている点である。第 3・4 学年に設定された教科専門科目「実習室・図面・設計科目」は，第 1・2 学年での学習経験に基づき，学生が選択するものであった。選択科目が効果的に導入されていたといえる。

　第 3 は，教職専門科目を，教科専門に関する一定の基礎ができた上で，履修する形になっている点である。第 1 学年で設定されていた教職専門科目は「一般心理学」のみで，それ以外の教職専門科目は，第 2 学年以降で順次履修することとなっていた。

　第 4 は，実務経験の重点については差があるものの，一般教育としての技術教育である産業教育の教員養成と職業教育としての技術教育である工業科教育の教員養成の教育課程上の違いがほとんどなかった点である。

第 3 項　大学院段階における技術教育教員養成の営み

　スタウト大学では，1935 年から，修士号授与課程である大学院教育が実施された。大学院への入学要件としては，一定以上の成績で学士号を取得し，学部教育の当該分野における教科専門科目 42 単位，ならびに教職専門科目 28 単

位の合計70単位の修得が求められた。

　産業教育を主専攻として修了する場合には，主専攻の科目から修士論文（6単位，以下カッコ内同様）あるいは調査（4）を含めた20単位，副専攻の科目から10単位を修得する必要があった。

　主専攻の科目としては，現代教育哲学（2），教育評価（2），教育課程の手順Ⅰ（図表分析）（2），教育課程の手順Ⅱ（熟練職分析）（2），教育課程の手順Ⅲ（課程開発）（2），産業教育の問題（2），専門分野の問題（2），ジェネラル・ショップの理論と編成（2），印刷技術の問題（2），視聴覚教育の問題（2），生徒指導（2），生徒指導の問題（2），コーディネート（2），コーディネートの問題（2），経営（2），監督の原理（2），監督の問題（2），職業心理学（2），労働と労務管理（2），調査方法（2），研究の方法（2）であった。

　副専攻の科目としては，個性と精神衛生（2），学習心理学（2），教育統計学（2），視聴覚教育（2），物理Ⅳ―電子技術（3），アメリカ史（4），合衆国現代史（2），現代世界（4），社会問題（2），アメリカ政治学（2）であった。

　職業教育を主専攻として修了する場合は，産業教育と同様に，主専攻の科目から20単位，副専攻の科目から10単位の修得が必要とされた。

　主専攻の科目としては，教育評価（2），教育心理学（2），カウンセリングにおける試験・測定のワークショップ（2），教育課程の手順Ⅰ（図表分析）（2），教育課程の手順Ⅱ（熟練職分析）（2），教育課程の手順Ⅲ（課程開発）（2），職業教育および成人教育の哲学（2），職業および成人教育の管理のワークショップ（2），熟練職・産業科目の教育法（2），熟練職・産業教育におけるワークショップ（2），熟練職・産業科目の教授の問題（2），産業教育の問題（2），専門分野の問題（2），職業教育の経営の問題（2），徒弟訓練の問題（2），地域職業学校（2），印刷技術の問題（2），生徒指導（2），生徒指導の問題（2），職業情報と生徒指導のワークショップ（2），コーディネート（2），コーディネートの問題（2），管理（2），監督の問題（2），職業心理学（2），職業衛生と安全（2），研究の方法（2），面接調査のテクニック（2），会議での指導力（2）であった。

　副専攻の科目は，産業教育が主専攻である場合と同様であった。

　以上のように，大学院段階の教育課程は，学部段階における基礎の上に，修士論文などでの研究能力の形成を中心に，教職関連の科目を積み重ねる構成であった。産業教育と職業教育との関係については，職業教育固有の科目がいくつかみられるものの，大半の科目が共通していた。学部段階同様，普通教育としての技術教育の教員養成と職業教育としての技術教育の教員養成の共通性の面で注目される。

第2節　「教育課程の手順Ⅱ（熟練職分析）」の内容

第1項　各単元のテーマと概要

　フリックランドは，スタウト大学に赴任中，技術教育教員養成のために開設された科目「教育課程の手順Ⅱ（熟練職分析）」を担当していた。この科目は，大学院教育での選択科目として設定されたものであり，その目標は，①「教授を目的として，あるひとつの仕事を分析する方法を学習する」こと，②「教授のための分析手法と，コース・オブ・スタディや授業，作業指導票（instruction sheet）との関係について学習する」こということ2点があげられていた。

　この科目の内容は，シラバスによると以下のような①〜⑧の8単元で構成されていた。各単元のテーマと概要は次の通りであった。[8]

① 作業分析の種類と意味

　「作業分析（trade and job analysis）」の定義や，それまで作業分析と混同されてきた「職務記述書（job description）」や「職務明細書（job specification）」との区別などを学ぶ。

② 工業労働者の識別

　熟練機械工（skilled mechanic）と半熟練工（operative）の識別とそれぞれの訓練における必要性などを学ぶ。

③ 熟練職の要素の識別

　「職務（job）」の定義の仕方の重要性，熟練職の構成部分をなす「要素作業（operation）」の定義と，その4つの種類である「描写（depicting）」「成形（forming)」「形削 (shaping)」「組立 (assembling)」などについて学ぶ。

④ 熟練職の要素の識別（関連知識）

　「知識のトピック (information topic)」の定義やその３つの種類である「専門的知識 (technical information)」「一般的知識 (general information)」「ガイダンス知識 (guidance information)」などについて学ぶ。

⑤ 教授順序とブロックの確定

　熟練職を一定の作業区分である「ブロック (block)」へ分割し，それを要素作業とジョブを二軸とする図表を用いて分析すること，それによる教授順序の決定の仕方などを学ぶ。

⑥ 教授順序とブロックの確定（続き）

　熟練職ばかりではなく，サービス職においても同様に，ブロックへの分割と教授順序の決定の仕方などを学ぶ。

⑦ 教授段階の一覧づくり

　教授単位を指導するため，それを段階ごとに整理し，必要な工具や設備，材料を準備することの重要性，その際の注意点などについて学ぶ。

⑧ 職業の分析

　あるひとつの職業 (occupation) を分析し，それをブロックに分割，それぞれのブロックの「すべきこと (doing)」と「知るべきこと (knowing)」を一覧表にまとめ，教授段階を整理する。

　「教育課程の手順Ⅱ（熟練職分析）」では，参照すべきテキストとして，フリックランドの『作業分析』(1942) があげられていた。上記単元構成とテキスト『作業分析』の参照部分の対応関係をまとめたのが，表7-2である。

　表7-2にみられるように，上記単元 ①〜⑧ に対応して，テキストの第１章から第９章までがそれぞれ参照されていた。テキストの第10章「学習と教授について」，第11章「コース・オブ・スタディ作成のための示唆」，第12章「文書による指導」については，この科目では指示されていなかったけれども，全体的にみて，科目「教育課程の手順Ⅱ（熟練職分析）」の主要な内容は，『作業分析』に基礎づけられていたといえる。

表7-2　教育課程の手順Ⅱ（熟練職分析）の各単元とテキストの参照部分の対応関係

教育課程の手順Ⅱ （熟練職分析）の各単元		テキスト『作業分析』の参照部分	
① 作業分析の種類と意味	→	第1章 第3章	作業分析 分析の種類
② 工業労働者の識別	→	第2章	近代の工業労働者
③ 熟練職の要素の識別	→	第4章	熟練職の要素の識別
④ 熟練職の要素の識別（関連知識）	→	第5章	熟練職の要素の識別
⑤ 教授順序とブロックの確定	→	第6章 第7章	分析すること 分析すること
⑥ 教授順序とブロックの確定（続き）	→	第7章	分析すること
⑦ 教授段階の一覧づくり	→	第8章	分析すること
⑧ 職業の分析	→	第9章 第4章	分析の一般的な応用 熟練職の要素の識別
該当なし		第10章 第11章 第12章	学習と教授について コース・オブ・スタディ作成のための 示唆 文書による指導

出所）Fryklund, Verne C.（1896-1980）Personal Papers and Publication 1911-1977 Box3 Folder 10
　　　および Fryklund（1942）*Trade and Job Analysis* より作成。

第2項　提出レポート

　「教育課程の手順Ⅱ（熟練職分析）」では，「作業分析の手法を学ぶためには，あるひとつの仕事ないし熟練職を分析してみることが必要である」とされ，各学生が分析の対象とする仕事や熟練職をひとつ選定し，それらを実際に分析するという課題が単元 ⑧ で課されていた。

　「フリックランド資料」には，1946〜1951 年の間に，学生が提出した 41 本の提出レポートが含まれている。その分析対象となった仕事や熟練職には，薬の小売販売や喫茶店経営，ゴルフ指導などの内容もみられたけれども，用器画や工学設計などの設計・製図関連（5 本），塗装や家具製作などの木材加工関連（3 本），板金や溶接，鋳造，配管，機械工作などの金属・機械関連（15 本），電動機や屋内配線などの電気関連（4 本），写真なども含めた印刷関連（4 本），といった熟練職に関わる内容が対象とされていた。

　たとえば，もっとも本数の多かった金属・機械関連のうちの「板金作業」の

場合[9]，「金切りばさみでの切断」や「端部の折り返し」「はんだづけ」などの40項目の要素作業と，「カップ」や「ロウソク立て」などの39項目のプロジェクトとしてのジョブを二軸として分析し，それを要素作業の出現頻度で整理した図表，ならびに「金属の性質」や「はんだの種類と機能」といった要素作業に関連する43項目の知識のトピックがあげられていた。さらに，これらの要素作業と知識のトピックを合わせた83項目すべてが，作業指導票として教材化され，課題として提出されていた。

　ここで作成された作業指導票とは，要素作業の場合，要素作業の手順の一覧と，それを実行するのに必要な工具や材料，設備，参考文献を，一枚のシートにまとめた教材であった。

　この科目を受講した学生は，提出課題において，「私は，この書きあげられた教材がまったく完全なものでないこと，そして多くの改訂を待つべきものであることを，より一層実感している。この材料が，学習者の教材として用いられる前に，さらに点検され，改訂されることを希望する。さらに，これらは，当該分野で著された最新の資料によって，常に最新であり続けるように定期的に検査され，改訂されるであろう[10]」と学習を振り返っていた。現実の労働現場における技術を拠り所にした教育課程編成ないし教材開発を実践したうえで，それを固定的なものとはとらえずに，さらに研究しようとする主体的・積極的な学生の姿勢が伺われる。

第3項　試験問題

　試験問題としては，単元構成でいえば，①③④⑤を出題範囲とする中間試験と最終試験などがあった[11]。

　①の中間試験では，熟練職や職業の分析が教えるべき不可欠な要素の一覧になることや熟練分析の手法がさまざまな分野の労働へ適用可能なことなどを問う正誤問題14問が出題された。

　③では，要素作業とは描写，成型，形削，組立のいずれかをたいてい含む作業の一単位であり，かつ教授の一単位でもあること，ジョブとは作業の完成

したひとまとまり，すなわちプロジェクトであることなどを問う正誤問題13問，選択問題3問，記述問題8問が出題された。

　④では，3種類の関連知識である専門的知識，一般的知識，ガイダンス知識のそれぞれの意味などを問う正誤問題21問，それらの具体例をあげる記述問題6問が出題された。

　⑤では，熟練職をブロックに分割し，それを要素作業とジョブの二軸からなる図表で分析することによって，教授順序を決定する手続きを問う選択問題7問，穴埋め問題3問が出題された。

　最終試験は，以上の中間試験の問題が総合され，総計82問，出題形式としては，正誤問題，選択問題，記述問題が採用されたものであった。

第3節　『作業分析』におけるフリックランドの作業分析の特徴

　フリックランドは，1942年に『作業分析』を出版した。その冒頭において，「本書は，これまでの分析法に流線形の修正（a streamlined modification）を施したものである」（p. 3）と冒頭で述べ，従来の分析法の整理や合理化を試みている。主要には，彼の恩師であり共同研究者でもあったセルヴィッジの作業分析が念頭にあったと思われる。

　セルヴィッジの作業分析に関する先行研究によれば，その基本的手順は，次のようにまとめられる[12]。①民主主義におけるよき市民の育成の観点から，個別企業における特定のジョブに限定された労働者ではなく，当該熟練職のあらゆるジョブに精通した熟練労働者の養成を課題とする。②ある熟練職での労働を遂行する際，同一の手順を必ず踏み，一定の技能を必要とする作業である単位要素作業（unit operation）を抽出し，それを組み合わせて，プロジェクトとしてのジョブを編成，これを練習課題とする。③訓練方式としては，OJTとOff-JTのそれぞれを的確に組合せながら教授する。Off-JTにおいては，作業指導票を教材として活用する。

　これに対し，『作業分析』においてフリックランドは，まず，要素作業（operation) の選定の基準として, ① かなり画一的な内容をもって, しばしば熟練職のなかにでてくる。それはひとつの熟練職では, あらゆる工場で一定している, ② 教えることができる内容を含んでいる, ③ それを完成したとき, 労働者が満足できる到達点に達したということを意識させることができるような明確な単位である, ④ 他の要素作業と組み合わせたときにもっとも大きな価値があり, 単独ではたいてい価値があまりない, ⑤ 長さは学校の実地授業に適する程度の内容のものである, ⑥ 他の要素作業と組み合わせた時に, 要素作業相互の間に間隙も重複もなく, さらに重要なものを生産し提供する, ⑦「描写」「成形」「形削」「組立」を含む, という7項目を設定した。

　そしてフリックランドは, こうした要素作業を分析および教授の基礎単位に据え, 要素作業とそれに伴う関連知識からなる訓練内容を編成した。彼は, 訓練内容を教授する方法としては, セルヴィッジの『個別学習のための作業指導票』[13](1926) を参考文献にあげ, 要素作業票 (operation sheet), 知識票 (information sheet), 割当て票 (assignment sheet), ジョブ票 (job sheet) の4種類からなる作業指導票を活用していた。

　またフリックランドは, 要素作業を練習課題として編成する方法として, 要素作業とプロジェクトとしてのジョブの二軸からなる図表を利用した。

　これは, ① ブロック (block) とよばれる作業区分ごとに要素作業と代表的なジョブを選定し, それぞれを分析表の縦軸と横軸に列記する, ② 各ジョブに含まれる要素作業をチェックする, ③ 要素作業に関しては出現頻度の高いものから低いものへと上から下に, ジョブに関しては含まれる要素作業が少ないものから多いものへと左から右に並びかえる, ④ こうしてできた図表のジョブを左から右へ順に遂行することによって, 使用頻度の高い要素作業を反復すると同時に, 新たな要素作業を習得していくようになるというものであった。

　『熟練職教授法』におけるセルヴィッジの作業分析と『作業分析』におけるフリックランドの作業分析を比較するならば, 次の3点の特徴を指摘することができる。

　第1に, 『熟練職教授法』におけるセルヴィッジの作業分析は, ①「単位要

素作業」や「要素作業」といった労働そのものの基本単位を分析および教授の基礎に据え，訓練内容を編成する点，②個別企業での一定の役割としてのジョブではなく，プロジェクトとしてのジョブを採用する点，③訓練方式において作業指導票を活用する点において，『作業分析』におけるフリックランドの作業分析へと継承された。

　第2に，その反面，『熟練職教授法』においてセルヴィッジが課題とした「民主主義における市民の育成の観点」は，フリックランドの『作業分析』ではみられなかった。

　第3に，『作業分析』におけるフリックランドの作業分析によって，要素作業の選定の7基準や要素作業とジョブの二軸からなる図表を利用した分析手続きの導入が図られた。これは，『熟練職教授法』におけるセルヴィッジの作業分析ではみられなかった。

　フリックランドの作業分析は，セルヴィッジの方法的特徴を継承しつつ，他方で，「民主主義における市民の育成の観点」といったセルヴィッジの思想性を後景に退けつつ，要素作業の選定基準や図表を利用した分析手続きを導入し，その普及に努めたとみられる。

おわりに

　以上，スタウト大学における技術教育教員養成の営みを概観したうえで，フリックランドが担当した科目「教育課程の手順II（熟練職分析）」の内容，そしてその内容構成に影響を与えたフリックランドの作業分析の特徴について検討してきた。これらの検討結果をまとめるならば，次の3点が指摘できる。

　第1に，スタウト大学における技術教育教員養成における科目「教育課程の手順II（熟練職分析）」の位置づけについてである。

　大学および大学院において技術教育の教員養成を実施していたスタウト大学は，初等学校，中等学校，大学の教員および教育指導職の養成を課題としていた。そのなかでも，フリックランドの担当した「教育課程の手順II（熟練職分

析)」は，学部段階の教員養成教育の基礎の上に，一般教育としての技術教育の教員養成ならびに職業教育としての技術教育の教員養成の両者に共通に位置づけられた大学院段階における教職関連の選択科目であった。

　第2に，科目「教育課程の手順Ⅱ（熟練職分析）」の課題とそれを実現する方法についてである。

　科目「教育課程の手順Ⅱ（熟練職分析）」では，技術教育の教育課程を実際に編成できる教職専門性を学生に育成すべく，そのための方法として，教室での講義や講読だけではなく，現実の仕事や熟練職の労働現場に参加させ，そこでの調査と記録をもとに教育課程を編成させていた。

　これは見方を変えるならば，学術の中心としてアカデミズムの伝統を背負う大学のなかに，そこからもっとも遠い存在であるとみなされてきた労働現場およびそこでの生産技能の問題を取り入れたとみることもできる。こうした技術教育固有の問題に根づいた大学における教員養成の問題に実際に取り組んできた彼の経験が，後に，フリックランドをして，「専門分野ごとの認証制（depart-mental accreditation）」という概念をもって技術教育教員養成に関する認証制の樹立へと確信をもって向かわせる動因のひとつになったと考えられる。[14]

　第3は，科目「教育課程の手順Ⅱ（熟練職分析）」を可能にした分析枠組みとして果たしたフリックランドの作業分析の役割についてである。

　フリックランドの作業分析は，日々発展・変化する現実の労働から要素作業を抽出し，それを基礎に教育課程を編成する分析の枠組を教授するという点において，大学における技術教育教員養成における教育実践のなかで重要な役割を果たした。

　フリックランドは，セルヴィッジの作業分析を中心に，それまでの作業分析研究の成果をまとめつつ，一方で，セルヴィッジの掲げた「民主主義におけるよき市民の育成の観点」から熟練労働者の養成を目指す思想性を後景へ退かせ，他方で，要素作業の選定基準の整備や要素作業とジョブの二軸からなる図表の利用などを導入し，作業分析の基本手続きの合理化をすすめた。これによって，フリックランドの作業分析は，スタウト大学における技術教育教員養成の教育

実践においても重要な役割を果たしえたと考えられる。

注

1) 本章は，田中喜美・木下龍（2010）『アメリカ合衆国技術教育教員養成実践史論—技術教育のための「大学における教員養成」の形成—』学文社，第5章第4節「スタウト大学における技術教育教員養成とフリックランドの作業分析」に加筆・修正し，再構成したものである。

2) 中内敏夫（1988）『教育学第一歩』岩波書店　p. 94

3) たとえば，技術教育のための大学における教員養成システムを世界に先駆けて確立させたコロンビア大学ティーチャーズ・カレッジでの技術教育教員養成が，生産技能の位置づけを旋回軸にその営みを消滅させるに至った動揺は，技術教育のための大学における教員養成での技術科固有の問題性を象徴的に示唆している。田中喜美（1996）「技術教育のための『大学における教員養成』の形成」佐々木享編『技術教育・職業教育の諸相』大空社　pp. 187-214 を参照。

4) 細谷俊夫（1944）『技術教育—成立と課題—』育英出版　p. 94

5) Verne C. Fryklund（1942）*Trade and Job Analysis*, The Bruce Publishing Company. 本書は，長谷川淳によって翻訳され，V. C. フリックランド（1949）『職業分析』実業教科書株式会社として出版された。

6) F. Theodore Struck（1945）*Vocational Education for a Changing World*, John Wiley & Sons, Inc., pp. 258-285, Donald F. Smith, Industrial Arts Founded, ACIATE（1981）*An Interpretive History of Industrial Arts*, 30th yearbook pp. 165-204, Dennis R. Herschbach（2009）T*echnology Education : Foundations and Perspectives*, American Technical Publishers, Inc., pp. 35-38 等。

7) The Stout Institute Bulletin（1950）*Regular Session Issue 1950-1952*, Vol. XLVII No. 3.

8) Fryklund, Verne C.（1896-1980）Personal Paper and Publication, 1911-1977, Box 3, Folder 10.

9) Ibid., Box 6, Folder 8.

10) Ibid., Box 6, Folder 6.

11) Ibid., Box 3, Folder 9.

12) 木下龍（2004）「R. W. セルヴィッジによる技術教育のための作業分析法の形成過程に関する一考察」『学校教育学研究論集』第10号　pp. 97-106

13) R. W. Selvidge（1926）*Individual Instruction Sheets*, The Manual Arts Press.

14) 技術教育教員養成に関する認証制の樹立に関しては，田中喜美・木下龍　前掲書を参照。

第2部

現代の技術教育実践諸課題への探求

第 8 章

技術観をつかむ中学校技術科 87.5 時間

―単元「身近な製品を再発明する」の成果を中心に―

川俣　　純

はじめに

　わずか 87.5 時間という，厳しい現実のなかで，技術・家庭科技術分野（以下，技術科）で学習できる内容には限界を感じざるをえない。しかし，技術科の目的を的確にとらえることができる好機ということもできると考える。

　本章では，筆者の勤務するつくば市立竹園東中学校にて，知的財産を共有・継承する技術科 87.5 時間の授業をうけた生徒が，技術に対する見方や考え方をどのように変化させたのかを報告する。技術にかかわるさまざまな分野の数多くの知識や技能を習得させること以上に，技術に対する見方や考え方を変える（技術観をつかむ）実践を志向することが，技術科本来の目的に迫るために有効である。

第 1 節　技術観の再発見

第 1 項　87.5 時間が気づかせたこと

　1998 年の学習指導要領改訂以来，技術科は，87.5 時間というこれまでになく短い授業時数で実施されている。続く 2008 年の改訂で，材料と加工，エネルギー変換，生物育成，情報のすべてが必修とされてからは，すべての内容を

履修させるために各単元の履修時間を短くせざるをえなくなってしまった。現場の技術科教師の多くは，すべての内容を87.5時間で学習させようと新たに教材を開発し，さまざまな工夫を凝らした授業を展開しているが，実践のダイナミックさが失われてしまったことは否定できない。

そもそも，技術科とは何なのだろうか。中学校段階の普通教育としての技術教育の核心は何なのだろう。2008年版学習指導要領的には，材料と加工，エネルギー変換，生物育成，情報それらの内容を技術科というのだろうが，それらをすべて履修することで核心に迫れるのだろうか。

(1) 直江実践

直江貞夫氏の，鉋を研ぎ薄い鉋屑を出させる多くの実践家や研究者から引用される実践[1]がある。この実践は，技能の習熟から語られることが多い。技能をどのような指導過程を通して獲得させ，習熟させるのか。中学生が削ったものとは思えない50μm以下の薄い鉋屑は，技能学習の素晴らしさをわれわれに教えてくれる。

直江氏は，多くの授業時間を費やしてまでも鉋の技能に習熟させる必要があると，なぜ考えるのだろうか。それは，鉋の授業の後に続く「削ろう会」の阿呆氏との手紙での交流や，阿呆氏を招いての特別授業での生徒の姿にあらわれている。自らがしっかりとした技能を身につけることなしに，現実の技能の世界をわが事としてとらえることはできない。

そして，直江氏は実践後に宿題を課している。授業で鉋身を研ぐために使った中砥を持ち帰り，家の包丁を研がせるのだ。家の包丁の切れ味が抜群によくなるのは当然として，そのレポートに書かれる家族からのコメントが，技術科の授業で学んだことの価値を生徒に気づかせる。

研ぎと鉋の技能を身につけたということは，刃物が研げる，鉋が使えるということにとどまらず，その生徒の技術に対する見方や考え方を変え，彼らのなかで新たな技術観が再構築されるための前提条件となっている。

(2) ロボコン実践

ロボットコンテスト（以下，ロボコン）実践では，下山大氏の八戸三中での中

学校ロボコン実践[2]があまりにも有名だ。数多くの技術科教師がこの実践に学び，各地でロボコンを立ちあげた。当時を振り返ると，なんだかわからないがすごい，おもしろいといった感覚でしかなかったことをよく覚えている。多くの批判もあった。その多くは何を教えているのかわからない，といったものだ。逆にいえば，「技術科というのは，技術の知識や技能を教えることだ」と考える人が多かったということだろう。しかし，ロボコンにのめり込んだ生徒の姿は，これまでの授業とはまったく違っていた。彼らは指示を待っていない。自分で考え，チームで話し合い，自分たちのアイディアを実現するために試行錯誤を繰り返す。筆者は 2006 年度から 2009 年度の取り組みのなかで，ロボコン大会後に，チーム毎に報告書を書かせ，ネット上に公開する取り組み[3]を行った。これを読み返してみると，優勝したチームだけが学んでいるわけではなく，さまざまな機構を実現しようと試行錯誤を重ねたその一つひとつが，工夫創造をすることの意味や価値を彼らに気づかせていることがわかる。

　教えるのではない。ロボコンでは，生徒は自ら学んでいる。知識や技能はアイディアを実現するために必要になる。その瞬間に教師が関わることでロボットが劇的に進化していく。やや乱暴かもしれないが，ロボコンで学んだ生徒の姿からは，単に知識や技能を身につけるだけでは，生徒自らが技術の世界を考えることはきわめて難しいということを物語っているのではないだろうか。ロボコンは，技術科の授業を技術開発の視点から再度考え直すための契機となった。

第 2 項　技術観をつかむ

　技術の知識や技能を身につけたとしても，ただそれだけでは技術を学んだことにはならない。筆者はロボコン実践に取り組むまでは，さまざまな技術に関する知識を身につけ，さまざまな加工の経験をして，精度よく加工する技能を身につけることが技術を学ぶことだと考えていた。もちろん，その努力はとても大切であり，そうした知識や技能がまったくなければ技術観を語ることはできないに違いない。しかし，どんなにたくさんの知識や技能を身につけたとしても，技術科の授業をうけた生徒が自ら自分の言葉で技術を考え行動しはじめ

ない限り，技術科本来の目的が達成されたとはいえない。

（1） 技術観の学びは状況に埋め込まれている

須藤敏昭氏は技術観を，技術の社会的役割についての認識などであるとしている[4]。認識ならば身につけると考えるのが自然なのかもしれないが，技術観のそれは，認識というよりも技術の社会的役割について自ら自分のこととして考えかかわろうとしている生徒の姿をあらわすと考えた方が，直江実践やロボコン実践での生徒の実態をより的確にあらわしている。認識をするということは，その人の立ち振る舞いをも変えていくともいえるのかもしれないが，少なくとも認識という言葉だけでは覚えさせること程度にとらえられてしまうだろう。

レイヴとウェンガーは，徒弟制度の詳細な調査分析から，学習はその状況に埋め込まれているとする考え方にたどり着いた[5]。ならば，技術科での学びも，その生徒をとりまく社会的な状況に埋め込まれているとは考えられないだろうか。技術観は，技術の社会的役割について自ら自分のこととして考え関わろうとする生徒の姿をあらわす言葉なのではないか。

（2） 実践家としての技術観のとらえ

ロボコンに刺激をうけ，知的財産を共有・継承する中学校技術科3年間の

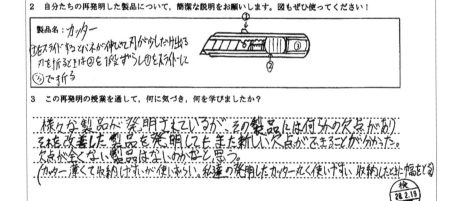

図8-1 何に気づき，何を学びましたか

87.5 時間のカリキュラムを実践した。技術科最後の授業を終えた後に生徒に図8-1 のように「何に気づき，何を学びましたか？」と書かせてみた。

　そこには，一人ひとりが違う多様な表現で，技術の見方が変わったことが書かれていた（図 8-1）。筆者はこの実践を通して，ものづくりやその技術的課題解決の文脈に埋め込まれた人の営みの価値に気づくことが，技術観をつかむということであると考えるに至った。次節ではこの実践について報告する。

第 2 節　技術観をつかむ 87.5 時間

第 1 項　知的財産を共有・継承するカリキュラム

　表 8-1 は，2013 年度から 2015 年度にかけてつくば市立竹園東中学校に在学した生徒が履修した知的財産を共有・継承する 87.5 時間のカリキュラムの詳細を示したものである。

　このカリキュラムは，材料と加工，エネルギー変換，生物育成，情報のすべての内容をもれなく履修することだけを目的に計画したものではない。すべての授業において知的財産を共有・継承することを技術分野の学習の基本的スタイルとして位置づけている。

①　先輩のアイディアを共有・継承

　特に材料と加工を基幹的な内容ととらえ，7 年生（中学 1 年）で製作した作品を，8 年生（中学 2 年）の夏休みまで技術室に残しておく。後輩が手にとってそのアイディアと加工の技術を学ぶことができるようにすることで，生徒がアイディアや技術を継承し共有しやすい環境づくりを行った。

②　図で描くことの重視

　1 時間目のガイダンスの授業から図をかいて説明することを技術科の学習の基本スタイルとして位置づけた。生徒がすべての学びの成果を図と文章で描きあらわす場面を設定した。

③　A4×1 枚で学びの軌跡を残す

　製作を伴う単元で，ラーニングジャーナルとよばれる学びの軌跡を図や文章

表8-1　知的財産を共有・継承するカリキュラム

7年生(週1時間で実施)

時間	題材(・学習内容)	指導要領内容項
1	身近なものからアイディア発見 ・身近な優れた技術を探し出す。	
2	技術は図で伝えることができる ・立体伝言ゲーム	
3	・身近な特許とその図面 ・キャビネット図	A(1)アイ
4	・等角図 ・第三角法による正投影図	
5		
6		
7	材料の性質と加工(木製サイコロの製作)	
8	・木材の繊維方向と性質 ・金属の性質(工具を中心に)	A(2)アイ
9		
10	製品に生かすアイディア発見 ・先輩の作品からアイディア発見	
11	・製品などからアイディアを探る。	A(2)ウ
12		
13	製品の設計 ・先輩が、どうやってそのアイディアを実現したのかを考えさせ、技術は継承されることを意識させる。	
14		A(3)アイ
15		
16		
17	材料どり、切断 ・さしがねの使い方	
18	・両刃のこぎりの使い方	
19		
20		
21	めざせ！かんたんマスター！ ・かんなの調整	
22	・練習材によるかんなの練習 ・こばけずり、こぐちけずり	
23		
24	部品のかんな仕上げ ・誤差0.2mm以下の精度で部品を仕上げさせる。技能の習熟の面から技術を実感させる機会とする。	
25		A(3)ウ
26		
27		
28		
29	組み立て ・組み立ての手順、段取りを考えさせる。組み立てで誤差1mm以内を実現できるように促す。	
30		
31		
32		
33	補修＆素地みがき ・細部を磨かせるなら、補習をさせていくことで完成度を上げる。	
34		
35	製品製作発表会(交流会)	A(2)ウ

8年生(週1時間で実施)

時間	題材(・学習内容)	指導要領内容項
36	補修＆素地みがき	
37	仕上げ(ニス＆ワックス) ・丁寧に仕上げさせ、しっかりと作り上げさせることで、自分の作品を後輩に誇れるものにする。	A(3)ウ
38		
39		
40		
41	電気エネルギーの利用	B(1)ウ
42	延長コードの製作 ・電線末端処理、感電、漏電	
43	・過電流溶断現象観察 ・絶縁試験、導通試験	
44		B(1)イ
45		
46		
47	タービンデザインコンテスト ・どれだけの電力を発電できるか ・タービンを製作・計測 ・負荷と電力の関係を体感する。	
48		B(2)アイ
49		
50		
51	発電のメリット、デメリット ・原子力、火力、風力、水力などの発電を調べ学習する。	B(1)ア
52		
53	発電技術発表会(交流会)	B(1)ウ
54	簡易CADで空間的に考える力を身に付ける ・等角図→PCに立体を入力	
55	・第三角法→PCに立体を入力	
56		
57	簡易CADによる3次元オリジナル立体の制作 ・先輩の作品を見ながら自分の制作する立体を考える。	
58		D(2)アイ
59	・3次元デジタル作品を細部まで考えPC上に作り上げる。	
60		
61	実際の製品と比べてみる ・実際の製品と見比べ、現実の製品の設計の難しさを知る。	
62	・ソープでオリジナル立体のまとめを制作する。	
63		
64	作り手の立場から著作権	
65	身近な製品の特許を調べよう ・特許データベースの使い方	
66	・身近な製品の特許を調べてレポートにまとめる。(引用)	D(1)ウ
67		
68	身近な特許発表会(交流会)	
69	知的財産とは ・著作物、特許、商標	
70	どう使うICタグ	ABCD(5)

9年生(技・家で隔週で実施)

時間	題材(・学習内容)	指導要領内容項
71	プログラムって何だ	
72	プログラムによる計測・制御 ・センサーの働き	D(3)アイ
73	・順次処理、反復処理、分岐処理	
74	・フローチャートプログラミング	
75	フローチャートで身近な製品のプログラムを考える(交流会) ・夏休み後に交流会を実施	D(1)エ
76		
77	スプラウトの栽培実習 ・昨年の先輩の栽培記録を参照	C(2)ア
78	・栽培記録を残す。	
79	栽培技術調べ学習 ・クラス全員が別々の身近な作物について調べレポートにまとめる	C(1)ア
80		
81	栽培技術発表会(交流会)	C(1)イ
82	データ量を計算しよう	D(1)アイ
83	IPアドレスとURL	
84	身近な製品を再発明する ・ジョブズのプレゼンを見る。	
85	・身近な製品の問題点を考える。	A(1)アイ ABCD(5)
86	・グループでディスカッション ・プレゼン資料を作成する。	
87		
88	身近な製品を再発明する(発表会)	

【学びを積み上げる】
先輩の学びの成果を後輩に引き継がせるために、作品やレポートなどを意識的に参照させ、学びを積み上げる。作品製作などでは参考にした先輩の作品やアイディアを明記させる。

【図でかくことの重視】
最初のガイダンスから図をかいて説明することを技術の学習の基本スタイルとし、全ての学びの成果を図と文章で生徒がかき表すための環境を整える。

【A4×1枚で学びの軌跡を残す】
87.5時間の多くの題材でラーニングジャーナルと呼ばれる学びの軌跡を図や文章で記録させるA4用紙(題材ごとに一枚)を授業の最後に記入させるようにする。授業で互いの学びを共有する場面が設定しやすくなるだけでなく、一人一人の学びの成果を後輩に継承しやすい環境を実現することにもつながる。

【現実の技術とつなげる調べ学習の充実】
・今ある技術だけでなく、これからの技術についても調べ考えさせる。発表会を行い、互いの学びの成果を交流させる機会を意図的に設ける。

で記録させる A4 用紙（題材ごとに 1 枚）を授業の最後に記入させるようにした。これを 3 年間同じ技術ファイルに綴じ込ませ，互いに参照できるようにした。必要に応じて他クラスや先輩のラーニングジャーナルを机上に掲示するなどすることで，授業で互いの学びを共有し，一人ひとりの学びの成果を後輩に継承しやすい環境を実現した。

④　調べ学習と交流会の充実

　各内容の技術について調べ学習を行い，現実の技術を考える場面を設定した。調べ学習の成果をレポートにまとめさせるだけでなく，班内での発表と代表者によるクラス発表を行い，互いの学びの成果を交流し，深める場面を単元毎に意図的に設定した。技術科最後の授業では班内で作業を分担させ，自分たちで考えたひとつの製品について班で協力してプレゼンテーションさせた。

第2項　単元「身近な製品を再発明する」

　新しい製品を考えて発表させる授業は，ダイソン社が提供しているワークショップ[6]などの先行事例が存在する。対して筆者の実践の特徴は，87.5 時間の最初の 1 時間目の学習が，87.5 時間の最後の発表会にまで関連づけられているところにある。先に示したように 87.5 時間のカリキュラムのなかでは，先輩の作品のアイディアを共有・継承したり，参考資料を明記したりするなどの知的財産を意識した授業を展開した。87.5 時間の最後の 5 時間がこの単元「身近な製品を再発明する」である。

⑴　**1 時間目　導入**（We reinvent phone.）

　Apple 社のスティーブ・ジョブズが 2007 年に iPhone を発表した時のプレゼン動画[7]を冒頭の 8 分間だけ日本語字幕付きでみせた。生徒達にとって当たり前のスマートフォンがこの発明から生まれたことを知らせ，彼がこれを発明（invent）といわず，電話を再発明する（We reinvent phone.）といっていることに注目させた。

　iPhone は，既存のさまざまな技術を組み合わせて使いやすい製品としてまとめあげられた。タッチスクリーンはだいぶ昔から存在し，彼らはそれをマル

チタッチにしてフリックやピンチなどジェスチャーに意味をもたせ，高いレベルで製品としてつくり込んだことが現代のスマートフォンにつながった。何もないところから，新しいものを生み出すのではなくて，あらゆるものは，これまでのさまざまな技術の積み重ねの上にはじめて発明される。そして彼らに次のように注文をつけた。

　「君たちには，ジョブズと同じように製品（プロダクト）を考えてほしい。ディティールにこだわってほしい，どんな形なのか，どんな動きをするのか，実際の製品がイメージできるようになるまでつくり込んでほしい。そして，その製品についてプレゼンしてもらいたいと思っている。素晴らしい製品ができたら本物の企業に売り込もうじゃないか！」

⑵　2時間目～4時間目　構想とプレゼン資料作成

　普通教室にてひとり1枚のレポートではなく，男子2名，女子2名の4人組でひとつの製品を煮詰めてもらうことにした。まずはどんな問題を解決する製品を考えるのかを班で話しあわせアイディアを煮詰めさせていった。

　なかには教師がうまく互いの意見をつながないとアイディアがまとまらないグループもある。そこで彼らの発想を引き出し，彼らのアイディアに「いいね」というのが，教師の役目であった。優れたアイディアをもちながらも表現方法に煮詰まってしまうグループも多くあり，それらに過度にかかわりすぎず，彼らにいかに必要最小限の刺激を与えるのかが難しいさじ加減を求められた。

　アイディアがみつかって，方向性が決まったら，プレゼン資料を班のメンバーで分担して作成させた。ある生徒が表紙，ある生徒が全体図，ある生徒が実際に使っている様子，ある生徒が一番大切な部分の拡大といった具合に分担するだけで，班のなかに必然的に会話が生まれていた。

⑶　5時間目　プレゼンテーション

　班で協力して5分間の製品プレゼンを行わせた。5分×8班で40分，自分たちが作成したプレゼン資料を実態投影機で発表しながら身近な製品の再発明が発表された（写真8-1）。発表後には多くの生徒が自分から手をあげて質問していた。質問の内容も的確なものが多く，具体的な使い方や使用上の問題点，素

材の吟味など技術的な判断が要求される質問が飛び交って，時間を区切るのが難しいほど議論が白熱していた。

　そのため最後のまとめの時間も十分にとれず，その日のうちに休み時間などを使ってまとめを書かせた。

写真 8-1　製品のプレゼン

第3項　再発明された製品

　すべてを紹介することはできないので，代表的なものを2つ紹介したい。

(1)　ペットボトルキャップの再発明

　彼らには親指が意識されている。どうしてこの形になったのか聞いてみたところ，習字の墨汁の容器の先端部分がちょっとだけ横に飛び出て墨汁を出しやすくなっているのを参考にしていた。突起の部分をもってひねると，墨汁のふ

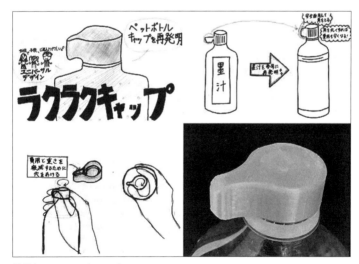

製品名：ラクラクキャップ
再発明者：平成 27 年度つくば市立竹園東中学校9年3組2班
図8-2　ラクラクキャップ

たがとれやすい，だからこれでよいはずだというのだ。

　製造上の問題や，実際に試してみたら違う問題も出てくるかもしれないがすべてのペットボトルのキャップの形状がもしこの形状だったとしたら，明らかに今よりもペットボトルが開けやすくなっているはずだ。これこそまさにユニバーサルデザインだ（図8-2）。

　3Dプリンタで筆者が実際に製作してみると，そのデザイン性の高さと実用性の高さがさらに実感できた。あとは，採用してくれる企業があらわれるのを待つばかりだ。

⑵　定規の再発明

　この定規の再発明では，定規が机の上におかれていたとき，拾いにくいことから彼らは発想した。定規は線を引くことが機能として求められるから，どうしても机に接している面が定規の上側の面よりも大きくなっていて，断面でみ

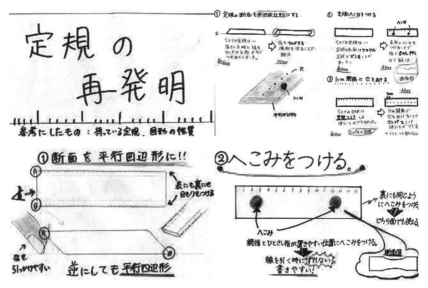

製品名：平行四辺形定規
再発明者：平成27年度つくば市立竹園東中学校9年4組3班

図8-3　平行四辺形定規

ると台形になっている。しかし，おかげで定規はとても拾いにくいものになっているのである。

　彼らはまず，拾いやすいように机に接していない側の面を大きくすればよいと考えた。たしかに上下逆さまに定規を置くととってもとりやすい。しかし，このままでは線を引くという本来の定規の目的を果たせない。そこで，彼らは断面を平行四辺形にすることを考えた。これならば，必ず片側は指をひっかけやすく，片側は線を引きやすくできる（図8-3）。

　彼らは定規を押さえるためにへこみをつけ押さえやすくするなどさらにアイディアを追加してこのプレゼンを仕上げていた。

第4項　何に気づき，何を学びましたか？

　多くの生徒が，枠いっぱいに感想を書き提出した。2人ほど紹介したい。

　「多くのものに再開発する余地が残されている」。他の班の発表を聞きながら，わずか3時間ほどの時間で中学生がさまざまな製品のアイディアをプレゼンする姿は生徒にとっても驚きであったことがわかる。「自分達の暮らしを自分たちの力でよりよくできるのではないか」。今まで無関係に思えていた製品開発

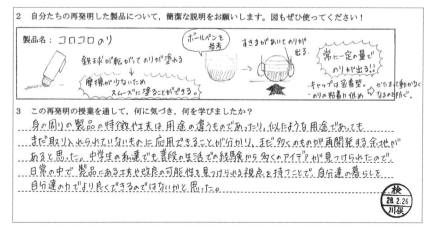

図8-4　生徒の学び①

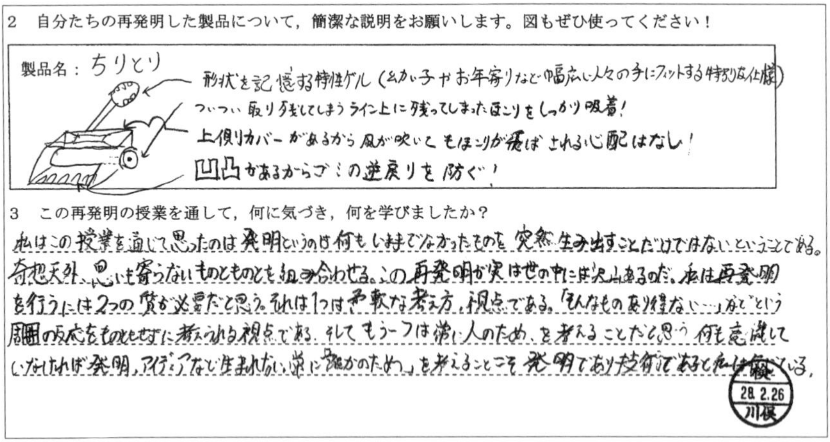

2 自分たちの再発明した製品について，簡潔な説明をお願いします。図もぜひ使ってください！

製品名：ちりとり

形状を記憶する特性ゲル（小さな子やお年寄りなど幅広い人々の手にフィットする特殊な仕様）

ついつい取り残してしまうライン上に残ってしまったほこりをしっかり吸着！

上俱りカバーがあるから風が吹いてもほこりが飛ばされる心配はなし！

凹凸があるからゴミの逆戻りを防ぐ！

3 この再発明の授業を通して，何に気づき，何を学びましたか？

私はこの授業を通じて思ったのは発明というのは何もない持てなかったものを突然生み出すことだけではないということである。奇想天外，思いも寄らないものとものを組み合わせる。この再発明が実はこの世の中には次々山あるのだ。私は再発明を行うには2つの質が必要だと思えた。それは1つは柔軟な考え方，視点である。「こんなもの要らない」などという周囲の反応をものともせずに進める視点である。そしてもう一つは常に人のため，を考えることだ。人うう何を意識していなければ発明，アイディアなど生まれない常に誰かのため，を考えることこそ発明であり技術であると私は信じている。

28 2.26
川技

図8-5 生徒の学び②

の世界と自分が無関係でないことに彼女は気づいている（図8-4）。

「何も意識していなければ発明，アイディアなど生まれない，常に誰かのためを考えるからこそ発明であり技術であると私は信じている」彼の言葉は授業者である筆者の想定を越えていた（図8-5）。彼は彼の言葉で技術の意義を語っていた。

おわりに

今回87.5時間の技術科の授業の集大成として単元「身近な製品を再発明する」を実践し，生徒達が生み出した数多くの製品のアイディアと，彼らの気づきや学びを読みながら，気づいた。技術観は，知識や技能と同じように身につけると考えるべきものではなく，生徒一人ひとりが，技術の課題を自分のことと考え，多くの人たちと関わりながら技術文化の一員として自ら行動しはじめるその姿をあらわした言葉だ。

この技術観をさらに的確な言葉でわかりやすく伝えることができれば，技術科の授業を教育内容だけで語ることの不十分さをより多くの人に伝えることが

できるのではないか。技術教育が危機的状況にあるからこそ，技術科とは何か，中学校段階の普通教育としての技術教育の核心は何かを，より的確な言葉で伝えたい。そして，わかった，できたで終わらずに，技術観をつかむ技術教育実践を全国各地で実現するために何ができるのか考えたい。

注

1) 直江貞夫 (2007)「日本一の薄削りの名人が来た！」『技術教育研究』No. 66　pp. 30-35
2) 森政弘・下山大・田中喜美・森和夫 (2000)『ロボコンスーパー中学校八戸三中の熱闘』INAX ギャラリー
3) TRCK 茨城県南ロボコン「ロボコン報告書」
   http://trck.namikikai.com/modules/myalbum2/ (2016 年 4 月 2 日最終アクセス)
4) 須藤敏昭 (1979)「子どもの発達と技術の教育」『講座日本の学力 8　身体／技術』日本標準　pp. 211-234
5) ジーン・レイヴ，エティエンヌ・ウェンガー (1993)『状況に埋め込まれた学習—正統的周辺参加』産業図書
6) 箕田大輔他 4 名 (2016)「企業とのコラボレーションによる問題発見・解決に重点を置いたアイデア発想授業の試み」『信州大学教育学部研究論集』第 9 号　pp. 217-225
7) iPhone 発表スティーブジョブズプレゼン (日本語字幕付き)
   https://www.youtube.com/watch?v=4wtcy4mJrvE (2016 年 4 月 2 日最終アクセス)

第 9 章

知的財産教育における「著作者人格権」の位置づけの検討

—田中喜美による問題提起を踏まえて—

村 松 浩 幸

はじめに

　現在，知的財産（以下，知財と略す）に関する教育の取り組みが広がり，技術教育のなかでも関連した知財学習がさまざまに展開されるようになってきた。2008 年告示技術科学習指導要領解説書においても，「情報通信ネットワークにおける知的財産の保護の必要性」と共に，技術科のすべての内容において，「知的財産を創造・活用しようとする態度の育成にも配慮する」など，知財権のみならず，広義の知財を対象にすることが記述されている[1]。そうした中，田中喜美により知財教育における「著作者人格権」の位置づけについて問題提起がなされた[2]。そこで本章では，田中の問題提起をうけ，「著作者人格権」をめぐる法的整備の問題などを検討すると共に，そのことを踏まえ今後の知財教育，さらには技術教育での知財学習における「著作者人格権」の位置づけの検討を目的とする。なお，ここでいう知財教育とは，知財そのものを主対象とした知財についての体系的な教育を指し，知財学習とは，各教科などの別な教育体系のなかに埋め込まれた知財および知財に関連する学習（狭義の知財教育）を指す。

　田中の問題提起について検討をする前に，まず知財教育および技術教育における知財の位置づけについて再度確認をする。

　現代社会において，特許権や意匠権，商標権，著作権などの知財権の重要性

は格段に高まり始めた。グルーバル経済の進行により，知財権に関する問題は，国際的な課題になってきている。知財制度はあらゆる産業に関係し，技術との関わりが深く，現代における技術の社会経済的側面のひとつとして大きな位置を占める。特許制度はもちろんであるが，著作権法もビジネスローとしての性格を濃くしている状況にある。著作権は，印刷やデジタル化など，複製の技術の進展により，特定業界のみならずすべての人に関わるようになった一方で，特許と並ぶ企業戦略にもなりつつある。[3]

　こうした動向は，米国が80年代から推進してきたプロパテント政策の影響による。プロパテント政策は，米国の産業競争力の向上のために，特許や著作権などの知財権強化をITやバイオ技術などの技術革新とセットにすることで推進された。その結果，米国企業が日本企業を特許権侵害で訴え，巨額な賠償金支払いを命じられるなど，企業経営の根幹を揺さぶられるような状況も生じた。[4] このような動向に対し，わが国では，2002年に知財基本法が制定され，知財戦略本部により知財推進計画として年次計画の形で毎年まとめられ，国家戦略として実施されている。こうしたなかで知財教育の推進もなされていった。

　以上のような概略をもつ知財の技術教育への位置づけについては，村松が技術のもつ純技術的（工学的）側面と社会的経済的側面の二重性の観点から検討している。技術教育では技術のもつ二重性に着目しなればならないが，わが国の技術教育では，技術の社会的経済的側面についての扱いが欠如しており，現在の技術科の状況は純技術的側面の学習としても十分とはいい難い。その上で村松は，知財を技術教育において発明・技術開発などの知財の純技術的側面を基盤としつつ，知財制度などの知財の社会的経済的側面にも踏み込みうる教育の内容のひとつとして位置づけている。すなわち，発明・技術開発などの知財を通して現実の技術とつながる知財の内容を従来の学習に付加することで，純技術的側面をより深めた技術科の学習を構成できる可能性がある。そして，同時に知財制度やその仕組みなど，技術と社会の関係性を学ばせる学習を付加することで，社会的経済的側面にも踏み込んだ技術科の学習も構成できる可能性を示している。その上で2つの学習を関連させることで，純技術的側面と社会

的経済的側面の関連性を見通せる技術科の学習を構築できるとしている。それらを踏まえ，村松は，技術教育において「生徒にアイディアの創造と共有を行わせ，学習フィールドを順次，拡張させながら知財の社会的関係を体験させる学習指導法によって，生徒のアイディアの質を高めつつ，知財に対する意識を効果的に形成させる」体験的知財学習法を提案している。[5)]

　こうした知財教育および技術教育における知財学習に対し，田中は，学校教育の観点から著作権法の「著作者の権利」との関わりから知財基本法を検討し，「著作者人格権」についての問題提起をしている。次節においてその検討を行う。

第1節　田中による「著作者人格権」についての問題提起

　わが国の著作権法において「著作者の権利」には「著作者人格権」と「著作権」があり，「無方式主義」で与えられる。「第三款　著作権に含まれる権利の種類」で示されるのは，複製権，上演権および演奏権，上映権，公衆送信権など，口述権，展示権，頒布権，譲渡権，貸与権，翻訳権，翻案権など，二次的著作物の利用に関する原著作者の権利である。そこには「著作者人格権」が含まれないことから，田中は，著作権法における「著作権」は，「著作者の権利」のうち財産権としての権利だけを意味して「著作権」という用語を使っており，広辞苑などをみても「著作権」が財産権としての権利だけを意味するとしている。その上で，知的財産基本法での知財権の定義である「第二条 2　特許権，実用新案権，育成者権，意匠権，著作権，商標権その他の知的財産に関して法令により定められた権利または法律上保護される利益に係る権利をいう」ことから，知財権で対象となる「著作権」は財産権のみであることを問題視している。言い換えるならば，知財教育の対象は，財産権の権利としての「著作権」のみあることを指摘している。

　以上を踏まえ，田中は，優れた学校教育の取り組みをみれば「著作者人格権」が教育実践に不可欠であり，知財教育を実践するためには財産権としての「著作権」だけでなく，「著作者人格権」が重要な役割を担うが，そもそも，そう

なるとそれを知財教育といえるのかという問題を指摘した。そして，著作権法と知財基本法を再度検討した上で，教育実践と理論を築いていくべきではないかと提起している。

　この田中の問題提起の妥当性について検討していく。田中の指摘の前提として，まず著作権法における「著作権」の用語の扱い方に関しては，広義の「著作権」と狭義の「著作権」の混同の問題があげられる。文化庁による「著作者の権利」の解説においても，「著作者の権利（著作権）」は，「著作者人格権」と「著作権（財産権）」で構成されると共に，「著作権」が広狭さまざまな意味に用いられるため，注意を要することが説明されている。[6] 田中が指摘したように，著作権法「第三款　著作権に含まれる権利の種類」での著作権は，「著作者人格権」との並列関係からも「著作権（財産権）」であるが，問題は知財基本法における「知的財産権」での「著作権」の解釈である。前述のように「著作権」が広狭さまざまな意味に用いられる点から，ここでの「著作権」が「著作権（財産権）」＝狭義の「著作権」のみではなく，「著作者の権利（著作権）」＝広義の「著作権」であるという解釈も成り立つ。また，知財基本法での知財の定義後段にある「その他の知的財産に関して法令により定められた権利」に「著作者人格権」が包含されるとする解釈も成り立つ可能性もある。さらに，その前提として，知財基本法を含めた基本法自体の性格がある。

　基本法は，国政に重要なウェイトを占める分野において国の制度，政策などの基本方針が明示されると共に，直接に国民の権利義務に影響を及ぼすような規定は設けられないとされる。[7] すなわち，知財基本法も，基本法として各省庁や大学などの組織に対して具体的な行動の指示をする性格が強いため，管理活用局面で間接的に作用する「著作者人格権」を含むにしても，それを強く押し出さず，詳細な権利規定も設けられていないのではないかと考えられる。さらに，著作権を創造・活用する際には，「著作者人格権」も視野に入れた対応が必要となることから，知財基本法が「著作者人格権」をまったく考慮していない，あるいは軽視しているとはいえないと考えられる。知財基本法自体に，「著作者人格権」が明確に示されていないことは，田中の指摘どおりではあるが，

それは知財基本法のもつ基本法としての性格のためであると考えられる。

　一方，前述のように著作権法がプログラムやデータベースの保護，法人著作物の保護など，ビジネスローとしての側面が年々強くなっているのは事実である。また，米国のプロパテント政策の影響をうけて知的財産基本法が成立した背景からも，知的財産基本法において産業的側面＝財産権の側面が重視されているのも確かであろう。さらに最近では，AI（人工知能）の発達で，AIによるニュースの自動生成やAIによる小説執筆の挑戦など，人間が創作しない著作物が続々登場し，「著作者人格権」の概念自体が揺らぎつつある。AIによる著作物の権利についての検討もなされているが，判断の難しい問題である。田中による知財教育における「著作者人格権」の位置づけを検討するには，「著作者人格権」についてより踏み込んだ検討・考察が必要になると考えられる。そこで次節において，さらに検討を進める。

第2節　著作権における「著作者人格権」の位置づけと変遷

　「著作者人格権」については，一般的人格権との関係性など，その定義や範囲についてさまざまな議論があるが，ここでは「著作者人格権」の起源と位置づけのみに焦点化し，知財教育と「著作者人格権」との関連性を考察する。

　わが国の著作権法は「最近では毎年のように著作権法改正が行われているが，人格権を重視し，かつ財産権に関しては物件的構成に囚われているという，19世紀的な基本的パラダイムは変わっていない」とされる。また，わが国の著作権法の根底は，「文学や美術などの著作物の保護の万国同盟設立に関する条約（ベルヌ条約）」であり，そのなかで「財産的権利（economic rights）」とは別個に「著作者人格権（moral rights）」の保護を要求している。そして「著作者人格権」の種類として，「著作物の創作者であることを主張する権利（氏名表示権），著作物の変更，切除その他の改変または著作物に対するその他の侵害で自己の名誉または声望を害するおそれのあるものに対して異議を申し立てる権利（同一性保持権，名誉声望保持権）」の2つが定義されている。わが国では，同条

約における「著作者人格権」の保護強化に進んだ結果，「著作者人格権」を強く保護しており，世界的にみても最高水準として，同条約の保護範囲を超えている状況にある。

　こうしたベルヌ条約における「著作者人格権」の扱いには，大陸法と英米法の対立がある。自然法原理に影響されたフランスやイタリアその他欧州諸国の大陸法では「著作者人格権」を明示的に認めている。これはフランスの法理念を台頭させたフランス革命の原理に深く根付いているとされる[11]。一方，米国著作権法は経済的理念に基づいている。「コピーライト（copyright）」の用語は，著作者から分離された非人格的なもので，著作者の創作に対する時間や努力，資本への投資を保護することになる。これが著作権に対する英米法の一般理念である。

　米国ではベルヌ条約加入後に「視覚芸術家権利法（VARA）」を成立させ，連邦レベルで「著作者人格権」を保護する内容となり，ベルヌ条約への整合を図った。しかしVARAの射程範囲は狭く，ベルヌ条約と最小限整合するために必要な程度まで「著作者人格権」の保護を拡大したとはいい難い[12]。なお，英国では米国同様に著作者の権利が経済的権利として発展してきた歴史をもつが，大陸法系諸国との協調のために「著作者人格権」を著作権制度として受け入れた経緯がある[13]。しかし，米国の「著作者人格権」の保護を最小限に抑えた試みは，現代のデジタル社会においては，著作物の利用・流通の上で前向きに評価できるとする意見もある[14]。逆にわが国では，世界一強い「著作者人格権」がデジタル時代において著作物の利用・流通の阻害要因になることも懸念されている[15]。著作権制度の財産的権利と人格的権利とのバランスの最適化は，著作権制度において大きな課題となっている。

　以上のように「著作者人格権」の各国の扱いは，ベルヌ条約での条約内容を最低限の保護内容とする点で国際的な合意がなされているものの，大陸法系，英米法系ではその内容が異なり，社会情勢を踏まえるとベルヌ条約以上の合意を進めることは困難であると推察される。さらにデジタル技術の経済への影響を考えると，米国寄りの方向になっていくことも考えられる。一方，わが国の

著作権法が世界最高水準の「著作者人格権」の保護をしている点は，知財教育（実践）をみる限り取り上げられていない。では，ここで視点を広げ，「著作者人格権」のみならず特許権など，他の知財において人格権はどのように位置づけられるのだろうか。次に著作権のみならず他の知財における人格権について検討をする。

第3節　知財における人格権の位置づけ

　技術教育における知財学習では，技術的なアイディア＝技術的思想が主に対象となる一方，著作権法では技術的思想自体は保護対象とはならない。ある生徒が棚などの形状を工夫し，その工夫をワークシートに表現したとする。工夫点を表現した図自体は著作物であるが，その技術的思想自体は著作物ではない。また，生徒が特許出願をし，審査を経て認められない限り，その技術的思想は特許権にはならないが，知財として特許法の対象範囲にはなる。この考えに基づき，前述の体験的知財学習法では，生徒らの技術的なアイディアも知財として教育内容に含めている。そこで，技術的思想や特許権における人格権について検討をする。

　一般に，発明者は特許をうける権利を移転できることから（特許法第三十三条1項），特許権は純粋な財産権であると考えられる。しかし，発明者名を掲載する権利は著作権法における「著作者人格権」のなかの「氏名表示権」と類似の権利である。このことから，発明者の権利の構造は財産的な権利のみではなく，「著作者人格権」程強固では無いにせよ人格的な権利で成り立っているといえる。さらにいえば，知財における個人の権利の構造は，財産権的な権利と人格権的な権利から成り立っていると考えられる[16]。なお，特許法には発明者名を掲載する権利として明示されていないものの，ベルヌ条約と同様に国際条約である「工業所有権の保護に関するパリ条約」では，「第4条の3　発明者掲載権　発明者は，特許証に発明者として記載される権利を有する」として「発明者掲載権」が示されている[17]。これが日本でも認められると考えられるのが根

拠である。また，特許権のみならず意匠権においても，同様に「意匠創作者掲載権」に当たる権利が認められるとされている。[18]

　以上のようにみていくと，知財基本法での知財権は主に財産権を対象としており，人格権について法律上明記されていない点はあるにせよ，知財における個人の権利構造からも，知財権にも人格権的権利が一定包含されていると考えてよいであろう。このように考えると，田中の指摘した知財教育おける「著作者人格権」の問題を，知財教育における人格権の取り扱いの問題と拡張し，知財における個人の権利構造を適用することで，知財教育において人格権を位置づけることができるのではないだろうか。すなわち，知財教育および技術教育における知財学習において，「著作者人格権」のみならず，技術的思想における「考案者掲載権」（発明として権利化されていないことも考慮し，仮に考案者と表現する）を人格権として確認すると共に，こうした人格権を学習活動のなかで扱うこと，あるいは概念として子どもに意識させることが実践的な位置づけになると考える。

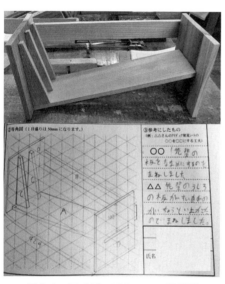

図9-1　アイディアのソース記載例

　技術教育における知財学習の優れた実践として，川俣純による「アイディアの連鎖」実践があげられる。[19] 川俣は棚などの形状の工夫に着目すると共に，通常では個人内あるいはせいぜい学級内で閉じてしまう子ども達のアイディアを，学年を越えて蓄積・共有し，優れたアイディアを製作に活用するなかで継承・発展させている。そして設計段階やまとめにおいて「先輩の○さんの○○の工夫を参考にした」と引用に類する形でアイディアのソースを記述させてい

る（図9-1）。これを前述の人格権の観点からみれば，子ども達は「考案者掲載権」のように権利として明確に理解していなくとも，その概念に相当する考え方を意識し，実践しているといえる。これが技術教育における知財学習での人格権の扱いの典型例であろう。ここで現実の社会と関連させるならば，実際の特許権での「発明者掲載権」について扱い，自分たちの「アイディアの連鎖」と比較させることで，知財権の理解の一助になりえると考えられる。

　こうした「アイディアの連鎖」にみられる集団的・共同的な知財の共有や創作の仕組みは，連歌や俳諧に代表されるように，わが国では古来より存在する。また，現在国際的に盛りあがっているプログラミング教育において人気の高いプログラミング言語「Scratch」では，作品共有サイトが用意されている。作品共有サイトでの登録作品は，クリエイティブコモンズにしたがって自由に改変できる（リミックス）と同時に，作品の親子関係の表示機能があり，誰の作品からの派生作品であるかがわかるようになっている[20]。知財の観点からみれば，ここでは改変が奨励されているので，「著作者人格権」に含まれる「氏名表示権」が重視されており，プログラムの技術的思想の点からいえば，「考案者掲載権」に相当する部分を重視しているといえる。なお，プログラミング教育のなかでは，その体系性や教材，教育手法，使用言語の選択およびその妥当性などはさまざまに議論されているが，こうした知財教育あるいは知財学習の視点からの教育手法の検討はなされていない。今後，知財教育あるいは知財学習の視点から，前述の川俣実践と共に，「Scratch」のコミュニティで展開されている集団的・共同的な知財の共有や創作の仕組みについて検討を進めることで，プログラミング教育においても新たな視点や実践を提示できる可能性もある。

　以上のように，知財教育あるいは技術教育における知財学習において，人格権を位置づけ，人格権を学習活動のなかで扱うこと，あるいは概念として子どもに意識させることは広く実践可能である。なお，前述のように，わが国が「著作者人格権」を世界最高水準で保護している点を初等中等段階の知財教育のなかで取り上げた例は，今のところ見当たらない。知財を産みだした人の人格を尊重する観点からは，わが国の保護水準の高さは世界に誇るべき事であり，こ

の点を取り上げることは，今後の知財教育および知財学習における課題のひとつであると考えられる。

おわりに

　本章では，田中による知財教育における「著作者人格権」の位置づけについての問題提起を踏まえ，今後の知財教育，さらには技術教育での知財学習における人格権の位置づけの再考を試みた。その結果，前述のように知財における個人の権利構造を適用することで，知財教育において人格権を位置づけ，知財教育および技術教育における知財の学習において，「著作者人格権」のみならず「考案者掲載権」を人格権として確認すると共に，これら人格権を学習活動のなかで扱うこと，あるいは概念として子どもに意識させることが重要であることを示した。こうした方向に沿った実践の可能性についても検討をした。今後はそれら提案を実践化し，教育効果の検証を確認していく必要がある。

謝辞：本章の執筆にあたり，東京学芸大学・田中喜美名誉教授，日本知財学会知財教育分科会の三重大学・松岡守教授，山口大学・木村友久教授，旭川工業高等専門学校・谷口牧子教授には貴重なご意見をいただきました。この場を借りて感謝申しあげます。

注
1) 文部科学省 (2008)『中学校学習指導要領解説技術・家庭科編』教育図書　p.25
2) 田中喜美 (2015)「『著作者の権利』と知的財産基本法の関係」『技術と教育』第498号　技術教育研究会　pp.13-14
3) 中山信弘 (2007)『著作権法』有斐閣　pp.2-3
4) 守誠 (2002)「プロパテント政策とアンチパテント政策の波動」『商學論究』49(4)　関西学院大学　pp.1-4
5) 村松浩幸 (2010)「技術科教育におけるアイディアの創造と共有に基づく体験的知的財産学習法の開発」兵庫教育大学　博士 (学校教育学)　乙第75号
6) 文化庁 (2014)『著作権法入門 2013-2014』著作権情報センター　p.4
7) 吉田一郎他編著 (2001)『法令用語辞典 (第八次改訂版)』学陽書房　p.132
8) 知的財産戦略推進事務局 (2016)「AIによって生み出される創作物の取り扱い (討議用)」

次世代知財システム検討委員会
https://www.kantei.go.jp/jp/singi/titeki2/tyousakai/kensho_hyoka_kikaku/2016/
jisedai_tizai/dai4/siryou2.pdf（2016 年 4 月 1 日最終アクセス）

9）中山信弘　前掲書　p. 3

10）WIPO（1979）Article 6bis Moral Rights, Berne Convention for the Protection of
Literary and Artistic Works.

11）宮澤博明（1998）『著作権の誕生　フランス著作権史』太田出版　p. 7

12）小野奈穂子（2010）「米国における著作者人格権保護—ベルヌ条約加入時の議論を振り
返って—」『一橋法学』第 9 巻第 2 号　pp. 595-631

13）坂田均（2012）「英国著作権法における著作者概念の形成」『同志社法学』63 巻 7 号
pp. 3332-3318

14）中山信弘　前掲書　p. 360

15）小野奈穂子　前掲書　p. 630

16）児玉晴男（2003）「知的財産における個人の権利の構造とその合理的な関係」『パテント』
Vol. 56 No. 5　日本弁理士会　pp. 51-56

17）WIPO（1979）Article 4ter Patents: Mention of the Inventor in the Patent, Paris
Convention for the Protection of Industrial Property.

18）JPDA 権利保護委員会（2009）　Vol. 3「デザイナーの権利」日本パッケージデザイン
協会　http://www.jpda.or.jp/activities/kenrihogo/vol_003/（2016 年 4 月 1 日最終アク
セス）

19）川俣純（2013）「参考資料を明記させ，年度を越えた技術室文化を創る」日本知財学会
知財教育分科会編集委員会編『知財教育の実践と理論』白桃書房　pp. 51-61

20）阿部和広（2015）「子どもの創造的活動と ICT 活用」『情報処理』Vol. 56 No. 4
pp. 350-354

第10章

普通教育としての水産教育を構想する
―中学校技術科に「魚介類養殖の技術」を位置づける―

佐々木 貴 文

はじめに

　日本では，食料自給率の低さが注目され，危機感をもって語られている。同時に，世界規模ですすむ環境破壊や人口増加などによる食料供給体制の逼迫も問題視されている。過剰な負荷をかけることで生じた地球環境の悪化は，耕作適地の減少や好漁場の生産力低下につながり，それが人口増加や，富の偏在・格差の拡大に帰結するグローバリゼーションの進展などと相まって，食料の奪い合い現象を誘発することも珍しくなくなっている。

　魚介類にしても，各国での消費拡大や健康意識の高まりから，大手水産資本や商社などによる世界的な魚介類の買い付け競争がおこっており，一部で日本資本の「買い負け」現象が伝えられている。かかる現状において，すでに食料問題は，地球規模の問題として対象化される必要がでてきている。

　ますます食料資源への関心が高まるであろう今，その生産技術に対する正しい科学的認識や技術観は，より明確な形で，普通教育の本質的な構成要素に位置づけられるべきであろう。これを技術・家庭科の技術分野に位置づけようとする先行研究は蓄積があり，河野義顕・大谷良光・田中喜美『技術科の授業を創る―学力への挑戦―』(学文社，1999) でも，「食糧生産の技術」として，その教育目的や到達目標，実践例が丁寧に明記された。[1] ただ，先行研究のほとんど

は農作物に焦点をあわせており，主要な食料であるはずの水産物については，本格的な研究がほとんど皆無となっている。

　そこで本章では，水産に関する事柄を普通教育としての技術教育に位置づけることを目的に授業論を展開する。具体的には，「魚介類養殖の技術」の位置づけを追究する。もっぱら自然の資源回復能力に依存する漁船漁業ではなく，人間が外部の自然と関わり生産する「魚介類養殖の技術」に注目するのには意味がある。ひとつは，世界的に食料供給体制の整備が課題となるなかで，天然資源開発の限界が指摘される漁船漁業ではなく，養殖業への期待感が大きいことがある。2つに，魚介類養殖における地域的な広がりをもって社会化された生産現場の存在がある。稚魚などの種苗生産や，餌料生産といった各段階は，一地域で完結できない構造にあり，分業や協業の観点で生産の現場をとらえなおすことが可能となる。最後の3つは，水産業における環境問題を縮図的に概観できる点にある。閉鎖的環境において営まれる養殖業は，養殖環境の変化に敏感にならざるをえず，環境問題を内在的問題として位置づけることができる。

　以下，本章では，魚介類養殖の構造的特質を授業論として再構成するため，① 学習指導要領解説の水産に関する記述，② 魚介類養殖の社会的位置づけ，③「魚介類養殖の技術」の教育目的（科学的認識，技能，技術観・労働観），④「魚介類養殖の技術」に関する実践づくりの視点，の4つを検討する。

第1節　『中学校学習指導要領解説技術・家庭編』における水産用語の整理

　2008年3月に告示された『中学校学習指導要領』に，「生物育成に関する技術」（技術・家庭科の技術分野）が登場し，これに対応した『中学校学習指導要領解説技術・家庭編』には，以下の記述がもり込まれた。

　　水産生物の栽培では，養殖環境と栽培する魚介類及び藻類の食性や成長の特性について考慮する必要があることや，移植，放流などの増殖技術や，

養殖環境の管理などの養殖技術があることを知ることができるようにすることが考えられる[2]。(下線：引用者)

　同文は、「生物の育成環境と育成技術」に関する学習の解題として述べられている[3]。この記述に関しては、「養殖」ならびに「増殖」という2つの中心となる用語について検討する必要がある。

　「大量生産を目的とする大規模な"養殖"」を増殖としたり、「投餌・曝気のような高度の管理手段」を要するものを養殖とし、要しないものを増殖として明確に区分しない場合もある[5]。しかし、2つの言葉を区別する立場にたてば、「増殖」(propagation) といった場合、水産生物の繁殖や成長を促すための手段として理解される[6]。具体的には、漁期や漁具・漁法を制限する漁業管理や、藻場・干潟や漁礁を整備する漁場管理、それに種苗の移植・放流を行う資源管理に大別される。一方、「養殖」(culture) は、水産生物の生活と育成環境を管理して繁殖と増量を目指す生産技術をいう[7]。それは、主に稚魚などを生産・管理する種苗生産技術と、増量や品質向上を目指す飼養技術によって構成される。また管理手段により、粗放的養殖と高密度養殖に区分される。

　本章では、「養殖」の概念を明確にするために2つを区分することが望ましいとする。そのため、学習指導要領解説の「増殖技術」(移植や放流) や「養殖技術」(養殖環境の管理) が「増殖」の概念に包含されるという考え方に立ち、これとは別に「魚介類養殖の技術」として種苗生産技術と飼養技術を位置づけることとした。

　なお学習指導要領解説には、「栽培」という言葉もみられるが、水産生物を対象とした場合、「栽培漁業」との混同が心配される。「栽培漁業」(fish farming) とは、水産生物を損耗の激しい初期段階に人間が管理し、それを天然水域に放流することで資源の増大を目指す漁業と理解される。学習指導要領解説では、「水産生物の栽培」が主語となっているけれども、この「栽培」は、飼養の意味で用いられていると理解しておきたい。

第 2 節　わが国における魚介類養殖の社会的位置づけ

第 1 項　日本漁業の展開と養殖業の位置

　漁業は，海面漁業と内水面漁業とに分けられる。大部分を占める海面漁業は，日本の場合さらに，沿岸漁業（採貝藻，養殖業，定置網，10 トン未満船による漁船漁業など），沖合漁業（200 カイリ水域内での漁船漁業），遠洋漁業（公海や他国の 200 カイリ水域内での漁船漁業）に区分できる。日本の漁獲生産は，花形であった遠洋漁業が 200 カイリ体制（1970 年代後半）への移行により崩壊したことで，自国 200 カイリ内資源を利用する方向に転換した（図 10-1 参照）。

　1973 年の沿岸漁業の生産量は全体の 24.7％，生産金額は 41.4％であったのが，1993 年には生産量 36.8％，生産金額 57.8％を占めるまでになった。近年では，後継者不足や資源の減少で沿岸漁業も生産力を弱めつつあるなか，沿岸漁業の一角である養殖業が 1 人奮闘している。この 10 年ほど，養殖生産量は 100 万トン水準で推移し，海面漁業・養殖業生産量の約 2 割強を占めている（表 10-1

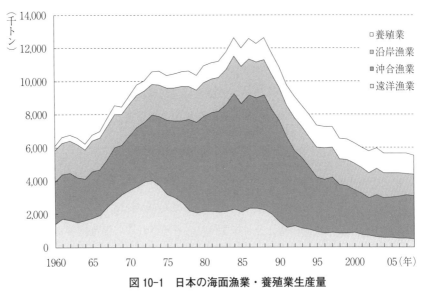

図 10-1　日本の海面漁業・養殖業生産量

出所）各年度の農林水産省統計部『漁業・養殖業生産統計年報』より作成。

表 10-1　海面漁業・養殖業生産量

(トン，%)

年	計	遠洋漁業	沖合漁業	沿岸漁業	養殖業
2003	5,973,307	10.1	42.6	26.4	20.9
2004	5,670,063	9.4	42.4	26.7	21.4
2005	5,668,877	9.7	43.1	25.8	21.4
2006	5,652,115	9.2	44.2	25.7	20.9
2007	5,638,938	9.0	46.2	22.8	22.0
2008	5,519,687	8.6	46.8	23.9	20.8
2009	5,349,447	8.3	45.1	24.2	22.5
2010	5,233,440	9.2	45.0	24.6	21.2
2011	4,692,819	9.2	48.2	24.1	18.5
2012	4,798,026	9.6	46.1	22.7	21.7
2013	4,730,920	8.4	46.2	24.3	21.1

出所）各年度の農林水産省統計部『漁業・養殖業生産統計年報』より作成。

参照）。また生産額は 4,000 億円水準で安定的に推移し，海面漁業・養殖業生産量の約 3 割を占めるにいたっている（表 10-2 参照）。

一方，漁船漁業では，マサバなど，高い漁獲圧力に耐え切れない魚種がでてきた。世界の天然水産資源の状況もよくない。国連食糧農業機関によると 1990 年代以降，世界

表 10-2　海面漁業・養殖業生産額

(100 万円，%)

年	計	海面漁業	養殖業
2003	1,484,761	69.9	30.1
2004	1,500,170	71.1	28.9
2005	1,498,575	70.7	29.3
2006	1,528,270	70.6	29.4
2007	1,575,968	71.5	28.5
2008	1,542,399	72.9	27.1
2009	1,381,447	70.4	29.6
2010	1,400,139	69.4	30.6
2011	1,327,357	70.8	29.2
2012	1,329,011	68.9	31.1
2013	1,354,378	70.0	30.0

出所）各年度の農林水産省統計部『漁業・養殖業生産統計年報』より作成。なお海面漁業には捕鯨業を含む。

の養殖を除く漁獲生産量は 9,500 万トン水準で推移し伸びていない。さらに，クロマグロやマダコなどの一部の価値ある資源は，乱獲による資源枯渇が心配されている。こうした状況のなか，わが国ではすでに 60 種以上の魚介類が養殖され，ブリやマダイ，ヒラメ，トラフグ，ウナギ，クルマエビ，ホタテガイ，カキなどの主要魚介類は，多くが養殖物となっている。

第2項　日本における養殖業の展開過程

　養殖業は水産物をただ飼う行為ではない。稚魚を孵化・放流する栽培漁業とも異なる。種苗を確保・生産するとともに，一定期間飼養することで重量や品質を向上させ，商品として流通させることを目指す産業である。

　中核をなす魚類養殖の発展は，1940年代後半に網生簀を用いた小割り式養殖が普及したことに起因する。1960年代の「とる漁業からつくる漁業へ」の掛け声のもと，瀬戸内海で盛んになり四国・九州へと伝搬した。展開を後押ししたのは，関連技術の開発と同時に，① 資源の減少と投資効率の悪化によって沿岸漁業が停滞するなか，経営の安定化を目指す動きがあったこと，② 高級魚介類の需要増大や少量多品種消費へと消費者ニーズが変化したこと，③ 量販店・外食産業の拡大で，供給量・品質・価格の安定が求められたことなどがある。

第3項　わが国における養殖業の生産・経営構造の特徴

　日本と諸外国の養殖業を比較すると，制度面において顕著な差がみられる。北欧などでは，漁業外資本の参入が比較的容易で，一般製造業と同等の扱いをうけている。生産効率が重視され，収益性と国際競争力が確保されている。製品は，ノルウェーの養殖サーモンのように国際商品となって全世界に流通する。

　対して日本の養殖業は，沿岸漁業のひとつである特定区画漁業権漁業に位置づけられ，家族経営体を中心に営まれている。そのため，クロマグロの魚類養殖の一部で商社などの資本流入がみられるものの，利益率の高い魚種にとどまる。

　その生産・経営構造は，給餌養殖（主に魚類や甲殻類）か無給餌養殖（主に藻類や貝類）かによって異なる。[8]ブリ類やマダイなどを生産する給餌養殖は，安定的な餌料供給と，歩留まりを高める飼養技術が必要となる。施設・設備も大規模化することから，運転資金の確保といった財務力も必要となる。リスクも大きい。生産物は刺身用商材として量販店への安定供給が求められるけれども，商品に希少性がないため，経営体は価格訴求するしかない状況におかれ，

過剰供給と価格低下の危険に直面しやすい。

　一方，無給餌養殖では，ノリやコンブなどの藻類および，ホタテガイやカキ，真珠などの貝類が生産される。コンブを除いて天然物の供給量が少ないことから，市場は養殖物を中心に形成される。経営構造は，広島県のカキ養殖に企業経営体が参入している他は，一般的に零細漁家による家族経営で生産される。生産構造の特徴は，製品化までを生産者が一貫して行うことにある。

第4項　養殖業と環境問題

　養殖業は，飼育環境が固定されるため，自然環境の変化に影響をうけやすい。生簀は，浅く潮流の弱い場所に設置することが望まれるため，好位置は限られ，場合によっては過密養殖をまねく。漁家の視点からみれば，限られた区画で最大の生産量を目指そうとするので過密養殖になりがちとなる。過密養殖は供給過剰をまねき，魚価の下落につながる。漁家はこれを補うため，さらなる生産量の拡大を志向する。養殖業は，負のスパイラルが発生しやすい。

　浅く潮流の弱い海域で過密な魚類養殖を展開すると，食べ残しの餌や糞によって海洋汚染が引きおこされ，病害が発生する。結果，生産性が低下し，かつてはこれが自家汚染とよばれ「漁場の老化」とされた。有吉佐和子『複合汚染』（新潮社，1975）で取り上げられた薬漬け養殖魚は，過密養殖によって発生する魚病予防を目的とした薬品大量投与や，生簀の網に付着した生物除去のための防汚剤塗布による問題を指摘したものであった。現在は，食べ残しや餌の腐敗を極力減らすため，給仕量の最適化や，生餌からモイストペレット（MP）やドライペレット（DP）への転換が図られている。

　グローバル化が進むなかで，魚病問題も深刻となっている。カンパチなどは外国産の天然種苗に依存しているため，外国からの魚病伝染が心配される。

第3節　「魚介類養殖の技術」の教育目的

　「魚介類養殖の技術」に関する技術教育を構想しようとするとき，上述した

その社会的位置づけを踏まえた科学的認識，技能，技術観・労働観などを生徒たちに教える取り組みとして構想される。ここでは，それぞれについて概説する。

　ただし，教育目的を明確にするにあたって注意すべきこともある。魚介類養殖については，現今，水産物についての関心が高まっているために技術教育に位置づけるというものではない。魚介類養殖を含めた食料生産は人類の生活（物質循環）の一部であり，その生活を営むためのエネルギーを供給しているという視点から対象化される必要がある。農作物の栽培との相違点や，物質循環などの視点を抽出し，技術教育として構成していく姿勢が求められる。

　養殖業という経済活動は，閉鎖的空間（湾や入り江）で展開されるわけで，物質循環の視点はとりわけ重要になる。[9] 物質循環にかかわる問題としては，自然の再生能力を超えての資源収奪と利用の問題があり，これを魚介類養殖に引きつけるのであれば，天然種苗の乱獲や，養殖池構築に関わる沿岸域開発などがある。また，自然の浄化能力を超えた負荷をかけることでおこりうる問題として，餌を投入する給餌養殖における海洋汚染や，薬物汚染などがある。

　さらに，生産の社会化が進んでいる魚介類養殖の現実を押さえておきたい。給餌養殖では特に，分業と協業がすすみ，それぞれをインテグレーターとよばれる流通資本が有機的に組織化することで統合が図られている。地球規模の広がりをもった社会化の事例としては，カンパチ養殖が典型となる。種苗はほぼ全量が中国からの輸入で，餌料はチリなど南米を中心に水揚げされる多獲性魚種や北米などからの輸入穀物が用いられる。種苗は商社や漁業協同組合連合会，餌料は製粉会社や漁業協同組合などによって販路にのせられる。

　こうした実態を，具体的な現実世界とのかかわりで意識しなくては，教育目的を設定することはできない。現実世界との関わりのなかで明らかとされる「魚介類養殖の技術」の本質を伝えることで，魚介類養殖の技術の社会的性格や，技術と社会の関わりを正しく判断する力を育むことが求められよう。

第 1 項　魚介類養殖の科学的認識

　まず前提としては，魚介類養殖が資源問題を抱える日本および世界の漁業において安定的な食料供給体制に不可欠となっている現実があり，このことを科学的に可視化し認識できることが重要となる。生産統計を用いることや，実生活での養殖品の消費実態を意識させることで接近できる。そのうえで，生産物の品質や生産量が，飼養技術を核とする生産技術に加え，水質や水温，気象といった外部環境によって規定されることを理解する必要がある。

　より具体的な科学的認識に踏み込むと，魚介類養殖には，餌を与えるものとそうでないものがあり，前者の給餌養殖の生産技術には，① 種苗生産技術，② 餌料生産技術，③ 飼養技術がある。種苗生産技術は，親魚の漁獲や仔稚魚の初期餌料に関する技術などがある。天然種苗に依存している魚種では，安全性や防疫に関する技術が関係する。餌料生産技術には，もっぱら使用されている MP や DP の生産に関する技術がある。ここには，栄養素の管理・配合などが含まれる。飼養技術には，給餌の自動化，肉質改善や共食い抑制のための給餌の最適化，放尾数の適正化，喚水率の調整，加温や光条件などの飼養環境の制御などがあげられる。もちろん，養殖池や生簀の構築に関わる技術もある。

　一方の無給餌養殖の生産技術は，① 種苗生産技術と② 飼養技術に区分できる。種苗生産技術には，種苗の採取や育苗，種苗の保存などに関する技術がある。飼養技術には，曝気などの飼養状況の最適化や，採取の自動化，養殖環境に対応した施設・設備の構築に関する内容がある。

　外部環境についての認識では，既述した水質問題や温暖化問題，魚病問題に対する理解が重要となる。魚介類養殖の科学的認識に関する学習は，かかる一連の関係を理解できるようになることを目的に展開されることが大切になる。

第 2 項　魚介類養殖の技能

　魚類養殖であれば，まず孵化率に影響を及ぼす採卵・受精作業に関する技能にはじまって，高鮮度出荷を前提とした，活〆の技能までがある。貝類養殖であれば種苗の移植作業に関する技能などがあり，最後に収穫作業における技能

がある。いずれの養殖においても，途中の飼養に関しては，水温や水質管理の仕方，薬剤の適切な使い方がある。

よく知られているサケの採卵・受精作業では，雌の腹部を刃物を用いて肛門から腹部にかけて切開する。そして卵巣を圧迫して卵を採取する。この卵に，複数の雄の精子を中腹を絞るようにかけ，卵が損傷しないように撹拌する。少なくとも，刃物を扱う技能が求められる。活〆作業でも，刃物を使う。活〆は，魚類を瞬殺することで鮮度を保持する作業であり，水揚直後に神経（延髄）を切断したうえで脱血する。鰓の後方と尻尾の付け根に切り目を入れるのが一般的な方法となっている。さらに高度な技能を必要とするものに，針金を使って脊椎骨のなかを通る脊髄をも破壊するという神経抜きの作業もある。

なお，コンブやホタテガイなどの無給餌養殖であれば，生産者が製品化まで担うことが特徴となる。よって，製品化作業（水産加工）に関する技能を包含することも可能になる。貝類であれば，加工の初期段階で剥き身作業の技能が求められる。安全であることはもちろん，衛生的であることも大切になる。

第3項　魚介類養殖の技術観・労働観

魚介類を対象とした学習には，"生臭さ"が伴う。上述した魚類の採卵作業や活〆作業には，特に顕著となる。藻類や貝類の収穫作業も同様であろう。さらに，学習形態によっては，安全への十分な配慮が必要になることもある。しかしこれらは，漁業者の苦労を反映したものであり，日ごろ口にする魚介類が，漁業者の労働の結晶として供給されていることを知ることにつながる。

飼養途中，斃死に直面すれば，養殖が繊細な管理と作業を必要とすることを理解する。薬剤の使用では，生命を制御しようとすることの意味を考える。

また水産物は，国際商品であり食料資源であることから，国際的な視点で技術観を養う必要がある。種苗，餌料，成魚のいずれもが国際間で取引されているばかりか，争奪の対象となっている現実は知る必要がある。開発輸入が行われている魚種によっては，生産国の環境破壊をまねく。とりわけ，種苗問題は注目されてよい。多くの魚介類養殖では，いまだ完全養殖は達成されておらず，

天然種苗に依存している。天然資源への負荷を理解し，現段階での技術の限界を知ることも技術観として必要になる。技術観としては，かかる魚介類養殖の技術の社会的性格を正しく見極める力を育む必要があろう。

　一方で給餌養殖は，適正な管理により循環型産業となる可能性を有している。加工残滓を餌料として再利用する試みもある。無給餌養殖は，ホタテガイやカキといった二枚貝の濾過機能を活かすことで，環境保全に資する可能性がある。

　こうした養殖の普遍的機能を対象化することで，技術と社会のかかわり方，技術と社会のあり方を的確に判断できる力を育むことが求められる。

第 4 節　「魚介類養殖の技術」に関する実践づくり

　実践づくりの視点は，2 つある。ひとつは，期間や工程，作業量がもっとも多く，直接に生物を育てる部分となる飼養技術に注目し，このもっとも基礎的な労働過程をたどる方法がある。この場合，施設・設備を構築することは困難であることや，繊細な管理作業が必要であることから，学校内の授業で完結させることは難しい。漁業協同組合や水産試験場，水産科設置の高等学校などと連携し，魚介類養殖の特質および関連技能に接近させることが中心となろう。

　2 つには，あえて飼養技術を主題的に取り上げず，魚介類養殖における基礎的労働過程を，環境問題や食料問題を取り上げる実践のなかに位置づける方法がある。この場合，魚介類養殖の特質をあらわす一端を切り取り位置づける。

　前者の方法を採ったものには，職業・家庭科の実践として 1961 年から瑞木博氏（元北海道別海町立野付中学校）が展開した「浅海増養殖」の実践がある[10]。この実践は発展をみせ，サケなどの採卵実習，アサリの稚貝移植のほか，ホタテガイやサケの薫製づくりが行われたという。ただ，地域性や教育条件に規定されず，いかなる生徒も対象にできるように構想しようとすると，後者の方法が有効となる。取り組むべき指導事項として，次のような例をあげる。

第1項　魚介類養殖と南北間格差

　日本による各種エビの開発輸入は，養殖に対する見方を問うよい題材となることから取り上げたい。汽水域を養殖池として利用する場合，もとの自然に大きく手を加えることとなる。東南アジアでは，日本へのエビ輸出のため，自然の防波堤であり動植物の住処でもあるマングローブ林が乱伐された。村井吉敬『エビと日本人』（岩波新書）などの教材化は効果的といえよう。

　開発輸入は，飼養コストを吸収できる高価な魚種が対象となることも押さえておきたい。現状では，養殖が世界的な食料供給の逼迫に対する解決策とはなりにくく，購買力の乏しい食料不足に苦しむ地域で消費されにくい構造となっている。すなわち開発輸入は，発展途上国（生産地）から先進国（消費地）への魚介類流出と換言でき，南北間格差の一端を占める。フーベルト・ザウパー『ダーウィンの悪夢』（ジェネオン エンタテインメント）は，魚介類を介した途上国と先進国との関係を描き出した点で教材化の際に参考になろう。

　南北間格差という視点で教育実践を構想する場合は，映像や写真，具体的な統計などを媒介とした，小テーマを設定しての調べ学習が構想される。授業では，学習の成果を発表させ議論を深め，格差を背景に世界市場を駆け回る水産物の実相を実感が伴う方法で伝えることが大切になると考える。

第2項　魚介類養殖と環境問題

　環境問題として魚介類養殖を取り上げる場合，温暖化問題，赤潮・海洋汚染問題，外来種問題などのさまざまな角度からの取り組みが考えられる。

　温暖化については，海水温度の上昇による養殖適地の減少が指摘されている。沿岸域の開発によっても，養殖適地の縮小はつづいており，今後の生産量の推移は注視されたい。急速な養殖環境の変化は，生産構造の転換スピードを上回り，漁家と漁村の荒廃を招く危険性がある。温暖化による気象条件の悪化も深刻となっている。近年では，かつてなかった爆弾低気圧の発生，台風の異常な北上によって，養殖施設や生産物への被害も報告されている。2006年，北海道道南地域を襲った爆弾低気圧は，天然コンブが根こそぎ流されたばかりか，

養殖コンブ施設にも甚大な被害がでた。温暖化による冷水魚の北上もみられており，生息域や産卵域の変化・縮小が心配されている。

　海洋汚染は，養殖による自家汚染（漁場の「老化」）の他，陸上産業とのかかわりから学ぶことが有効となる。工場排水や家庭排水，農薬や酪農業から出される屎尿といった汚水の流入と赤潮の発生が，養殖場所を容易に変更できない魚介類養殖に，極めて深刻な影響を及ぼすことは大切な視点となる。

　外来種問題も生態系を破壊する点で環境問題に位置づく。明治期にもち込まれ，今では盛んに養殖されているニジマスやギンザケなど，生態系に深刻な影響を及ぼさない魚種もある反面，ブラックバスやブルーギルなどは，各地の湖や池で在来種を駆逐しており，生態系への影響は計り知れない。

　一方，無給餌養殖では，バイオデポジション（biodeposition）といわれる，その環境保全機能が注目される。ホタテガイやカキなどの二枚貝は，濾過食性動物であり，懸濁粒子を摂餌することで水質浄化に資する。湾内の富栄養化や，浅瀬・干潟の水質悪化を，貝類の濾過機能で浄化しようとする試みがある。

　この作用に注目することで，授業実践を構想することもできる。すなわち，二枚貝による濾過機能は，エアレーションを付けた小さな水槽を用意すれば教室でも再現できる。用意した水槽を一定期間放置し，有機物の発生で混濁するのを待つ。ある程度混濁したら，採捕した，または活魚として購入したホタテガイなどを投入し飼養することで，浄化の様子を観察することができる。

第3項　魚介類養殖の餌料問題

　給餌養殖は，人間が食料として利用しにくい資源を，人間の食料に換えることができる。カタクチイワシなどの多獲性魚種を，養殖業を迂回させることで高付加価値品に転換させている。給餌量や質の調整で，周年出荷も可能となる。

　しかし，餌となる多獲魚種には限りがあり，漁獲量の変動もある。高蛋白で栄養価の高い魚粉は，稚魚の飼養には不可欠であり，養殖生産量を伸ばそうとすれば，餌の争奪戦がおこりうる。魚類用餌料の全量が魚粉ではないことも問題を複雑にする。すなわち，魚類用餌料には比較的安価な小麦や大豆粕といっ

た穀物も利用されているため，畜産業とも競合関係にある。バイオエタノールの問題でも指摘されているが，人類の食料と競合しない原料による餌料生産や，プランクトンなどの自然発生する餌料の活用が求められている。

　餌料問題から教育実践を構想する場合，現実の世界では，粗放的養殖のひとつである施肥養殖が注目されていることは知っておきたい。施肥養殖では，家畜の糞などを造成した養殖池にまき醗酵させ，微生物を大量に発生させた状態で魚類を放ち養殖する。給餌ではなく，自然の有機物生成に依拠するもので，環境にやさしい。実際，発展途上国を中心に，世界の水産物養殖の半数程度が，いまだ古典的なこの方法で生産されているとされる。餌料問題がくすぶるなかで養殖による生産量を拡大し，世界の食料供給体制を安定させようとすれば，施肥養殖は無視できない。学校でも取り組める可能性があるだけでなく，食料問題を解決する可能性がある点で，施肥養殖は有効な実践例になりうるだろう。

　なお餌料問題は，種苗問題とも共通する部分がある。高い利益が見込まれるウナギやクロマグロなどの養殖では，天然種苗への依存が続いておりその資源は争奪の対象となっている。国内だけでなく，国境をまたいだ多国間でのルールや協調体制の確立，資源管理の方策などが求められていることを実践で伝えたい。

おわりに

　本章では，世界的に食料供給体制への不安が広がるなか，「魚介類養殖の技術」に関する科学的認識や技術観を普通教育の本質的な構成要素に位置づけるための検討を行った。その結果，「魚介類養殖の技術」に関する授業論を構想することを通して，漁業生産の世界的な広がりばかりか，海洋汚染などの環境問題や種苗・餌料の供給不安，高級魚介類への偏在による地域間格差などといった，食料生産にみられる普遍的な構造的課題を普通教育としての技術教育に位置づけられる可能性が確認できた。分析結果は以下の通りである。

　まず，自国の自給率という問題に限定することなく，世界の食料供給体制を

意識することの大切さがあった。世界各国における水産資源量の停滞と，スシなどの魚食文化の広まりは，魚介類の買い付け競争を激化させている。未利用物や市場価値の低い資源を吸収し，高付加価値化させる魚介類養殖が，こうした現状にあって小さくない意義を有する。しかし一方，養殖業が抱える問題もあった。海洋汚染といった環境問題だけではなく，種苗や餌料の供給不安や高級魚介類への偏在といった構造的課題である。ここにあって構想される教育実践は，少なくとも次の3つの視点をもつ必要があろう。

　ひとつは，グローバル化のなかに「魚介類養殖の技術」を位置づける視点であり，ここから，食料供給体制の脆弱性はもちろん，南北間格差は水産の世界でもおこっていることを子どもたちに伝えたい。経済力に起因する食料を引き寄せる力，すなわち購買力は，時として人や自然を傷付ける。魚介類養殖においても，傷付けられやすいのは，発展途上国の人びとや自然であった。このような視点を，「魚介類養殖の技術」で養う技術観の基礎に位置づけたい。

　2つは，物質循環の視点であった。種苗・餌料の問題はまさに自然の再生能力とのバランスで，そして海洋汚染や薬物問題は自然の浄化能力とのバランスで考えなければならなかった。すなわち，「魚介類養殖の技術」は，積極的に環境問題に位置づけることができるのである。実践例として，二枚貝のバイオデポジションを取りあげたけれども，この他にも水温の上昇が魚介類に及ぼす影響を，摂餌率や成長率で確認する実践も，環境問題と「魚介類養殖の技術」との関係を実感的に納得させるのに効果的だろう。漁業者による森林整備や，酪農家などと協力しての汚水浄化の取り組み例から，環境問題へのかかわり方を伝えることもできる。「魚介類養殖の技術」は，グローバルな視点からも，ローカルな視点からも実践を構想できる。

　3つは，「魚介類養殖の技術」の未来への視点であった。種苗や餌料の確保について課題を指摘したけれども，他方で魚介類養殖は，クロマグロの完全養殖成功や，ウナギの産卵場所発見などの明るい話題もある。「魚介類養殖の技術」は，人類が直面している食料問題への解決策を提供しうるものであるとの認識は，未来の主権者に技術を選択する能力をさずけることにつながる。

しかし，みえてきた課題も多かった。実際の学校教育の現状を踏まえること
や，従来の実践との関係などを表出させることができなかった。教材論などを
構想することも十分ではない。今後は，全国でこれまで取り組まれてきた水産
に関する授業実践を丁寧にたどり，これらの課題を解決していきたい。

付記：本章は，拙稿「中学校技術科の学習内容に『魚介類養殖の技術』を位置づけ
るための理論的枠組み—水産経済学を援用した教材化への試みとして—」『産業教
育学研究』日本産業教育学会 40巻1号（2010）に加筆・修正をしたものである。

注
1) 河野義顕・大谷良光・田中喜美（1999）『技術科の授業を創る—学力への挑戦—』学文
社 pp.221-262。なお本章は，この他の部分でも同書を参考とした。とりわけ，環境
問題や技術科の授業論については多くを学んだ。
2) 文部科学省（2008）『中学校学習指導要領解説技術・家庭編』教育図書 p.29
3) この他，水産に関する記述は「生物育成に関する技術を利用した栽培または飼育」に
関する学習の解題や，農林水産業の多面的機能に言及した「生物育成に関する技術の適
切な評価・活用」にみられる。「病気や害虫」や「外来の生物」といった農作物，水産
物の双方に当てはまる言葉も散見される。
4) 川島利兵衛他（1997）『改訂版新水産ハンドブック』講談社 p.341
5) 金田禎之（1992）『和英・英和総合水産辞典』成山堂書店 p.591
6) 前掲書『改訂版新水産ハンドブック』p.341 および，水産百科事典編集委員会（1983）『水
産百科事典』海文堂 p.300
7) 同上『改訂版新水産ハンドブック』p.341 および，同上『水産百科事典』p.488
8) 給餌養殖はさらに，海面，内水面，陸上とで区分される。海面では築堤式や網仕切式，
小割り式がある。築堤式ではクルマエビ養殖などが行われている。内水面では，ため池
や水田，人工池などを利用したものがある。コイやニジマスの養殖が内水面では盛んと
なっている。流水式の陸上養殖としては，ヒラメかけ流し養殖などがみられる。無給餌
養殖には，天然環境をそのまま利用する方式と人工構造物を設置する方式がある。前者
としては，地まき式があり，ホタテ地まき養殖が北海道のオホーツク海沿岸で盛んに行
われている。後者には，ひび建（竹ひび式や網ひび式）や垂下（いかだ式，はえ縄式），
浮流しの各方式がある。ノリひび建養殖，カキ垂下式養殖，ノリ浮流し養殖などが実用
化例としてあげられる。
9) 物質循環と技術教育の関係については，田中喜美（2006）「環境問題と産業教育」日本
産業教育学会『産業教育学研究』36巻2号 pp.1-8に学んだ。
10) 瑞木博・高嶋幸男「根室管内の水産教育（Ⅰ）」北海道教育大学学校・地域教育研究支
援センターへき地教育研究支援部門（1995）『へき地教育研究』第49巻 pp.72-76

第11章

東京都北区立中学校技術教室の改築過程を通してみる普通教育としての技術教育の実習施設の整備に関する現状と課題

坂 口　謙 一・橋 本　慎太郎

はじめに

第1項　本章の目的と背景

　中学校の技術・家庭科の技術分野，すなわち技術科のうちの必修教科の部分は，制度上，日本におけるすべての子ども・青年を対象とした普通教育としての技術教育を担う唯一の教育組織である。世界的視野でみると，UNESCO やILO の勧告・条約により，普通教育としての技術教育は，学校内における専門的な技術・職業教育，および学校外の公共職業訓練などと同じく，「技術・職業教育・訓練（Technical and Vocational Education and Training：TVET）」の一部とされている。[1]

　この国連の勧告・条約によれば，普通教育としての技術教育では，「技術および労働の世界への手ほどき（an initiation to technology and to the world of work）」としての実習が，不可欠な教育活動として位置づけられる。また，2008 年の中学校学習指導要領改定により，技術科では，すべて必修の「A　材料と加工に関する技術」「B　エネルギー変換に関する技術」「C　生物育成に関する技術」「D　情報に関する技術」の4つの単元が新設された。これら広範な内容の4単元では，各々実習を行う必要があるので，そのための実習施設の確保・整備を疎かにすることはできない。

　技術科の特別教室，すなわち技術教室は，この実習施設の中核的存在である。技術教室とは，技術科の授業で専ら使用することを原則とした特別教室のことであり，一般に準備室も含まれている。技術教室という用語は，「義務教育諸学校等の施設費の国庫負担等に関する法律施行令」や後述する文部科学省「中学校施設整備指針」などで使用されている公式の行政用語である。学校当事者らは，この施設のことを「技術室」とよぶことが少なくない。

　こうした重要な役割を担う技術教室は，近年，全国的に転機を迎えているとみうけられる。技術教室を含む中学校校舎は，老朽化や耐震補強のための大がかりな改築が進められている。学校の統廃合による校舎の新築・改築も目立つ。こうした校舎の新築・改築の一環として技術教室の新築・改築が行われた場合，新たな技術教室はその後30年近くにわたり当該校の技術科の中核的な実習施設として運用されていくことになる。

　しかし，通常，技術科の普通免許状を有する専任の担当教員は各学校に最大で1名配置されているに過ぎず，なかにはこうした正規教員をまったく欠き，非常勤や免許外の教員のみに技術科の授業を任せている学校も少なくない。同時に，国の教育課程基準による技術科の標準授業時数が，依然として少なく抑えられたままである。転機を迎えている技術教室を取り巻く情勢は厳しい。技術教室に関する教育条件が悪化するおそれがある。

　技術教室に限らず，特別教室に関する教育学は遅れている。このため，各中学校において技術教室が実際に建築される過程を集中的に調査・分析した研究は知られていない。たとえば，技術教育研究会 (2010) は，技術教室の現状調査を含む，技術科の教育条件整備に関する数少ない近年の研究のうちの代表的存在である。しかし，この研究においても，技術教室の建築過程については対象化されていない。なお，教育条件とは，施設・設備・教材などの物的条件，担当教員の資格や配置などの人的条件，それらに関する財政措置という，相互に密接に関連する3側面から成る。

　本章は，こうした問題状況に鑑みて，公立中学校の技術教室の建築過程に焦点を当てるものである。そして，ケーススタディの手法により，この建築のプ

ロセスを，基本的な図面の作成過程に着目して調査・分析し，その特徴と今後の課題を明らかにすることを目的としている[3)4)]。

　本章で対象とする公立中学校とは，東京都北区立の中学校である。選定理由は後述する。また，本章で着目する技術教室の基本的な図面とは，設置場所，部屋数，面積，内部機能（作業台，什器，工作機械の配置など）を概括的に読み取ることができる図面のことである。

第2項　研究の方法

(1)　対象とする地域の設定

　本章では，上述のように東京都北区立中学校を調査・分析の対象とする。北区は，木造から鉄筋コンクリート造への校舎の改築に，東京都23区のなかでもいち早く着手した地域である[5)]。このため，区立小・中学校については，1960年代から1970年代にかけて建築された校舎が多く，筆者らが調査に着手した2013年度現在で区立小・中学校の施設面積のうち築後40年以上を経過しているものが約70%を占めていた。

　こうした状況の下，北区では，2005年から区全体で中学校校舎の大型改修工事が進められており，2013年度時点で，計12校の区立中学校のうち半数の6校の改築が終了していた。

(2)　対象とする中学校の限定

　本章では，2013年度時点で改築が終了していた6校の中学校のうち，A中学校に焦点を当てる。A中学校は，最初に改築が終了した学校であり，改築直後の学級規模は12学級であった。「義務教育諸学校等の施設費の国庫負担等に関する法律施行令」に基づくと，学級数からみた同校の学校規模は「適正」である。A中学校は2005年度に発足した。同校の新校舎は，後述のように前身校を改築して建設された。

(3)　調査・分析の方法

　本章では，大きくは次の3つの方法により，A中学校の改築過程を調査・分析する。

　第1に，A中学校に現在勤務している教職員に対する聞き取り調査を行う。

　第2に，改築当時の北区教育委員会の学校改築担当者，および，後に述べるように改築校舎の設計を担当した民間の設計会社の担当者に聞き取り調査を行なう。当時の北区教育委員会の学校改築担当者は，本調査現在，A中学校において事務職員として勤務していた。

　第3に，学校設置者としての北区などが作成した関係文書を調査・分析する。本章で主に利用した当該文書は，大部分が北区のウェブサイト（http://www.city.kita.tokyo.jp）から入手可能である。

第1節　北区立学校改築の基本方針

第1項　技術教室に関する国の設置基準

　まずは前提的な問題として，技術教室に関する国の明確な設置基準が存在しないことについて，以下に概要を述べる。

　「高等学校設置基準」「大学設置基準」など，「学校教育法」で定める学校の設置基準は，各学校の設置に際して，監督官庁がその認可を与える場合の最低基準を定めたものである。しかし，小学校と中学校については，長らく設置基準が制定されず，2002年に初めてこれらの設置基準が策定された。

　このうち中学校に関する「中学校設置基準」は，「中学校を設置するのに必要な最低の基準」を定めたものである。同法では，特別教室については，「校舎には，少なくとも次に掲げる施設を備えるものとする」と定めた第9条中の「1　教室（普通教室，特別教室などとする。）」とされているのみである。

　こうした法制度の下，中学校の特別教室については，1992年以降，文部科学省大臣官房文教施設部が策定した「中学校施設整備指針」による「留意事項」に配慮することが求められている。この「中学校施設整備指針」（最新版は2014年改定版）では，「技術教室」について，「『木材加工』，『金属加工』，『機械』，『電気』などの各領域について適切な組合せにより空間を区分して計画することが望ましい」などの6つの「留意事項」が示されている。

第2項　北区立小・中学校の改築への着手

北区は，2003年7月，「学校改築計画の策定にあたり，必要な事項について調査・検討し，もって事業の円滑な推進を図ること」を目的とした「北区立小・中学校施設のあり方検討委員会」を設置した（以下，「あり方検討委員会」とする）。[6]

2004年3月，「あり方検討委員会」は，「報告書」を教育長に提出した。北区教育委員会は，この「報告書」に基づいて，学校設置者として校舎の改築に臨む基本的な考え方を整理し，2005年3月に「北区立小・中学校整備方針」を策定した。この「整備方針」は，その後2013年3月に一部改訂版が作成されている。

第3項　北区立小・中学校施設のあり方検討委員会の活動

「あり方検討委員会」は，学識経験者，区議会議員，地域の代表者，小・中学校のPTA会長，区民団体代表，小・中学校校長会会長，北区地域振興部長，北区子ども家庭部長，北区教育委員会から構成されていた。この「あり方検討委員会」は，2002年11月の東京都北区立学校適正規模等審議会による「第2次答申～自己革新し続ける新しい学校を目指して～」の意図する新しい学校像をふまえながら，「区立小中学校のこれからの施設のあり方について」と「改築にあたっての基本的な考え方について」の2点を重点的に検討した。

第4項　特別教室の改築方針

「あり方検討委員会」が重点的に検討した上の2点のうち「区立小中学校のこれからの施設のあり方について」では，特別教室に関して，次の4つのことが取り決められた。[7]教室の稼働率や多用途化など，いわゆる施設の有効利用の観点が強い。「① 特別教室は各教科の特性に応じて高機能な設備を設けることが必要である。② 自主的な活動を導く特別教室とするためには，従来の各教科単独型の特別教室から，利用時間の少ない教科などを一緒に利用できる教室づくりや，準備室，付属室などのまとまりある計画が考えられる。③ 実験室などの準備，資料などの作成，教材・教具の収納・保管の場としての準備室を

特別教室に隣接させると共に，作品の展示スペースを確保する必要がある。
④ 各教科における多様な学習形態に弾力的に対応できるよう多目的スペース
と連携させる計画も有効である」。

　「あり方検討委員会」が重点的に検討したもうひとつの事項「改築にあたっ
ての基本的な考え方について」に関しては，討議の結果，「基本構想」「基本計
画」「基本設計」「実施設計」の各段階の検討内容に応じて，関係者の幅広い参
加を求めることが取り決められた。また，対象学校の児童・生徒，保護者，行
政などの関係者や地域住民の意見を施設整備に反映させるため，「基本構想委
員会」を設置し，広く情報を公開し，アンケートやヒアリング，「ワークショ
ップ」などを行うことも取り決められた。

　「あり方検討委員会」の討議の過程では，改築校舎の設計業務を外部委託す
る際の設計者の選定については，「入札方式やプロポーザル方式等」が検討され，
「個別の施設整備計画の諸条件に応じて検討の上，質の高い学校施設を目指す
ように，設計者を選定することが重要」とされた。

第5項　北区の「学校整備」方針

(1)　北区立小・中学校整備方針検討会の活動

　北区立学校の改築に関する方針は，このような「あり方検討委員会」の活動
と「報告書」に基づいて，「北区立小・中学校整備方針検討会」(2004年設置。
以下，「整備方針検討会」)が策定し，2005年3月に北区教育委員会「北区立小・
中学校整備方針」として公表された。この「整備方針検討会」では，「すべて
の区立小・中学校の改築を対象」として，「学校改築するにあたり，共通して
考慮すべき事項，整備のすすめ方，施設の構成，整備の留意点等を明らかにす
る」ことが役割とされた。その後「北区立小・中学校整備方針」は，前述のよ
うに2013年3月に改訂版が策定されているが，本章で注目することについて
は2005年版と2013年版との間に大きな違いはない。

　「整備方針検討会」は，北区教育委員会，企画部企画課長，総務部営繕課長，
小・中学校長会会長，小・中学校長から組織され，今後取り組むべき学校施設

の整備について，3つの目標を取り決めた。すなわち，①「基礎的・基本的な学力の定着と個性を伸ばす教育環境の整備（学習空間の充実）」，②「安全とうるおいをもたらす施設環境の実現（生活空間の充実）」，③「北区学校ファミリーの推進と地域スポーツ活動，コミュニティの拠点としての施設整備（地域との連携の充実）」の3つである。このうち中学校の特別教室については，①の目標に関して，「従来の普通教室を基本に，特別教室等を充実させる方式の導入」を目指すとされた。

(2)　改築の工程

北区教育委員会は，学校施設の計画的な整備を実施するにあたり，校舎の改築については，①「基本構想・基本計画」→②「基本設計」→③「実施設計」→④「工事」の4段階に分けて工程を組むという基本方針を決定した。これらの各段階においては，「児童・生徒，教職員，保護者，地域住民等」の「関係者」の意見聴取が重要視されている。

①「基本構想・基本計画」は，「関係校を中心とした委員会」を組織し，「施設設備の基本方針」「計画条件」「施設構想」について調査・検討する段階である。具体的には，学校を改築するにあたってのコンセプトや方針の決定，法規制や諸条件の確認，施設規模配置計画の立案などが行われる。

②「基本設計」は，①「基本構想・基本計画」での決定などをうけて，実際的な設計などを行う段階である。この②「基本設計」段階では，具体的には，「必要諸室を盛り込んだ平面計画，断面計画，立面計画の作成」「耐久性に配慮し，機能にあった内部・外部仕上げ計画の作成」「将来の改修にも対応できる構造計画の作成」「情報化に対応し，環境と調和のとれた学校施設とするための設備計画の作成」が行われる。設計者は，官公庁施設と同様，課題解決型の総合設計「プロポーザル方式」により民間から選ぶことが取り決められた。

③「実施設計」は，②「基本設計」に基づき，「より細部の検討を行い，設計に反映させる」段階である。本章で注目しようとする，技術教室を含む改築校舎の基本的な図面は，この③「実施設計」段階で作成された。

⑶ 技術教室の改築の基本方針

前述した2005年の「北区立小・中学校整備方針」では[13]，中学校の「施設構成」は，「普通教室」「新世代学習空間」「特別教室」「その他」の4つから成るものとされた。技術教室（「技術室」）はこのうちの「特別教室」のひとつに位置づけられている。

技術教室が満たすべき要件としては，次の6つが取り決められている。「① 技術室には準備室を設ける」「② 創作系ブロックに配置する」「③ 電動機械作業室を設ける（美術室と隣接させる）」「④ 作品展示スペース等を設ける」「⑤ 地域利用を想定し，開放ゾーンとしての配置を考慮する」「⑥ 工作機械等の騒音，振動，ほこり等が，他に影響のないように配慮する」である[14]。

また，こうした技術教室の要件については，校舎の改築全体に関わる「施設構成の基本的な考え方」が策定されており，このうち技術教室を含む特別教室に直接的に関係する内容としては次のことが取り決められている[15]。「⑴ ホームルームとなる普通教室を配置し，特別教室や多目的室などを使用する授業以外は，各学級の教室で授業を行うことを基本とする」「⑵ 特別教室を集約配置するとともに，教科ギャラリーを設置する。各教科の学習環境の質を高め，生徒の主体的な学習を促す環境づくりを行う」「⑷ 各諸室は，大きさや整備を工夫し，用途や目的に応じて使い分けできるようにする」。

第2節　技術教室の改築の実際─区立A中学校の事例─

第1項　新校舎の建築の経緯

A中学校は，a中学校とb中学校の統廃合により，2005年4月に発足した。新校舎は，a中学校の校舎を改築して建てられたものであり，改築工事は2008年度に竣工，2009年4月から新校舎の利用が始まった。前述のように，この新校舎は，近年における北区立中学校の改築の最初の事例である。北区にとって約30年ぶりの校舎の改築だったため，当該校と北区教育委員会のなかに改築経験者がいないいわば白紙の状態からの作業であった[16]。新校舎の建設が完了

するまでの間は，ｂ中学校の校舎が利用された。

第2項　改築の工程

A中学校の新校舎の建設（ａ中学校の校舎の改築）は，前述した北区教育委員会の決定どおり，①「基本構想・基本計画」→②「基本設計」→③「実施設計」→④「工事」の順序で段階的に進められた。

第3項　第1段階「基本構想・基本計画」の取り組み

A中学校の新校舎の建設では，①「基本構想・基本計画」段階において「基本構想計画検討委員会」が組織された[17]。「基本構想計画検討委員会」のメンバーは，北区教育委員会，学校当事者（校長，副校長，主幹），地域住民代表者（町会長，自治会長，PTA会長，副会長，役員），北区議会議員などで構成された。換言すれば，この「基本構想計画検討委員会」には，特別教室を運用する各教科の担当教員は，正規委員としては組織されなかった。

この「基本構想計画検討委員会」などでは，数回の「ワークショップ」での意見聴取や学校教職員・生徒・保護者に対するアンケート調査が行われ，これらの結果に基づいて，新たな中学校建設では，「学校と地域の調和と絆」を目指した「つながる」が「メインコンセプト」になった[18]。また，この①段階では，各教科の教員の意見については，校長が当事者から聴取し，校長を通して「基本構想計画検討委員会」へ持ち込まれた[19]。

第4項　第2段階「基本設計」の取り組み

次の②「基本設計」では，最初に，改築校舎の実際の設計を担う民間の設計会社が取り決められた[20]。設計会社の選定については，「プロポーザル方式」が採用された。この選定作業は，北区教育委員会事務局学校改築施設管理課が担当し，2段階審査方式で実施された。第1段階審査は，各設計事務所の「参加表明書」に基づく審査が行われた。その結果，約30社のなかから4社に絞られた。第2段階審査は，各社の「技術提案書」に関する審査とヒアリングが実

施された。その結果，株式会社安井建築設計事務所がA中学校の設計を担当
することになった（以下，安井設計事務所とする）。「プロポーザル方式」による
公募から設計会社の最終決定まで，約4ヵ月を要した。

　安井設計事務所は，まず「ブロックプラン」を作成した。「ブロックプラン」
とは，改築校舎の全容を記したものであり，校舎の全体構成，諸室構成などに
関する計画であった。

　また，「ブロックプラン」の作成のため，関係者から意見を聴取する「ワー
クショップ」が3回開催された。この「ワークショップ」には，安井設計事務
所と学校関係者など（校長，主任，PTA代表者，近隣の町会長，その他）が参
加している。安井設計事務所は，この「ワークショップ」において出された意
見を参考にしながら，北区総務部営繕課と相談の上，「ブロックプラン」を取
りまとめた。

　最後に学校改築施設管理課が，最終的に仕上がった「ブロックプラン」を区
議会に提出し，承認をうけて，次の③「実施設計」段階へ進んだ。

　以上の①「基本構想・基本計画」段階から②「基本設計」段階までに約1年
を要した。

第5項　第3段階「実施設計」の取り組み

　続く③「実施設計」において，安井設計事務所は改築校舎の基本的な図面を
作成し，最終的には詳細な完成図面にまで仕上げる一連の作業を行った。[21]

　技術教室などの特別教室に関する基本的な図面の作成については，安井設計
事務所と各教科の担当教員および教育委員会との話し合いを通して進められた。
言い換えれば，特別教室を運用する各教科の教員は，この③「実施設計」段階
において設計会社に対し直接意見を提起することができた。ただし，当該教員
の意見が図面に反映されるためには，教育委員会の承認が必要とされた。

　筆者らが調査した技術教室に関する基本的な図面には，技術科教員が鉛筆で
記した工作機械や机の配置などに関する書き込みが認められた。

　これらの③「実施設計」段階での作業に約1年を要した。

第6項　改築後の新しい技術教室

　A中学校の完成した新しい「技術室」（準備室を除いた技術教室の本体部分）は1部屋で構成されており，準備室が1部屋付設されている。「技術室」を1部屋にしたのは，技術科の専任教員がひとりであること，および「管理上の問題」が大きな要因となっていた[22]。技術教室の本体部分を1部屋で構成する方式は，改築前のa中学校と同じであった。

　「技術室」と準備室は校舎の3階に配置されている。「美術室」が隣接されており，「技術室」と「美術室」は「特別教室ブロック」のうちの「創作系」に位置づけられている。

　「技術室」と付設の準備室を合わせた面積は約160㎡である。普通教室の基準面積が72㎡であり，この約2.2倍の広さである。ただし，①「基本構想・基本計画」段階では，「技術室」は「電動機械作業室」と合わせて普通教室の3倍の面積を有するものとされていた。このうちの「電動機械作業室」は，同じ①段階では「美術室と隣接させる」ことが予定されていた。しかし，実際には「電動機械作業室」は建設されず，「技術室」内部の後方に「電動機械作業スペース」が設けられ，いくつかの電動工作機械が設置されることになった。

　「技術室」の横幅は普通教室と同じとされたため，縦に長い構造となり，「技術室」を廊下側からみると，普通教室に近い教室であることがわかる。

おわりに

　本章は，公立中学校の技術教室の建築過程に焦点を合わせ，東京都北区を事例として，その建築のプロセスを基本的な図面の作成過程に着目して調査・分析し，その特徴と今後の課題を明らかにすることを目的とした。

　本章の個々の解明点に関する概括的な整理は別稿に譲ることとし[23]，以下においては，普通教育としての技術教育の実習施設の整備に関する今後の課題について要点を述べ，まとめとしたい。

　筆者らが今回の調査を通して特に注目したことは，技術教室は，技術科の授

業，特に実習において不可欠な場所であるにも関わらず，建築の際，技術科教員の意見・要望を取り入れるための組織的・制度的環境が整えられているとはいい難い現状が認められたことである。技術教室を含む中学校の特別教室に関する国の設置基準が事実上存在しないことと相俟って，実際上の管理・運営責任者である技術科教員の意見を組織的に活かすための制度的環境の貧困さが，その主要因のひとつになっていると考えられる。A中学校の技術教室の建築の事例は，手荒にいえば，場当たり的な印象が強い。

　本章は，公立中学校の技術教室の建築過程に関する初発的なモノグラフである。このため，本章の分析結果については，他の行政地域・学校設置者に関する同様の事例的研究を積み重ね，相互に比較検討してその意味を解明することが不可欠である。ただし，筆者らの予備的調査によれば，本章で明らかにした東京都北区の状況は，他の行政地域・学校設置者についても概ね該当するのではないかと推測される。筆者らが今回実現できなかった教育委員会に対する調査を含めて，このことに関する検討は，他日を期したい。

　技術教室は一度建築されると通常その後30年近くは大きな変更は行われない。また，公立中学校の場合，各校の技術教室は，数年毎の人事異動により，使用する教員が入れ替わる。技術教室はさまざまな技術科教員のニーズにも応える必要がある。

　これらのことをふまえると，技術教室の建築に関し技術・職業教育の専門的知見を組織的に活用するための仕組みづくりが求められているといえる。

　具体的には，技術教室を含む各教科の特別教室に関する公的基準の策定・整備のみならず，むしろ，技術科の担当教員集団，民間教育研究運動団体，関連学会などが自主的に技術教室の標準を考案することや，技術科の教員養成および現職教育・研修において，技術教室を中核とした，技術科の実習施設に関する諸事項を取り扱うようにすることは，実現を求めるべきであろう。

注

1) UNESCO and ILO (2002) *Technical and Vocational Education and Training for the*

Twenty-first Century.

2) 技術教育研究会技術教育の教育条件整備検討委員会編（2010）「技術の学力を保障するための教育条件整備」『技術教育研究』　別冊4

3) 本章は，橋本慎太郎・坂口謙一（2016）「普通教育としての技術・職業教育の実習施設の整備に関する現状と課題―東京都北区立中学校技術教室の改築過程を事例として―」『職業能力開発研究誌』第32巻1号（印刷中）を一部改めたものである。

4) 旧学制下の技術教育の特別教室について，本章と同様，校舎の図面に着目した研究として，坂本和貴・坂口謙一（2015）「近代日本の普通教育課程における技術教育の特別教室に関する研究―1920年代の『復興小学校』の事例を中心に―」『日本産業技術教育学会第27回関東支部大会（山梨）講演要旨集』日本産業技術教育学会関東支部　pp.67-68がある。

5) 北区教育委員会（2014）『北区立小・中学校改築改修計画』北区教育委員会事務局学校改築施設管理課改築事業係　pp.1-4

6) （2003）「参考資料1　北区立小・中学校施設のあり方検討委員会設置要綱」文教施設協会編（2004）『北区立小・中学校施設のあり方検討委員会　報告書』収録。

7) 同上　p.14

8) 同上　p.26

9) 北区教育委員会（2005）『北区立小・中学校整備方針』「はじめに」北区教育委員会事務局庶務課施設係　p.1

10) 同上　pp.1-4

11) 同上　p.2

12) 同上　pp.5-6

13) 同上　pp.9-12

14) 同上　p.11

15) 同上　p.9

16) 北区教育委員会・北区教育研究会・北区立中学校事務職員会編・発行（2010）『平成21年度　学校事務研究紀要』p.5

17) A中学校に対する2014年9月24日の聞き取り調査による。

18) 同上の他，北区・安井建築設計事務所他編・発行（発行日非記載）「王子小学校及び王子桜中学校新築工事」パンフレット

19) 前掲17)

20) 同上

21) 同上

22) A中学校に対する2014年8月19日の聞き取り調査による。

23) 橋本慎太郎・坂口謙一　前掲書

第12章

自信を育てる機械加工実習の可能性

―工業高校機械科における技能向上と自信の育成に関する教育実践報告―

辰 巳 育 男

はじめに

　本章では，工業高校機械科における生徒のものづくり技能の向上が生徒を成長させる大きな要因になっていることの実証を試みる。筆者は，12年間にわたる都立工業高校機械科における実践のなかで，実習の教育力の高さに注目し教育活動を行ってきた。そうした経験上，工業高校の教育活動のなかで実習などの技能習得の機会と技能向上が，生徒の自信を涵養し，工業高校の高い就職率や生徒・保護者の満足度を保証してきた要因であることを実感している。

　工業高校機械科で行われる実技を伴う実習系の授業は，「工業技術基礎」「課題研究」「実習」の3科目が一般的であり，前2科目が必修となっている。これらの3科目はほとんどの工業高校機械科で実施されており，2006年の長谷川雅康らの調査[2]によれば，単位数と実施学年は，「工業技術基礎」3単位(1年次)，「課題研究」2〜3単位(3年次)，「実習」6〜9単位(2・3年次)で実施されることが多い。同調査では1976年から調査を行い，①工業高校における実習系科目の単位数縮減や，②機械科における実習内容を実習分野と実験分野に区別し，実験分野の大幅な縮減を指摘してきた。この指摘を言い換えるならば，工業高校の機械科において，実習時間の縮減という厳しい状況のなかでも，実習分野は重要分野として時間数の確保に充てられていたと考えることができる。

　また，同調査を基に，「工業技術基礎」「実習」での一般的な実習内容を概観すると，「工業技術基礎」は1年次で実施され（カッコ内は実施割合），旋盤作業の解説（88％），旋盤チャック作業（73％），ガス溶接（48％），アーク溶接（50％），手仕上げのやすり仕上げ（68％），けがき作業（67％）などの基礎分野を学習する。

　2年次になると「実習」となり，立フライス盤（65％）や横フライス盤（47％）などの新たな工作機械に加え，旋盤のチャック作業（77％）やアーク溶接（62％）ガス溶接（53％）などの分野の技能をさらに向上させる。それに加え実験分野として引張試験（45％），硬さ試験（37％）が実施される。

　3年次になるとCAD実習（55％）やマシニングセンタ（67％），ガソリンエンジンの分解・組立（60％），ガソリンエンジンの性能試験（45％）などが実施される。1年次で基礎的な内容を学び，その基礎の上に応用・発展的な技能分野と実験分野を構成している。

　本章での研究内容と照らし合わせ注目したいのが，旋盤や溶接といった技能が中心となる項目の実施率は，他の分野に比べ高く，技能面を重視した実習内容が精選されていることが予想できる点である。本章では，実習で身に着けた基本技能の上に，学級運営でのものづくりや，旋盤検定への挑戦，課題研究での製作を行うことでさらなる教育効果を得られ，それは生徒の労働観・技術観を育み，自信を育てることにつながっていると仮定する。

　本章では，筆者が7年間勤務した東京都立田無工業高等学校[3]（以下，田無工とする）[4]での取り組みを紹介し，生徒や卒業生の感想をもとに，実習における技能習得による生徒の成長を報告する。対象とする実践は，①クラス運営における技能向上の実践，②課題研究における実践の2点である。前者はクラス担任をした生徒の文化祭での成長の過程であり，後者は生徒が毎年入れ替わるなかで，ひとつの授業を5年間継続して担当した定点的な実践である。

第1節　クラス運営における技能向上の取り組み

　田無工では入学時のクラスから担任も生徒も変更なく3年間を過ごすシステ

ムを取っており，筆者も 2010 年 4 月の入学から 2013 年 3 月の卒業まで機械科のクラス担任を担当した。そのなかで，担任クラスの「工業技術基礎（1 年次，手仕上げ）」「実習（2 年次，旋盤）」「課題研究（3 年次，旋盤・フライス盤）」を担当し，2 年次の文化祭では，旋盤による指輪製作とホワイトメタルによるベーゴマの鋳造体験を実施した。担当する実習系の授業のなかでも，常に技能の向上について意識をし，教授内容を考えてきた。それらの通常の授業内容に加え，文化祭での実習的なものづくりの体験が生徒に大きな影響を与えていた。以下に 2012 年 10 月に実施した文化祭での取り組みを紹介する。

　通常の教育課程内の実習では，一定の時間のなかで効率よく，安全に基本技能を身に着けさせることに重点が置かれている。また，作業の基本単位は個人であり，自身の技能向上が目的となっている。これに対し，文化祭での取り組みは，クラス単位によるものであり，製品の企画，設計，材料調達，試作，（大量）生産，販売といった現実の「ものづくり」の現場と近い実践を行うことができる。このメリットを活かせるように，「できるだけ生徒の工夫を尊重する」「十分に時間をかけて準備を行う」という点を重視し，実践を行った。

　クラスの生徒を「旋盤班」「鋳造班」「広報班」「接客班」に分け，特に「旋盤班」と「鋳造班」は，販売する製品づくりや体験の練習のため，ほぼ 3 週間毎日，放課後に実習着に着替えて準備を行った。

第 1 項　放課後の工場から生まれるヒーロー

　旋盤の授業では，決められた時間内での一定の技能の獲得を重要視するため，個々の技能の差が大きくあらわれない製作課題を設定することが一般的である。けれども，自分たちで工程を考えると，工程を考えることのできる生徒，精度の高い切削を行える生徒，教えるポイントを的確につかむ生徒など，いろいろな新たな面を生徒たちは互いにみつけ，それらの生徒に尊敬のまなざしを与えていく。それは，生徒にとってはヒーローと同じくらいかっこいいものに映っているようである。「あいつの旋盤にはかなわない」「これの削り方を教えて」といった会話を交わしながら，技能や技術に対しての態度を涵養しているよう

に筆者には感じられた。これまでの授業のなかでは，課題を製作するだけで精一杯だったものが，繰り返しつくり続けることで技能への尊敬や向上心が，生徒個人のなかに生まれる。そして，周囲の仲間と製作にあたることで，技能を大切にする雰囲気がクラス全体に醸成されると筆者は考える。

　なかでも特に尊敬を浴びていたのが，ずっとベルトサンダーを使ってベーゴマの研磨を行っていた HT 君である。彼は本当に目立たず，勉強やスポーツで目立つことがまったくなかった。けれども，彼は放課後も文化祭当日も，黙々と製品をひとりで磨き続けた。その作業がいかに大変か，また，製品のできに大きく影響を与えることを知っている生徒たちは，彼の頑張りを認め，尊敬していた。そのため，文化祭の最終日に筆者が一番頑張った生徒に最後の一本締めを頼んだところ，満場一致で HT 君が推薦された。「ものづくり」を通して，クラスのヒーローとなり，自信を身に着けたのではないかと考える。

第2項　分業生産から学ぶ「協働性」と「全体の技能向上」

　今回の企画では，販売を行うため，ある程度の数を製作しなければならない。大量という言葉はおこがましい 50 個だが，ひとりがひとつつくる旋盤の授業とは違う体験をすることができた。また，効率をあげるため，作業を分担することで技能への新たな見方を身に着けることができた。

　指輪を旋盤でつくるためには，端面切削，穴あけ，中ぐり切削，総形バイトによる曲面切削，切り落とし，面取りといった多くの作業があり，ひとつでも十分でないと製品の品質が落ちてしまう。そのことを理解したうえで，作業にあたると，それまで以上の集中力を発揮することに気が付いた。「仲間が前段階の作業をしっかりこなしているから自分も頑張る」「もっとうまく削って仲間をおどろかそう」といった感情や雰囲気が工場を明るくし，多くの言葉を交わすわけではなくても，「協働」による相互理解が進んでいった。また，仲間と作業を進めることで，あきらめない気持ちやより大きい達成感をえることができたと確信している。

～生徒の感想～

・「今年は指輪つくりを行い，ほぼ毎日居残りだったので，文化祭から逃げたいと思った日もありました。だけど自分だけじゃなくみんなが頑張っていたことで，自分もめげずに指輪つくりをすることができました。それをすべてつくりあげた時は，とても達成感が感じられ，また，指輪も文化祭で完売できた時は，とても嬉しかったです。／この努力をすること，物事を終えた時の達成感を感じることを忘れずに，これからは，もっと学校生活を一生懸命過ごしていこうと，文化祭が終わってから思うようになりました。」(ON君)

・「今まで使ったことのないバイトをたくさん使っていたので，初めは使い方がわからず，不安になりながら作業をしていたけれど，やはり初めは難しく，少し削りすぎたりしてしまった。しかし，やっていくにつれてきれいな削り方など色々覚え，自分なりに早く作業ができたかなと思った。精度の高い製品がつくれたらいいなと思った。」(HH君)

　彼らの感想からは，継続した作業のなかで技能への見方を変え，さらに向上心を獲得していることがわかる。不安の克服や，完成の達成感と技能向上の実感は，文化祭での取り組みでの大きな財産となった。

第2節　課題研究における実践（ポン菓子器製作[5)]，旋盤技能検定）

　5年間にわたって課題研究を担当したが，2012年～2016年の4年間は，ほぼ以下の表12-1のような内容を実施した。

表12-1　課題研究の授業内容

生徒数	5～6名	指導教員数	教諭（辰巳）1，実習助手1，市民講師1	
時間数	週4時間（2012.4～14.3），週3時間（2014.4～16.3）			
主な使用機器	旋盤，立フライス盤，横フライス盤，自動溶接機，ベルトサンダー，帯のこ盤			
4～7月	9～10月	11～12月	1月	
・旋盤検定の練習 ・鉄道部品の製作	・ポン菓子器の部品製作	・ポン菓子器の組み立て	・ポン菓子器の試験 ・発表準備	

　田無工機械科の課題研究では，生徒がひとつの班を選択し，1年間をかけてひとつの内容を掘り下げ，1月にまとめとして成果発表会を行っている。筆者は「機械加工班」として，旋盤検定とポン菓子器製作を希望する生徒のための班を開講していた。この班には，東京都のものづくり人材育成事業として，機械加工技能士特級を保有している市民講師が共に指導を行っており，指導環境として充実したものとなっている。

　旋盤検定とは職業能力開発促進法に基づき実施されている技能検定のなかで，田無工機械科で試験対策を行っている旋盤検定3級の取得を目指すものである。試験が7月に実施されるため，受験者はそれまでの課題研究の時間を活用し，旋盤検定の課題の製作練習を中心に旋盤作業を行う。受験者以外の生徒は，文化祭で製作している鉄道模型の車輪や車軸などの製作にあたっている。

　このような課題研究における技能向上のなかで，特に大きな影響を与えたと考えられる教材が「ポン菓子器製作」である。

　ポン菓子とは，円筒形の容器に生米を入れ密閉し，バーナーで周囲を熱することで容器内部を高温高圧の状態にし，それを一気に開放し内部の米が膨張することでできる香ばしい菓子である。ポン菓子器はそのため，高圧に耐えるだけの強度と密閉性，一気に開放できる機構の正確な加工が必要となる。製作のために，旋盤やフライス盤の機械加工，溶接や組み立ての技能，品質管理としての圧力検査などの複合的な内容であり，部品点数も15点以上におよび，課題研究の教材として最適なものである。このポン菓子器製作を2012年度から実施し，これまでに5個の製品を完成させている。

　以下に，技能向上とその教育的意義を強く感じるきっかけとなり，田無工で初めてポン菓子器製作を行っ

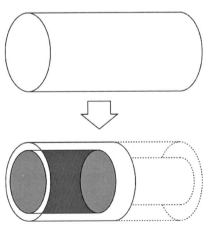

図12-1　ポン菓子器本体の切削イメージ

た 2012 年度の実践を報告する。

第 1 項　限られた条件が生む努力と工夫

　2012 年に初めてポン菓子器製作に挑戦し，さまざまな試行錯誤を経て 2 台のポン菓子器を作成することができた。校内の限られた設備と材料を活用していく過程で，努力と工夫により困難を乗り越える場面に出会うことができた。本実践で，もっとも努力と根気が必要だったのが，本体と開放金具の 2 つの部品の製作である。

　ポン菓子器の形状は大小の円筒が組み合わさっており，管とフランジを溶接で接合する設計となっている。けれども，校内に適当な鋼管がなかったため，校内にあった丸棒から旋盤を使用して削りだす工程を採用した。この工程を担当したのが HH 君である。HH 君は陸上部に所属しているけれども，寡黙で普段はほとんどしゃべらず，クラスでも目立たない存在である。彼は，ものづくりに強い関心をもち，特に旋盤の精度の高い加工に興味をもっていた。

　切削加工は，非常に高い加工精度をえられる代わりに，長い加工時間が必要である。この作業のためには，ドリルで穴あけを行い，中ぐり切削を 20 回以上繰り返す必要がある。中ぐり切削は，切削過程が直接みえない加工のため，高い集中力が必要になり，緊張感を保ちながら繰り返す必要がある。この本体加工だけで 4 時間ほどの加工時間が必要となる。2 台のポン菓子器を製作するために，HH 君は 3 週間にわたり黙々と作業を続け，見事に 2 本の本体を完成させた。

　完成させた本体をみて，班員から

図 12-2　ポン菓子器各部の名称

「すげー」「俺にはできない」「さすが H」という声を掛けられていた。旋盤での作業の大変さや，工程にかかる努力を体験的に知っている仲間たちの素直な気持ちは，HH 君の技能に対して尊敬の気持ちをもつことにつながったと考えられる。

　作業を知らない人間からみたら，作業時間や技能の重要性を理解できず「ふーん大変だね」で終わることが，技能経験のある仲間に囲まれることで，技能の獲得の実感を仲間とともに共有し，それが生徒の自信の育成につながると考える。

　もうひとつの開放金具を担当したのが HT 君である。HT 君は，上で述べたように，文化祭の際にベーゴマをベルトサンダーで磨き続けることでクラスの尊敬を集めた生徒である。開放金具は複雑な曲線が組み合わさった部品であり，一定の精度がなければ開放や密閉ができない部品である。

　この教材のもともとの設計者は，大型レーザー加工機がある板金工場に外注し製作していた部品である。田無工にもレーザー加工機はあるけれども，小型で鋼板の加工はできないため，帯のこ盤を使用し手作業で切り出す作業工程を採用せざるをえなかった。

　HT 君の研磨には目を見張るものがあったけれども，旋盤などの工作機械の扱いは寸法や工程を正確に作業することを苦手としていた。そのため，旋盤やフライス盤を使わない帯のこ盤作業に進んで参加してくれた。鋼管と同様，工場に適当な厚さの鋼板がなかったため，設計よりもさらに厚い鋼板を切断することになった。その点からもポン菓子器の開放金具は非常に困難な課題であり，HT 君が完成させるためには4週にわたる12時間以上の作業時間を必要とした。

　帯のこ盤は，厚く曲線の多いものを切断するときほど刃物を破損しやすい。一度，のこ刃が折れると新しい刃物に交換し帯状に溶接する必要がある。この交換作業は基本的に教員が行う作業であり，HT 君が刃を折った時も帯のこ盤の名人で強面の A 先生に声をかけ，「また壊しやがって」と怒られながらも作業を続けていた。HT 君にとっては A 先生に声をかけることもとても大変なことであると推測できる。

　鋼板に等倍コピーした図面を貼り，少しずつ帯のこの刃を進めていく。曲面は滑らかになるようにベルトサンダーで仕上げていった。このような地道な作業を繰り返すことで，ほかのクラスメイトではできない刃の交換を覚え，だれよりもうまく帯のこ盤を使用できるようになっていった。

　長い戦いの末，開放金具を完成させた時，A 先生から「よくやった」と声をかけられ，HT 君は本当にいい表情をしていた。班員からも「よくあんなにできるな」「うまく開放できなかったら H のせいだ」と声をかけられ，自信のなかにも照れた表情を浮かべていた。

～担任クラスの卒業時の感想～

・「実習やレポートは辛くて大変だったけど，やりがいがありこれからの自分のために必要なことだと，今は思います。体育祭や文化祭もクラスの全員で協力して成功に収めたことも，最初は辛かったけどとても楽しかったです。」（KT 君）

・「私はこの田無工業に入学してよかったと思います。実習やレポートは非常に辛くて大変だったけど，技術や知識をつけさせていただき感謝しています。／クラスのみんなに助けてもらったおかげで卒業できました。先生方，いろいろありがとうございました。」（HT 君）

第 2 項　自信を育んだ旋盤検定

　課題研究では，旋盤検定 3 級の合格に向けての実技練習も行っており，例年，4 月から 7 月にかけて課題製作に取り組んでいる。7 月の工場は夏の日が差し込み，連日 38 度にも達する。生徒たちは検定に向け，腕まくりもせずに練習に当たっている。実技試験は 2 時間で実施されるため，時間を計りながら 10 個ほどの課題製作にあたる。こうした取り組みを経て，検定に臨んでいる。以下の感想から，この厳しい練習を乗り越えることでも自信を育んでいくことがわかる。

～課題研究の感想～

［2014年度］

・「苦労したのは支柱の部分でなかを旋盤で段をつけた事です。苦労もとても
ありましたが，達成感も同時にありました。その理由は，僕は今までの1年
生と2年生と旋盤ができずに毎日のように怒られていましたが，何があった
のか3年生になって少しできるようになり，あんだけできなかった事が出来
るようになったしそれに部品もぴったりと正確に出来てとてもよかったです。
〔中略〕今回は機械加工班に所属しましたが，そのなかで僕は学んだことが
あります。目の前にあるものをあきらめずに成し遂げるということです。僕
はあと少しで就職しますがこのことを胸に秘めてがんばっていきたいです。」
（MT君）

・「自分がつくった物はポン菓子器の本体です。本体はポン菓子を入れる場所
のため，ふたとの密閉が大事なのでマイクロメータを使用し100分の3の公
差までに入れなければならずとても難しい加工でした。もしもふたとの密閉
が悪いと爆発してしまうため，とてもやってる間は怖かったです。穴あけだ
けでも5種類以上のドリルを使いました。寸法公差が結構厳しいところなの
ですべての公差が通ったときはうれしかったです。そして，自分の完成した
作品がベアリングとのはめ合いが高く問題がなく動かせた時は達成感があり
ました。」（MS君）

［2015年度］

・「忍耐力と通常の授業では体験できないことをいろいろと経験することがで
きました。仕事に活かせることが沢山あると思いました。旋盤で自信をもっ
て作業ができるようになりました。（この経験で）役立てたいことは，どんな
に辛くても諦めない事です。冬から夏にかけての過酷な環境下での作業やな
かなか出来ない工程があったなど大変な時もありましたが，それを諦めずに
乗り越えることが出来たので，これからの職業でも諦めずに頑張っていきま
す。」

課題研究は3年次の授業であるため，10月以降は多くの生徒が就職の内定

が出ている状態で作業に当たっている。そのため，技能を身に着け，その結果のひとつして就職を決めたという誇りが感想のなかから感じ取ることができる。できなかったこと，苦手なことを克服し，その自信を就職につなげることができるのは工業高校の大きな特徴である。

おわりに

　本章では，田無工での教育実践を通して，工業高校機械科における生徒のものづくり技能の向上が，生徒を成長させる大きな要因になっていることの実証を試みてきた。最後に，工業高校における技能向上の特性という観点で，まとめておきたい。

　実際の製品をつくることによって学んでいく実習では，その過程にある加工ごとに一つひとつの技能を理解し習得する必要がある。

　この過程を分担して行った，文化祭での指輪製作の実践では，分業に基づく協働が，生徒が責任をもってものづくりと向かい合う姿勢や生徒間の信頼関係の構築に大きな影響を与えていたといえる。

　ベルトサンダーのような単純な機械であっても，製品の品質に大きな影響を与えることを技能習得によって体験的に学ぶことで，技能の意義を理解する。ひとつの作業の仕上がりの精度が，仲間の別の作業や最終的な製品の品質に影響を及ぼす。そこでの精度は，その大変さや頑張りが理解できるからこそ，それをつくりあげた仲間に対して，おのずと尊敬の念を抱き，仲間を認めることができる。また，その作業をやり遂げた者にとっては，そうした仲間からの尊敬のまなざしが自分に向けられた時，自分を認めることで大きな自信となる。

　こうして，ものづくりを通してクラスの仲間に対する広い視野と尊敬が生まれた。

　ポン菓子器製作でも，限られた条件下で，旋盤と帯のこ盤という技能の性質が異なる分野でも時間をかけ，技能的に向上する過程を認めあう仲間が存在することで，大きく成長する機会となりうることを報告した。

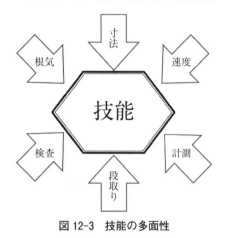

図12-3 技能の多面性

これらの実践から，工業高校における技能習得において，図12-3のような「技能の多面性」が重要であると考える。技能が向上するといっても，実習で学ぶだけでも多くのパターンがあり，得意な分野はそれこそ生徒の数だけあると考えることができる。段取りを考えることが得意な生徒，根気強くひとつのことに取り組める生徒，ミスなく検査に集中できる生徒など，生徒の個性に対応する技能の懐の広さがある。

これは同時に，職業の幅の広さとも重なる部分である。実習において，技能の広さのなかから自分に適した分野をみつけ出し，技能向上により認められるという過程は，職業を選択する過程においても自身の適正や可能性を考えるうえで重要な経験となる。

また，多くの技能を色々な角度から複数の教員が指導することで，生徒は自身の可能性を多面的にとらえることができる。

技能の多面性により，多くの生徒が自身の特徴を生かした技能を伸ばす機会を得ることができ，より一層自分の技能を伸ばしていくというサイクルを「課題研究」や「文化祭準備」などの実習の場面ではつくることができる。このような時間を有効に使うことが技能による自信を身につけるために必要である。

総じて，工業高校には，生徒たちが技能の向上を通して自信を育む機会が数多くある。実習の場面において，生徒たちの自信を育成するための要素として，図12-4のように，① できなかった作業ができるようになる「成長の実感」，② 同じような技能経験を有する「仲間からの認証」，③ 個性的な教員から得られる多角的で人間味あふれる「教員の励まし」の3点を，少なくともあげることができる。

　工業高校における実習は，ひと
りでものをつくり学ぶのとは異な
り，人と人とのかかわりあいのな
かで自信を獲得していく。これは，
工場をはじめとする優れた施設設
備が必須であり，技能の多面性に
より生徒の個性を伸ばす工業高校
の学校文化があって初めて機能す
るものである。このような工業高

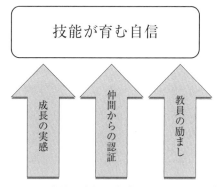

図 12-4　生徒の自信を育成するための 3 要素

校の実習の教育力により，生徒は
自信を身につけ 3 年間で成長を遂げ卒業していくと考える。

謝辞：本実践で扱った指輪製作とポン菓子器製作の教材は，愛知県の工業高校教員
　　の石田正治先生から教わったものである。優れた教材の裏付けがあってこそ可能
　　になった実践である。この場を借りて，感謝の意を記したい。また，石田先生か
　　らご教授いただける場所を提供してくださった技術教育研究会，ならびに，生徒
　　の自信を育み続ける工場をつくっていただいた田無工の機械科の同僚と都立工業
　　高校の仲間にも感謝の気持ちを伝えたい。

付記：本章は，拙稿 (2014)「技能が生徒の自信を育む工業高校の機械実習の可能性」
　　『技術教育研究』技術教育研究会編　第 73 号に加筆・修正をしたものである。

注
1)「課題研究」は多くの工業高校で，「総合的な学習の時間」の代替として実施されている。
2) 長谷川雅康：研究代表 (2006.3) 工業教科内容調査研究会『工業教科 (工業技術基礎・
　　実習・課題研究・製図) 内容に関する調査報告』科学研究費基盤研究 (C)「高校工業教
　　育における実験・実習の内容とその教育効果に関する実証的調査研究」研究資料 No.1
3) 2009 年 4 月から 2016 年 3 月まで機械科に在籍。
4) 西東京市向台町 1-9-1, 全日制課程，機械科 6 建築科 6 都市工学科 3 クラス，在校生約
　　480 名，昭和 37 年創立。
5) 石田正治氏による設計 (愛知県立豊川工業高等学校)。筆者は 2010 年の技術教育研究会
　　彦根大会において，石田氏から教わった。

2009年版高等学校学習指導要領下における情報学科の教育課程の特徴とその背景
―1999年版との比較から―

盛内　健志

はじめに

　1999年3月29日，文部省令第7号により，学校教育法施行規則が一部改正された。これにより，高等学校では，普通教育に関する教科「情報」とは別に，専門教育に関する教科「情報」（以下，専門教科「情報」）が新設された。

　2004年3月31日には，高等学校設置基準が改正され，「専門教育を主とする学科」のひとつとして「情報に関する学科」（以下，情報学科）が位置づけられ，2000年代半ばにかけて相次いで設置された。

　平成27年度学校基本調査によると，「情報システム設計管理関係」19学科，「マルチメディア関係」5学科，計24学科が設置されている。専門教科「情報」および情報学科の新設は，戦前中等教育にはなかった分野の「専門教育」が新学制発足以来，初めて高等学校に導入された事例として注目される。情報学科の発足から15年あまりが過ぎたが，情報学科の教育課程像や専門学科としてのあり方に関する研究は，ほとんどみられない。

　本章では，情報学科を設置する各高等学校の学校要覧や教育課程表に基づき，情報学科設置の経緯と専門教科「情報」にとって初めての大きな改訂となった2009年版高等学校学習指導要領下における情報学科の教育課程上の特徴の一端を明らかにすることを目的とする。

第1節　専門教科「情報」の科目編成の特徴

　専門教科「情報」は，「情報産業の構造の変化や情報産業が求める人材の多様化」などに対応する観点から，「情報の各分野における基礎的な知識と技術や職業倫理などを身に付けた人材を育成することをねらいとする教科[1]」とされる。

　今次改訂によって改められた専門教科「情報」の目標は，「情報の各分野に関する基礎的・基本的な知識と技術を習得させ，現代社会における情報の意義や役割を理解させるとともに，情報社会の諸課題を主体的，合理的に，かつ倫理観をもって解決し，情報産業と社会の発展を図る創造的な能力と実践的な態度を育てる」とされた。

　従来の目標と比較し，倫理観に関する記述が加えられただけでなく，「社会の発展」から「情報産業と社会の発展」に改められた。情報学科において「情報に関する基礎的・基本的な知識と技術」を習得させることで，「情報産業の構造の変化や情報産業が求める人材」への要請に応えようとする意図が強められたものであると考えられる。

　表13-1は1999年版高等学校学習指導要領における専門教科「情報」の科目編成を，図13-1は2009年版のそれを示したものである。

　1999年版は，専門教科「情報」の11科目を内容に応じて「共通分野」，「システム設計・管理分野」および「マルチメディア分野」の3つに分類し，「基礎

表13-1　専門教科「情報」の科目編成（1999年版）

分　野	システム設計・管理分野	共通分野	マルチメディア分野
基礎的科目		・情報産業と社会 ・情報と表現	
応用選択的科目	・アルゴリズム ・情報システムの開発 ・ネットワークシステム	・モデル化とシミュレーション	・コンピュータデザイン ・図形と画像の処理 ・マルチメディア表現
総合的科目		・課題研究 ・情報実習	

出所）文部省『高等学校学習指導要領解説　情報編』p 92 より作成。

的科目」「応用選択的科目」「総合的科目」の3段階に分類した。このうち，「情報産業と社会」「課題研究」は原則履修科目とされた。また，「応用選択的科目」に属する7科目は，生徒の「進路希望等に応じて選択する」科目とされた。[2]

　これに対し，2009年版では，「情報技術の進展による新たな情報産業の創出等，情報産業の構造の変化や情報産業が求める人材の多様化，細分化，高度化に対応し，創造力，考察力，問題解決力，総合力，職業倫理等を身に付けた人材を育成する観点から[3]」科目の新設・整理統合・削除による再編成，内容の見直しが図られ，従来の11科目から13科目に改められた。

　専門教科「情報」の科目数が増え，従来は学習内容のひとつでしかなかった「データベース」が科目化されるなど，学習内容の充実や明確化が図られたものの，同教科が想定する「情報の各分野」の枠組みに関しては従来と大きな違いはない。「システム設計・管理分野」はその名称に大きな変更はないものの，「マルチメディア分野」は「情報コンテンツの制作・発信分野」に改められ，情報を創造し，発信するための知識・技術を学ぶという同分野の性格がより具

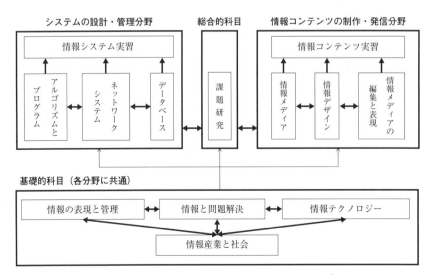

図13-1　専門教科「情報」の科目編成（2009年版）[4]

体的に示されたものと考えられる。

　また図13-1からは，1999年版と同様，情報学科においては基礎的科目の習得後，「システムの設計・管理分野」あるいは「情報コンテンツの制作・発信分野」のいずれかを選択し，学習する教育課程の編成が想定されているものと考えられる。さらに，1999年版に比べて，科目間の関係が構造化されたといえる。

第2節　情報学科の併設学科と設置の経緯

　表13-2は，学校基本調査の情報をもとに，筆者が各都道府県教育委員会の高等学校情報を調査し，情報学科を設置している高等学校をまとめたものである。また表13-3は，各高等学校において情報学科と併設されている学科と情

表 13-2　情報学科を設置する高校と学科名

	学 校 名	学 科 名		学 校 名	学 科 名
A	秋田県立仁賀保高等学校	情報メディア科	J	鳥取県立鳥取湖陵高等学校	情報科学科
B	群馬県太田市立商業高等学校	情報科※1	K	鳥取県立倉吉総合産業高等学校	情報科
C	千葉県立柏の葉高等学校	情報理数科	L	岡山県立玉野光南高等学校	情報科※2
D	東京都立新宿山吹高等学校	情報科	M	香川県立坂出商業高等学校	情報技術科
E	岐阜県立大垣商業高等学校	情報科	N	福岡県立嘉穂総合高等学校	ITシステム科
F	岐阜県立岐阜各務野高等学校	情報科	O	長崎県立諫早商業高等学校	情報科
G	三重県立亀山高等学校	システムメディア科	P	沖縄県立沖縄美来工科高等学校	ITシステム科
H	京都府立京都すばる高等学校	情報科学科			コンピュータデザイン科
I	奈良県立奈良情報商業高等学校	総合情報科	Q	沖縄県立名護商工高等学校	総合情報科

※1　2015年度より廃止。
※2　2009年当時の名称は「マルチメディア技術科」であった。

表 13-3　情報学科を設置する高校と併設学科

	併設学科	設置年度	設　置　経　緯
A	普	2003	普通科学級数を減らし新設
B	商	2002	情報処理科からの学科転換
C	普	2007	普通高校2校の統廃合
D	普	ー※1	新　設
E	商	2004	情報処理科を含む商業科の学科改編
F	商／福	2005	専門学科を持つ高校2校の統廃合
G	普／家	2004	商業科からの学科改編
H	商	2003	情報処理科を含む商業科の学科改編
I	商	2004	普通高校と商業高校の統廃合
J	農／工／家	2001	工業高校を含む専門高校3校の統廃合
K	工／商／家	2003	統廃合
L	普／体	2003	情報電子科，情報処理科からの学科転換
M	商	2005	新　設
N	普／農／工	2005	工業高校を含む高校3校の統廃合
O	商／家	2007	情報処理科からの学科転換
P	工	2005※2	電子科からの学科転換
Q	工／商	2007	工業高校及び商業高校の統廃合

注）普：普通科　商：商業科　工：工業科　家：家庭科　体：体育科　福：福祉科
※1　同校平成21年度学校要覧には，学科設置年度に関する記載がない。
　　　しかし，平成17年度学校要覧にて，2000年度入学生が7名であることを確認。
※2　学校要覧に前身校に関する記載がなく，前身校に関する詳細は不明である。
出所）各高等学校の平成21年度『学校要覧』に基づいて作成。

報学科の設置年度および設置の経緯をあらわしている。

　表13-2によると情報学科の名称は，多様であるということができる。また，その名称も固定化されたものではなく，改称される場合もあることがわかる。

　他方表13-3によると，情報学科は，他の専門学科と併設される場合が多いといえる。情報学科のみを設置する高校は1校もない。17校中14校で他の専門学科と併設されている。なかでも商業学科との併設が17校中9校ともっとも多い。

　表13-3の設置経緯に着目してみると，情報学科が新設されたのはA，D，Mの3校のみである。17校中14校で情報学科は高校の統廃合や学科転換を契

機として設置されている。高校の統廃合によって情報学科が設置された事例は，17校中7校である。その母体は工業高校および商業高校を中心とした専門高校である（7校中6校）。また学科改編によって情報学科が設置された事例は，17校中7校にのぼる。主に，商業学科の改編によって，情報学科が設置されている。

　すなわち情報学科は，単独校は1校もなく，新設される割合も低い。情報学科は，高校の統廃合や学科改編によって設置される傾向が強く，とりわけ，それは商業学科を中心に展開されているということができる。

　この点は，B高校の情報学科の歴史に特徴的にあらわれている。同校は，開校50年以上の歴史をもつ単独の商業学科を母体としており，2002年に情報学科を新設した。その後，2015年3月に情報学科を廃止し，普通科および商業科の2学科で構成される併設型中高一貫校へと形を変え，情報学科の歴史はわずか13年で閉じることとなった。

第3節　2009年版高等学校学習指導要領下における情報学科の教育課程上の特徴

第1項　情報学科の教育課程上の全体像

　表13-4は，2016年4月から5月にかけて筆者が教育課程表を入手することができた9校について，その教育課程をまとめたものである。高校によって教育課程が立案された年度は違うものの，いずれも2009年版高等学校学習指導要領に基づいて作成されたものである。

　表13-4をみると，情報学科で小学科を複数設置する高校は，9校中，No.9の1校のみである。4校で，学科のなかにコースや類型を設けている。

　同学科の教育課程は，基本的に① 普通教科目，② 専門教科「情報」に関する科目，③「情報」以外の専門科目および④ 特別活動などその他の科目の4つで構成されている。情報学科の教育課程は多様であり，同じものはひとつも存在しない。

単位数の平均をみると，① 普通教科目55.4単位（60.2%），② 専門教科「情報」に関する科目31.8単位（34.5%），③「情報」以外の専門教科目1.0単位（1.1%）に，④ 特別活動などのその他の科目3.6単位（3.9%）であり，合計92.1単位となっている。筆者が行った17校を対象とした2005年の調査[5]と比較すると，総単位数の上では平均で1.5単位増加している。

① 普通科目の配当単位数が相対的に高く，そのうち外国語への配当単位数が多い（11.5単位）という特徴は，2005年当時から大きな変化はみられない。

② 専門教科「情報」に関する科目の単位数の合計は，2005年調査の29.2単位から31.8単位へと2.6単位増加していた。その内訳をみると，一方で，専門教科「情報」の設定科目（＝学習指導要領に定められた科目）が占める単位数は，2005年当時よりも設定科目数が2科目増え，各科目とも開設時には2単位以上（計4単位）を想定しているにもかかわらず，23.9単位から25.7単位へと1.8単位増加したに過ぎない。他方，「情報」に関する学校設定科目の配当単位数は，科目が整備されたにもかかわらず，2005年時の5.3単位からさらに増加し，6.1単位となっている。

③「情報」以外の専門教科目への平均配当単位数は，2005年調査から2.0単位減少し，1.0単位となっていた。「商業」などの「情報」以外の専門科目への依存が減少したとみることができる。

以上みてきたように，2009年版学習指導要領下においては，学習指導要領に定められた設定科目の増加と科目間の構造化という専門教科「情報」に関する科目の整備がすすめられるとともに，学校設定科目の単位数の増加が，教育課程上の大きな特徴とみることができる。なお，学校設定科目の開設は，基本的には，教育現場の意図と工夫によるものであり，いかなる学校設定科目を開設しているかが鍵となる。下の第3項でさらなる分析を行う。

なお，No.6の高校については注意を要する。同校の専門教育に関する教科目の配当単位数は22単位である。これは，高等学校学習指導要領において定められた最低単位数25単位を満たしてない。

一方で学習指導要領は，専門学科における専門教科目に関し，商業を除く専

表 13-4　2009 年版高等学校学習指導要領下

学校 No.		1		2			3	4	
カリキュラム実施年度		H26		H27			H25	H27	
学科・小学科名		情報メディア科		情報理数科			情報科	情報科	
コース・類型名		A Netシステムコース	B CGデザインコース	A システム系	B デザイン系	C 理数系	—	A システム類型	B メディア類型
総単位数		92	92	96	96	96	90	90	90
合計単位数		51	51	58.2	58.2	66.2	49	58.2	58.2
普通教科目 国語		8	8	9.6●	9.6●	9.6●	8	10	10
地理・歴史		4	4	4	4	4	4	4	4
公民		2	2	2	2	2	2	2	2
数学		9●	9●	7	7	7	9●	9.6●	9.6●
理科		6	6	6.6●	6.6●	14.6●	6	4.6●	4.6●
保健体育		9	9	9	9	9	9	9	9
芸術		2	2	2	2	2	2	2	2
外国語		9	9	16	16	16	9●	15	15
家庭		2	2	2	2	2	2	2	2
情報									
学校設定科目 アドバンス数学									
アドバンス国語									
アドバンス英語									
アドバンス倫理									
表現探求									
数学セミナー									
数学応用									
物理応用									
科学応用									
郷土の音楽									
英語探求									
中国語									
英語総合									
物理概論									
生物探求									
現代社会探求									
数学探求									
専門教科目の合計単位数		35	35	33.6	33.6	25.6	37.8	28.6	28.6
「情報」に関する専門教科目の単位数合計		35	35	33.6	33.6	25.6	37.8	28	28
「情報」計		35	35	22	22	12	34	28	28
情報産業と社会		2	2	2	2	2	2	2	2
情報の表現と管理		4	4	2	2	2	2		
情報と問題解決		2○	2○	2	2	2	2		
情報テクノロジー		2	2				2		
課題研究		4	4	6	6	6	6	9	9
アルゴリズムとプログラム		5		2	2		2	8	4
ネットワークシステム		6		4			2	3	
データベース		2	2				2		
情報システム実習		8		4		4	4	4	
情報メディア					2		2		
情報デザイン			5		2		2		3
表現メディアの編集と表現			6				2		4
情報コンテンツ実習			8				4		4
学校設定科目 合計単位数		0	0	11.6	11.6	13.6	3.8	0	0
情報数理				9	9	11			
情報倫理				0.6○	0.6○	0.6○			
情報英語				2	2	2			
イラスト表現基礎							2		
3次元CG							0.6○		
アプリケーション開発							0.6○		
Webデザイン							0.6○		
情報数学									
情報技術概論									
総合情報実習									
資格取得									
IT ビジネスプラン									
IT ビジネスシステム実習									
美束プラン									
ネットワーキングスペシャリスト									
キャリアプラン									
マルチメディア実習									
商品デザイン実習									
「情報」以外の専門教科目 合計単位数		0	0	0	0	0	0	0.6	0.6
簿記								0.6○	0.6○
情報処理									
ビジネス基礎									
経済活動と法									
原価計算									
マーケティング									
プログラミング									
ハードウェア技術									
ソフトウェア技術									
電気基礎									
電子計測制御									
製作技術									
機械基礎									
自動車整備基礎									
スキルアップ A									
服飾手芸									
総合的な学習の時間		3	3	1	1	1	3		
特別活動（ホームルーム）		3	3	3	3	3	3	3	3

※選択科目の単位数算出にあたっては、割り当てられた単位数を選択科目の数で除した値（端数切捨て）を、各科目の単位数とした。
例えば、単位数が2単位で、国語、数学、情報実習の3科目から1科目を選択する場合には、2/3＝0.6単位を各科目の単位数とした。
※「●」は必修単位数に選択の単位数を加えたもの、「○」は選択科目のみの単位数をしめす。

における情報学科の教育課程

5 H27 情報科学科	6 H27 総合情報科	7 H26 情報技術科 A システムコース	7 H26 情報技術科 B マルチメディアコース	8 H27 総合情報科	9 H27 ITシステム科 A	9 H27 コンピュータデザイン科 B	開設率	平均単位数
99	90	90	90	90	90	90		92.1
68.8	65	57	57	48.95	41.9	41.9		55.4
11	11	10	10	7.25●	4.4●	4.4●	100.0	8.7
4	5	4	4	4	4.3●	4.3●	100.0	4.1
4	2	2	4	3	2.4○	2.4○	100.0	2.4
9.5●	12	11	10●	6.7○	6.3●	6.3●	100.0	8.6
6.6●	5	6	4	5.75●	4.4●	4.4●	100.0	5.9
10	9	9	9	9	9	9	100.0	9.1
2	2	2	3●	2.45●	2.3●	2.3●	100.0	2.1
17	11	11	11	7	5.5●	5.5●	100.0	11.5
2	4	2	2	2	2	2	100.0	2.1
	4						6.7	0.3
0.9○							6.7	0.1
0.6○							6.7	0.0
0.6○							6.7	0.0
0.6○							6.7	0.0
				0.2○			6.7	0.0
				0.2○			6.7	0.0
				0.2○	0.1○	0.1○	20.0	0.0
				0.2○			6.7	0.0
				0.2○			6.7	0.0
				0.2○	0.1○	0.1○	20.0	0.0
				0.4○			6.7	0.0
				0.2○			6.7	0.0
					0.8○	0.8○	13.3	0.1
					0.3○	0.3○	13.3	0.0
							0.0	0.0
							0.0	0.0
26.5	22	30	30	37.25	43.9	43.8		32.8
26.5	22	28	28	36.45	39.7	39.6		31.8
22.6	18	28	28	25.2	23.9	24.4		25.7
2	2	2	2	3	3	2	100.0	2.1
0.6○		2	2	2	2	0.4○	80.0	1.8
		2	2		2	2	66.7	1.2
2		2	2	2	2	2	73.3	1.5
3	3	3	3	4	3	4	100.0	4.9
4	3	4	2	2.2●	2.3●	2	86.7	2.8
5		4		4	5		60.0	2.4
2		2		2	2		46.7	0.9
4	2○	5			2		60.0	2.5
			2	2		2	33.3	0.7
	3	2	4		0.3○	4	60.0	1.7
			4	2	0.3○	2	46.7	1.4
	2○		5	2		4	46.7	1.9
3.9	4	0	0	11.25	15.8	15.2		6.1
							20.0	1.9
							20.0	0.1
							20.0	0.4
							6.7	0.1
							6.7	0.0
							6.7	0.0
						2.3	13.3	0.3
							6.7	0.3
3.9●							6.7	0.3
	4						6.7	0.6
				9			6.7	0.2
				2.25●			13.3	0.2
				2		0.6○	6.7	0.6
				9			13.3	0.2
				2.4●		1.3●	6.7	0.2
				0.4○			6.7	0.0
				2			6.7	0.1
						9	6.7	0.6
						2	6.7	0.1
0	0	2	2	0.8	4.2	4.2		1.0
					0.6○	0.6○	26.7	0.2
		2	2				13.3	0.3
				0.2○	2	2	20.0	0.3
				0.4○			13.3	0.1
							0.0	0.0
							0.0	0.0
							0.0	0.0
				0.2○			6.7	0.0
					0.3○	0.3○	13.3	0.0
					0.3○	0.3○	13.3	0.0
					0.3○	0.3○	13.3	0.0
					0.3○	0.3○	13.3	0.0
				0.2○			6.7	0.0
				0.2○			6.7	0.0
							33.3	0.6
3	3	3	3	3	3	3	100.0	3.0

門学科では，「専門教科・科目以外の各教科・科目の履修により，専門教科・科目の履修と同様の成果が期待できる場合においては，その専門教科・科目以外の各科目の単位を5単位まで⁶⁾」すべての生徒が履修すべき単位数25単位に含めることができる振替規定を設けている。

　この規定を運用すれば27単位となり，かろうじて25単位を超えることができる。しかしながら，「情報」に関する専門性という観点から，このような教育課程を専門学科として認めてよいか否かは議論を要する点である。

第2項　専門教科「情報」の配当単位数からみる各コースの特徴

情報学科のコースは，その名称から① システム系コース，② コンテンツ制

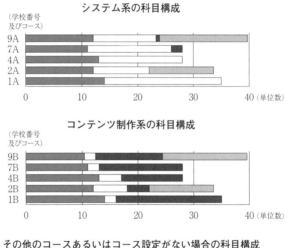

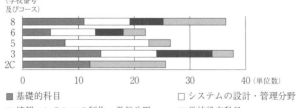

図 13-2　教育課程のタイプ別にみた分野別単位

作系コース，③ その他のコースあるいはコース設定がない場合の3タイプに分類される。図13-2は，情報学科の3タイプに関し，配当単位数をグラフにしたものである。縦軸は学校番号およびコースを，横軸は単位数をあらわしている。

　図13-2によれば，情報学科は共通分野を基礎とし，基本的には① システム系コースは「システムの設計・管理分野」に，また②コンテンツ制作系コースは「コンテンツの制作・発信分野」に重点を置いた単位数の配当がなされているということができる。また，③ その他のコースあるいはコース設定がない場合には，比較的，システム系コースに近い教育課程が編成されているといえる。

第3項　学校設定科目の開設傾向

　既述のように，2009年版の教育課程の特徴は，学校設定科目の単位数のさらなる増加にあらわれていた。そこで，最後に，各校で開設されている「情報」に関する学校設定科目の開設傾向についてみることとする。

　「情報」に関する学校設定科目を1科目以上開設している高校は，No.1，No.4，No.7の3校を除いた9校中6校であり，それら6校では，学校設定科目に充てられた単位数は平均で10.1単位であり，「情報」に関する科目の全単位数に占める割合は29.8％にのぼる。

　『高等学校学習指導要領解説』が示した3つの分野を基準とした分類にした

表13-5　学校設定科目の科目名称による分類

分　類	科　目　名
普通教科的科目	情報数理／情報数学／情報英語
共通分野的科目	情報倫理／情報技術概論／総合情報実習／資格取得 ITビジネスプラン／キャリアプラン／美来プラン
システム設計・管理分野的科目	アプリケーション開発／IT ビジネスシステム実習／ネットワーキングスペシャリスト
コンテンツの制作・発信分野的科目	イラスト表現基礎／3次元CG／Web デザイン／マルチメディア実習／商品デザイン実習

がい，各校が開設している学校設定科目を分類したものが表13-5である。

　ここでは，表13-5を判断基準として，学校設定科目に多くの時間を充てている No.2 と No.9，ならびに 2005 年当時（24.6 単位）に比べて学校設定科目の単位数が大幅に減少（3.8 単位）した No.3 の3校を事例にあげてみていきたい。

(1)　普通教科的科目にほとんどの単位を充てている事例

　No.2 の高校についてみると，C コースは，「情報」に関する専門教科目の合計単位数が 25.6 単位と，学習指導要領に定められた専門学科に求められる最低単位数 25 単位をわずかに上回るほどである。そのうち専門教科「情報」の設定科目（＝学習指導要領に定められた科目）の配当単位数は 12 単位にすぎない。残りの 13.6 単位は，学校設定科目の「情報数理」に 11 単位，「情報英語」に 2 単位，「情報倫理」に 0.6 単位当てられている。

　すなわち，学校設定科目の 13.6 単位中 13 単位が，表13-5での普通教科的科目に充てられていることがわかる。

　同様に，システム系の A コースとコンテンツ制作系の B コースに関しても，専門教科目の合計単位数が 33.6 単位と，一見すると専門学科に求められる最低単位数 25 単位を大きく上回っている。しかし，これら2コースは，専門教科「情報」の設定科目（＝学習指導要領に定められた科目）は 22 単位に止まり，残りの 11.6 単位が学校設定科目に割り当てられている。しかも，C コースと同様，そのうちの 11 単位というほとんどの単位数が普通教科的科目（「情報数理」と「情報英語」）に割り当てられている。

　すなわち，No.2 の高校は，学校設定科目が，表13-5のシステムの設計・管理分野的科目やコンテンツの制作・発信分野的科目ではなく，普通教科的科目に充てられている典型的な事例である。このことは，専門学科に求められる最低単位数を下回ってしまっている事実を示している。情報学科の専門性の担保という点において，大きな問題を抱えているといわざるをえないであろう。

(2)　専門性の高い科目に多くの単位を充てている事例

　次に，No.9 の高校についてみると，まず，システム系の A コースは，「情報」に関する専門教科目の合計単位数が 39.7 単位と，専門学科に求められる最低

単位数25単位を大きく上回っている。そのうち，専門教科「情報」の設定科目（＝学習指導要領に定められた科目）は23.9単位である。残り15.8単位が充てられた学校設定科目をみてみると，「ITビジネスプラン」（2単位）と「キャリアプラン」（2単位），「美来プラン」（2.4単位）といった，表13-5の共通分野科目に6.4単位を充てている。さらに，「ITビジネスシステム実習」（9単位）と「ネットワーキングスペシャリスト」（0.4単位）といった，表13-5のシステムの設計・管理分野的科目に大半の9.4単位を充てている。

　すなわち，システム系コースとして，専門性の高い科目に多くの単位を充てている典型的事例といえる。なお，コンテンツ制作系のBコースも，「マルチメディア実習」に9単位を充てるなど，Aコースと同様に，系統に関連したコンテンツの制作・発信分野的科目に学校設定科目の多くの単位数を充てており，専門性の担保が目指された教育課程が組まれている。

⑶　学校設定科目が学習指導要領上の設定科目として整備された事例

　次に，No.3の高校についてみてみる。No.3の高校は，2005年当時（24.6単位）に比べて学校設定科目の単位数が大幅に減少（3.8単位）した高校である。同校は，実は，2005年当時，もっとも多くの学校設定科目を開設していた高校である。その数は19科目（24.6単位）にのぼり，そのうちの10科目は必修としてすべての生徒に課されていた。今回の調査では，同校において開設されている学校設定科目は4科目に減少している。

　表13-6は，No.3の高校において2005年調査時に開設されていた学校設定

表13-6　No.3の高校において開設されていた学校設定科目（2005年）

分　　類	科　目　名
普通教科的科目	情報数学／テクニカルライティング
共通分野的科目	情報倫理／情報テクノロジー／情報の表現と管理／情報と問題解決
システム設計・管理分野的科目	データベース／プログラミング／アルゴリズムとプログラミング／アプリケーション開発／ネットワークシステム構築
コンテンツの制作・発信分野的科目	情報コンテンツの開発／情報メディア／情報デザイン／メディアの編集と表現（音楽）／2次元CG／3次元CG／動画処理／インタラクティブコンテンツ

科目をあらわしたものである。

　同校では，2005 年当時，システム設計やコンテンツ制作など，情報学科の専門性の中心となる学校設定科目を数多く開設していたことがわかる。注目されるのは，「情報テクノロジー」「情報の表現と管理」「情報と問題解決」「アルゴリズムとプログラミング」などの科目である。これらは，いずれも 2009 年版学習指導要領において，専門教科「情報」の設定科目として整備された科目と名称が完全一致している。

　すなわち，2005 年当時に，専門性の高い学校設定科目を多数，開設しており，それらが，2009 年版の学習指導要領上の設定科目となったことで，学校設定科目の単位数が大幅に減少したとみることができる。このことは，専門性を担保すべく，高校独自の意図と工夫によって開設された学校設定科目が，その有効性から，学習指導要領上の設定科目へと反映されたとみることも不可能ではない。まさに，教育現場の意図と工夫によって，学習指導要領の充実が図られた可能性が示唆される。この点についての事実解明は，今後の課題としたい。

　ちなみに，今回の調査時の学校設定科目の 4 科目も，「イラスト表現基礎」「3 次元 CG」「アプリケーション開発」「Web デザイン」という専門性を担保した科目が設定されていることも追記しておく。

おわりに

　本章では，情報学科の設置経緯と 2009 年版高等学校学習指導要領下での教育課程の特徴を，1999 年版のそれとの比較によって解明することを試みた。その結果，次の 3 点を指摘することができる。

　第 1 に，情報学科は，単独校は 1 校もなく，新設される割合も低い。情報学科は，高校の統廃合や学科改編によって設置される傾向が強く，とりわけ，それは商業学科を中心に展開されているということができる。

　第 2 に，2009 年版学習指導要領下での情報学科の教育課程は，1999 年版のそれと比べると，「情報」に関する専門教科目への配当単位数の増加，とりわ

け学校設定科目の配当単位数のさらなる増加を特徴としてあげることができた。

　このことは，換言すれば，ひとつには，2009年版学習指導要領下においては，学習指導要領上の設定科目の増加と科目間の構造化という専門教科「情報」に関する科目の整備がすすめられたことを意味する。2つには，学校設定科目の内容にこそ，2009年版の教育課程の特徴があらわれているといえる。

　そこで，第3に，3つの高校の学校設定科目の内容を分析することを試みた。その結果，大きくは，「情報に関する各分野」の専門性の担保を意図した科目を学校設定科目の大半に充てている事例と，「情報数理」や「情報英語」といった普通教科的科目にほとんどの学校設定科目を充てている事例の2つが存在した。後者は，大学や専修学校専門課程への進学が想定されているように思われる。

　つまり，情報学科は，2009年版高等学校学習指導要領によって一定程度，専門科目の整備が進んでいる面がみられるものの，実際には学校設定科目によるところが大きい。今後，各校が学校設定科目を，専門性を担保する形で設定できるか否かが，情報学科がまっとうな職業教育を施せる学科として位置づいていくための大きなわかれ目となることは間違いないであろう。

注
1) 文部科学省 (2010)『学習指導要領解説　情報編』開隆堂　p.12
2) 文部省 (2000)『学習指導要領解説　情報編』開隆堂　pp.92-93
3) 文部科学省　前掲書　p.1，4
4) 同上　p.1，55 より作成。
5) 盛内健志 (2011)「高等学校情報学科の教育課程の構成とそのレリヴァンスに関する研究」(東京学芸大学大学院連合学校教育学研究科博士論文) の「第5章　1999年高等学校学習指導要領下における情報学科の教育課程の特徴とその背景」を参照されたい。
6) 高等学校学習指導要領「第1章総則　第3款　各教科・科目の履修等」の「2　専門学科における各教科・科目の履修」を参照されたい。

第14章

技術教育における思考を深める
アクティブスキルの試行

土　井　康　作

はじめに

　近年，高等教育のみならず，初等・中等教育において教師主導による知識の一方的注入を避けるために，アクティブラーニングと称した学習方法が推奨されている[1]。この用語の定義は，「一方的な知識伝達型講義を聴くという（受動的）学習を乗り越える意味での，あらゆる能動的な学習のこと。能動的な学習には，書く・話す・発表するなどの活動への関与と，そこで生じる認知プロセスの外化を伴う」とされている[2]。しかし，この教育方法は，何ら新規性があるわけではなく，これまでも初等学校・中等学校において追究されてきた方法である。

　本来，学習者の能動性を高める学習の本質は，単に書く・話す・発表するという一連の定式化された形式的学習過程にあるのではなく，学習者の実態に相応しつつ，思考を深める教材のあり方や学習へのかかわり方をつくりだす教師の創造的活動にある。教育における中心的課題は，学習者の概念形成であり，その形成に向けた教師の創造的な教育活動を促すことであって，形式的学習を操作する教師の力の育成ではない。学習者の実態に応じて，学習動機を喚起する教材が開発できる教師の力や発問・質問を作成する教師の力の育成こそ強調されなければならないのである。

　このような考えを基底に，2015年より鳥取大学では，大学教員と附属学校園教員が学習者の思考を深め，概念形成を図ることを目的に，就学前教育から初等教育と前期中等教育を一貫したアクティブスキル獲得のプロジェクト研究を立ちあげた[3]。本章では，このアクティブスキルの概念と授業への導入事例を示しつつ，その有用性を論じるものである。

第1節　アクティブスキルとは

　アクティブスキルは，先のプロジェクト集団によって新しくつくった用語である。アクティブスキルの定義[4]は「教材や発問という外的な教育の介入によって，活動を通して学習者に能動的に詳細なイメージや思考を喚起させ，既得している生活概念を学習者自らが変えていくスキル」をいう。

　ヴィゴツキー[5]は，概念は「複雑な真の思考活動であり，単なる暗記で習得されるものではなく，子ども自身の思想がその内部発達において高度の段階に達していることを常に要求する。概念形成は，一般化の活動である」「ことばの意味としてあらわれる『概念』は，発達する」と指摘している。生活概念を能動的に変えていこうとするアクティブスキルは，活動を通して獲得するスキルで，ヴィゴツキーが概念形成を一般化に向けた活動としてとらえること，また概念そのものを動的にとらえる理論的枠組みと軌を一にするものである。

　アクティブスキルの形成過程のモデルを図14-1に示した。

　アクティブスキルは，身体的スキル，思考スキル，社会的スキルなどの人間の活動能力を指す。生活を通して得た既有知や技能をベースに新たに知識や技を主体的能動的に構成するスキルである。ただし，図に示すようにアクティブスキルの形成には，活動を通し，詳細なイメージを喚起し，思考を深化させる教材と発問の準備が前提である。

　学習は，学習者自身・他者・集団の関係の活動のなかで行われる。活動理論に基づいた学習理論を展開したエンゲストローム[6]は，主体と共同体と対象を結びつける媒介項として，道具，ルール，分業を措定した「活動システムモデル」

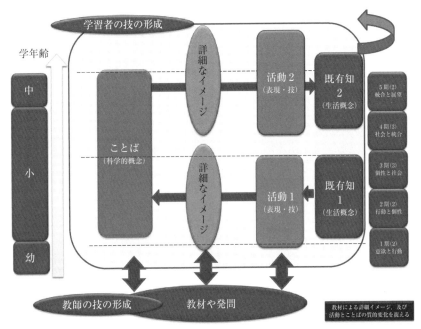

2015　各学年齢の学びにおけるアクティブスキルの形成モデル図
（鳥取大学附属学校園の教育連携プロジェクト）

図 14-1　アクティブスキル形成モデル図

を提示している。佐藤学[7]は，学びの実践は「学習者と対象関係，学習者と他者
との関係，学習者と彼／彼女自身（自己）との関係，という３つの関係を編み
直す実践」と論述している。このように学習は，主体と共同体，対象，自己対
話などとを関係的にとらえる必要がある。アクティブスキルの習得過程におい
ても，主体と共同体や対象との関係を授業目標との関わりのなかで柔軟に学習
形態を整える必要があると考える。

　アクティブラーニングでは，意欲を喚起させることについては，一連の学習
形式は重視されているため，明確にされているとはいい難い。アクティブスキ
ルでは，教材開発や発問を有効に使って意欲を喚起させる。つまり，アクティ
ブスキルの形成過程は，科学的概念を内在した教材開発や発問によって意欲を

喚起し，日常の対象・人のとらえ方が変わり，その変化の意外性や面白さに触れることによって，一層詳細なイメージや深い思考を導くのである。

　達成動機づけという観点において，アルシューラは「1.　注意の喚起。2.　体験化。3.　概念化。4.　関連づけ。5.　適用。6.　経験の内在化」のプロセスモデルを示した。ゲームや日常生活との関連などによって意欲を高めつつ概念形成を図る学習過程である。アクティブスキルの形成過程に近いが，このモデルは，心理学的アプローチ手法を使って，言葉を理解，概念を理解させるという訓練的に知識を注入するという手法である。また，教師による状況に応じた教材作成や発問を周到に準備するなどの，教師による外的教育活動の視点は見当たらない。

第2節　アクティブスキルの形成過程の事例

　アクティブスキルの形成過程を，事例をあげて説明する。

　図14-2はベニヤ板を鋸で切断している図である。鋸でベニヤ板を切断すると，次第に鋸が挽きにくくなり，当惑した姿を目にすることがよくある。その時，教師は援助の手を如何に差し述べるのか。挽きにくくなった理由を述べるのか，直接手を貸すのか，それとも学習者に「なぜ挽きにくくなったのでしょうか？」と問うのか。アクティブスキルの方法としては，"問う"という手法をとる。教えてしまえば，その状態が早急にクリアされ，次の作業がスムーズに進められる。しかし学習者は場の状況に立ち，状況に向き合ったとはいえず，本質的な技の習得に結びついていない。場の状況に深く向き合わない記憶は，表層的な記憶にとどまり，再び同様の事態がおきた場合に対処できないのである。

　「なぜ挽きにくくなったのでしょうか」の問いに，学習者からは即座に回答は得られ難い。そこで「台の上にある板と切り落とされる板はどのようになっていますか？」と，板の状態を観察させる。「切り落とされる板は下にさがっている」と答えたとしても，原因をつかんでいることは定かでない。そこでさらに「一方の板が下にさがっているとき，鋸は板と板の間でどのような状態に

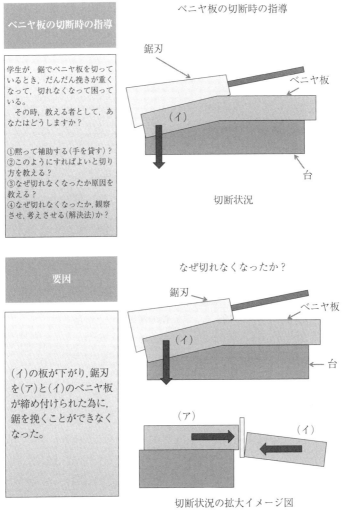

図 14-2　ベニヤ板の切断時の指導

なっているでしょうか？」。この問いに対し「板が下がり，鋸が板の両側から締め付けられているから」の返答が得られて初めて，状況が正確にイメージされていることを確認することができる。

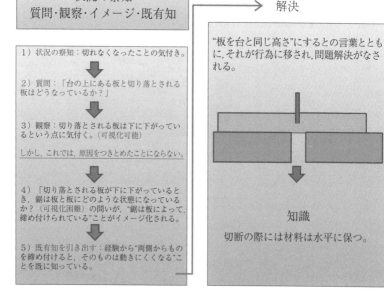

図14-3　アクティブスキルの獲得過程と教授過程

　この状況を如何に対処できるかが次に求められる。「どのようにすればいい？」。
「板を水平にもちあげると鋸は挽きやすくなる」といって具体的行為に直した
ならば，一層詳細にイメージされていること，解決方法が立てられていること
を確認することができるであろう。もっとより正確な行為は，(イ)の板を水平
に保ちつつ，(イ)の板を割るよう湾曲させ，さらに(イ)の板を広げる。こうする
と鋸身が一層板に当たらず引きが軽くなるのである。
　アクティブに技を獲得するとは，教師が解決方法を一方的に教えるのではな
い。先のように教師の適切な問いによって，学習者は場の"状況"が把握され，
"詳細なイメージ"がつくられ，"イメージ"がことば化され，状況に応じた"行
為"が出現するのである。一連の活動によって，学習者は状況を深くとらえ，
思考を深め，能動的に技を獲得していくのである。それには，図14-3のよう
な場の設定（教材）と教師からの適切な問いが前提となって，学習者が"これ

まで考えてもみなかった困難な状況と要因を深くとらえ，自らがその状況を変えていくアクティブな技が獲得"されるのである。

第3節　感覚を研ぎ澄ます

アクティブスキルは，活動を通してイメージをつくり概念化を図る。図 14-4 に示すように，活動には，音，光，味，手触り，匂いなどを受容する五感を培う学びが内在されている。

五感から得た刺激を言葉やイメージに変換して生活概念として蓄積される。

小関智弘は「刃物の切れ味を聞いておきなさい，といわれたことがある。〈中略〉鉄に限らず，アルミニウムや黄銅も削る。削ると音が出る。切削音を文字であらわすのはむずかしい。シューンというのもあれば，シーンもある。バリバリとも聞こえるし，ビューンというものもある。削られる金属の種類によっ

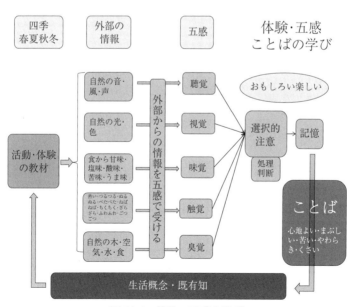

図 14-4　体験・五感の学び

てまったく違う。削る刃物の形によっても違う」という。職人は金属を切削した経験によって蓄積された残音の記憶から，金属が判別されているのである。

　さらに，小関は職人の平野清五氏に聞き取りをした。平野は「これは実際にあった話です。ある大学の金属材料で保管していた金属材料が，ごちゃごちゃ混ざってしまうというアクシデントがありました。さっそく私がよばれて，識別を依頼されました。おおかたの金属は色で識別できるのですが，あとは舌で舐めて判断しました。それでも自信のもてなかった数点だけは，大学にお願いして材料分析をしていただいたのですが，その数点も，私の舌でこれはナニ，あれはナニといちおうの判断をつけておいたのが，全部的中しておったということでした」と述べた。このように職人は音，色，味覚の過去の記憶の感覚を通して，多様な角度から金属が認識され，深い知識として形成されているのである。

　生田久美子[11]は知識について，「『馬』『花』といった実在的な概念ではなく，関係的な概念である。つまり，『知識』とは，親方から弟子へ『伝達』できるようなたぐいの実在物ではなく，『仕事の現場』や『生活の場』のなかで，そこで無限に立ちあらわれてくる事象を関係的にとらえていく弟子（学習者）の動的な認識過程であり，〈中略〉小関の『必要なのは，モノをみる眼と，モノをつくる姿勢とそれからまわりの人との関連で自分をどこに立たせるかを知る位置づけです』と述べ，知識は個人が感覚やイメージを通した事象を関係的にとらえていく動的認識過程といい，自分の立つ位置によって大きく変化する」と指摘している。

　これは，教材開発や授業展開に対する重要な指摘である。つまり，教育という限定化された状況における知識の構成には，教師は学習者の立ち位置（環境，人との関係，ものとの関係，興味・関心・好奇心など）をつくりだす必要性がある。その立ち位置は多様な視点を備えた“教材”であり，また“詳細なイメージ”の喚起や“深い思考”を生みだせる“問い”である。

第4節　アクティブスキル教材と展開事例

　図14-5は風力でプロペラが回る「メリーゴーランド」という教材である。その仕組みは，① から空気を入れ，② から空気を排出させると，③ のプロペラが回転する。材料は，紙コップ，ストロー，竹串し，画用紙である。道具は，ハサミ，カッター，千枚通し，単穴パンチ，セロテープ，両面テープ，接着剤である。

　この教材は，プロペラの回転が可視化でき，構造や部品が改善できる点で優れている。公立小学校の5年生を対象に図画工作科の授業において，どのような工夫をするか調査した。学習目標は「よく回るメリーゴーランドをつくろう」である。調査方法は次の通りである。

① 最初にメリーゴーランドに空気を送りプロペラを回した。② つくり方は教えず，見本を観察して製作した。③ 他の人の作品を参考にすることや他者と相談することは構わないと指示した。また，全員にボイスレコーダーを装着させ，動作をビデオカメラでとらえた。

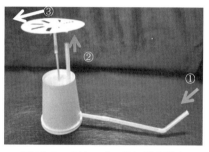

図14-5　メリーゴーランドの見本

　その結果，空気の挿入口から息を吹くと児童のほとんどがプロペラを回した。しかし，プロペラは数秒で止まってしまった。その様子をみて，教師から「長く回すにはどうしたらいいだろうか？」の問いが出された。この問いから工夫が始まった。児童から「回らないので，どうすればいいですか？」との問いには，「なぜ回らないと思

図14-6　空気入れ

図14-7　プロペラの形状の工夫

図14-8　排出口の工夫

図14-9　プロペラと排出口の工夫

う？」「どうしてだろう？」と逆に問いを児童に返した。図14-6は，プロペラに，一度に一定量のプロペラ風量を送る器具を装着させた図である。この装置を用いて改良前と改良後の比較を行った。その結果，児童は次の箇所を改善した。

①　空気の力が得られるように，大きなプロペラにした。(図14-7)

②　風速を高めるように，排出口を絞った。(図14-8)

③　排出口からの風力がプロペラに垂直に当たるように角度を変えた。(図14-9)

④　プロペラが水平に回るように，軸とプロペラの台を垂直にした。

その他，竹串と軸受用のストローの接触，竹串とプロペラの接触部分，排出口の形状主軸の軸とプロペラの台との接点などに改善が認められた。図14-10は，上から空気を当てる試みをした作品である。

工夫後，全作品の平均回転時間は3秒延び，もっとも長く回転した作品は12秒であった。この作品は4秒程度から12秒に延びた。この作品の構造をみると，①プロペラを切り抜く精度が高かった。②吹き出し口を斜めにしてプロペラに正確に当てていた。③軸は垂直になっていた。④プロペラの角度をすべて一定にしていた。この作品は，

少しの風が当たってもクルクル回転す
る程，高い完成度だった。

　製作途中に一人ひとりの改善の意見
が紹介され，お互いの情報が共有され
た。"軸を垂直にするとよい""羽根に
垂直に当てないと風の力がうけられな
い""プロペラの角度を大きくすると逆
に空気抵抗が大きくなる"など多くの
改善点が指摘された。試行錯誤の過程

図14-10　上からの排出口の工夫

で，みえない摩擦や空気の力がイメージされたこと，具体的に空気抵抗の減少
を探ろうとしたこと，風力の増大がおこるように部品を改善しようとしたこと
が明らかになった。

　児童の意見にみられた言語表現は，定式化された概念ではないが，"状況を
的確にとらえた言葉"であった。"プロペラの角度を大きくすると逆に空気抵
抗が大きくなる"の表現は，もっともよく回る大きさの落としどころ，いわば
最適性という概念に結びつくものである。プロペラを大きくすれば，たくさん
風をうけられるが，抵抗もおこしてしまうことに気づいているのである。この
ような言葉表現は，一般的な概念に昇華されてはいないが，ものづくりの本質
を的確にとらえた表現といえ，この表現こそ概念形成に欠かせない言葉と考え
る。

　子どもたちの感想には，「通常の図画工作とは違って，人の意見を聞き，い
ろいろな工夫ができた」「人と競争するのではなく，改良することによって，
自分の回転時間が延びることがとても楽しかった」と記されていた。自身の発
想に他者の意見を取り入れ，自らの言葉を形成したと考えられる。その後，本
教材は，風力発電に使われる風車などに繋げ，実社会との関係に発展させた。

おわりに

　冒頭で「学習者の能動性を高める学習の本質は，単に書く・話す・発表するという一連の定式化された形式的学習過程にあるのではなく，学習者の実態に相応しつつ，思考を深める教材のあり方や学習へのかかわり方をつくりだす教師の創造的活動にある。教育における中心的課題は，学習者の概念形成であり，その形成に向けた教師の創造的な教育活動を促すこと」と述べた。

　本章で示したアクティブスキルの実践では，直接的に知識や技を注入，教え込むというものではなく，教える側の適切な"教材"と"問い"が，学習者の"詳細なイメージの喚起"や"ことば"を引きおこし，概念形成に導く可能性を示した。

　山本正身[12]は「『教えない教育』のもっとも素朴な形態は，江戸学塾の担い手たちによって『勧める教育』あるいは『助ける教育』という形態としてさせられていた。この意味での江戸学塾の『教えない教育』は，近代以降国家が強力に敷設した『教える教育』によってほとんど消滅させられてしまった」と指摘している。また「『教える教育』は，学び手の側に立てば，却って自由な『学び』の営みを阻害してしまうような要素を多くはらんでいる。すなわちそれは，①『なぜ学ぶのか』については自らの内発的な動機を喪失させ，②『何を学ぶか』についてはそれを他者の管理に委ねさせ，さらに③『何のために学ぶか』については自分自身の利益を見失わせるような傾向をもっている[13]」と「教える教育」の問題点を指摘した。

　このような意味において，アクティブスキルの教育実践の試みは，山本の「勧める教育」「助ける教育」という考え方に近い取り組みといえる。この教育は具体的に一方的な教え込みの教育から一線を画すものといえよう。

　しかし「教えない教育」を推し進めるには，「教材そのものが語る」「余白のある教材」が教師の手によって開発され，有効性が検証される必要がある。さらに重要なことは，教材にどのような意義や意味をもたせ，そしてその教材をどのように開発するかという，教師の教材観や教材作成の力の育成も待たれる。

　今後，アクティブスキルという学び手の立場に立った教材開発や発問づくりの研究がより一層進むことによって，学習者に学ぶ意味や学ぶ面白さの気づきを与えられるという期待が膨らむのである。

注
1) 文部科学省 (2014)「初等中等教育における教育課程の基準などの在り方について (諮問)」26 文科初第 852 号 (H26.11.20) 中央教育審議会
2) 溝上慎一 (2015)「アクティブラーニング論から見たディープ・アクティブラーニング」松下佳代編著『ディープ・アクティブラーニング』勁草書房　p. 32
3) 土井康作 (2016)「附属学校園との教育連携実践プロジェクト研究」報告書　鳥取大学教育・研究プロジェクト　pp. 7-15
4) 土井康作　同上　p. 8
5) ヴィゴツキー (柴田義松訳) (2002)『思考と言語』新読書社　p. 229
6) ユーリア・エンゲストローム (山住勝広・松下佳代・百合草禎二他訳) (1999)『拡張による学習—活動理論からのアプローチ—』新曜社　p. 144
7) 佐伯胖・藤田英典・佐藤学 (1995)『シリーズ学びと文化 1　学びへの誘い』東京大学出版会　p. 72
8) A. S., Alschuler, D. Tabor & J. McIntyre (1970) *Teaching Achievement Motivation*, Education Ventures.
9) 小関智弘 (1985)『鉄を削る』太郎次郎社　pp. 22-23
10) 小関智弘 (2003)『職人』講談社　p. 33
11) 生田久美子 (2001)『実践のエスノグラフィ』金子書房　p. 244
12) 山本正身 (2006)「『教えない教育』を考える—教育の進化論的基盤—」田中克佳編『「教育」を問う教育学』慶應義塾大学出版会　pp. 92-94
13) 同上

第15章

技術科教員と大学教員による授業づくり コミュニティ構築の要件

本 多 満 正

はじめに

　本章は，中学校技術科教員と大学教員とが協働で技術科の新たな授業を提案しているコミュニティを成功事例と仮定し，授業づくりが有効に機能するコミュニティ構築の要件の解明を目的としている。

　対象としたコミュニティの変遷（課題・運営の留意点・活動の経過）を振り返り，コミュニティ参加者のコミュニティへの受容状況についての調査や研究論文の執筆状況などから，授業づくりでのコミュニティ構築の要件を整理する。ちなみに，本章で取り上げたコミュニティは，学校の文化において存在が認知されている既存の研究会ではなく，筆者が秋田県で関わった技術科教員のうち，技術科の授業を自主編成している教員の集いである。

　ところで，2015 年度時点で技術科教員養成機関が存在しない県が秋田県，富山県，石川県の３つである[1]。それらの県の技術科教員から，大学教員からの研究支援がないと困ることを筆者は聞いている[2]。2010 年代において技術科の実践研究の孤立化と形骸化が進んでいるように思われる。もしそうであるとするならば，技術科教員のコミュニティの営みや研究はますます重要になっていると考えられる。現在，技術科教員の多くが校内一名未満の配置であるために，教科研究の交流が日常的に行えない状況である。また，常勤教員が強制加入の

研究会においては，研究テーマが組織の上層部から下ろされる事例が多いようであり，実践の具体的発展に研究が寄与したとの経験を有する技術科教員に出会うことは希である。このような現状からも，既卒の技術科教員および教員養成の段階において，子どもの発達における技術科の役割などの技術科教育論を具体的に学ばせて自分自身の教育実践に確信をもたせることや実践研究の基本的な方法を学ばせることは重要になっていると考えられる。そうした認識から筆者は，出会った教員の授業づくりへの協力や支援を重ねるなかから，個人のつながりを集団化させた授業づくりのコミュニティの構築と支援を行ってきた。

第1節　技術科教員のコミュニティの変遷

第1項　時期区分

秋田における技術科教員のコミュニティは，2007年4月からの附属中学校教員Aとの共同研究からスタートし，2009年10月中学校技術・家庭科研究会東北地区大会における発表者Cを支援したことで，集団による研究支援を行うという性格が明瞭になった形成の時期までを第1期と区分した。その後，2011年10月の同会東北地区大会公開授業づくりへ向けてチームによるリレー方式で授業を練りあげていく授業改善の研究スタイルが定着し始めた発展の時期までを第2期とした。第3期は，研究発表が割り当たった地域が独自に努力するとの方針の変更になったことから，コミュニティが自分たちの授業づくりを課題とし始めた2013年夏以降である。時期区分の特徴などをまとめると下記のようになる。

第1期（2007年春〜2010年春）：附属教員Aとの共同研究と発表者Cへの研究支援

第2期（2010年夏〜2013年夏）：チームによる実践リレーのコミュニティ

第3期（2013年夏以降〜2016年現在）：自分たちが望む授業づくりの追求

第2項　第1期：附属教員Aとの共同研究と発表者Cへの研究支援

⑴　附属教員Aとの共同研究

　教員Aは官製研究会の研究部長として名実ともに研究会をリードする人物であった。最初に，2007年6月の附属中学校公開研究会の共同研究者として，公開授業への提案と研究紀要の原稿へのアドバイスを行った。公開授業の教材として提案した内容は，自動車のシリンダーの形状によって室内の気体の流れが変わることを利用して消費燃料をおさえるために，渦流を生じさせることを課題とした実習教材であった[5]。当時の教員Aにとって，技能を育む以外の技術科の授業があることに驚くとともに，大切であることを実感したということが後の調査でわかった。研究紀要の原稿へのアドバイスとしては，学習指導要領の文言からの記述でなく，子どもの具体的な姿から教えることを導き出すように修正意見を示した。教員Aは，「言葉をこねくりまわすことよりも研究の具体性を高めることの重要性を認識した」と述べていた。

⑵　発表者Cへの支援

　その後，教員Aとの共同研究としては，以前，大学派遣（内地留学）の現職教員Bが取り組んでいた「ルーターゲーム」の実践研究を発展させ，2009年の公開研究会において授業公開した[6]。2009年10月の中学校技術・家庭科研究会東北地区大会に発表が割り当てられ困っていた発表者Cへ「ルーターゲーム」実践研究を提供した。そして筆者と教員Aとは，発表者Cの研究発表のアウトラインや子どもの姿を具体的に描くことをアドバイスした。発表当日，Cの発表に対して，青森県からの参加者から「授業のアイディアと子どもの姿を具体的にみせて考察した報告でとても感動した」との発言があった。発表者も成功感をもった旨述べていた。

　2009年秋頃から，「配送計画ゲーム」授業の実施について教員Aと相談を開始するとともに，教員Aには実践研究を論文にまとめる課題を，2009年12月に課し，研究の目的・方法・結論などの構成を中心に添削し，2010年2月に大学紀要にまとめることができた[7]。この経験はその後の教員Aの論文執筆の自立に大きく役立ったように思われる。

第3項　第2期：チームによる実践リレーのコミュニティ

⑴　教員Eへの支援と配送計画ゲーム

　第1期に開発した「シリンダー内での渦流発生の開発疑似体験」「ルーター
ゲーム」の2つの教材を2010年6, 7月の教員免許更新制講習（12時間）で実
施した。受講者のなかには後にコミュニティで活躍する教員Dと2011年東北
ブロック大会公開授業者の教員Eが参加していた。受講者の意欲をひしひし
と感じていたので，教員Aと開発中の「配送計画ゲーム」の素案を紹介し，
講習のなかで一緒に授業づくりを行った。もともと素案段階から授業づくりに
参加させた方が教員の成就感が高くなることや，何よりも教育課程を自主的に
編成する貴重な経験になるという思惑があった。2010年7月時点での「配送
計画ゲーム」は，モデル化とシミュレーションを学ばせる教材という位置づけ
であった。具体的には，時間枠に収まる順列を体当たりでストックし，それら
をソートし，評価関数などの人間があらかじめ与えた条件を用いて判定すると
いうコンピュータプログラムの処理の特徴とその活用法を学ばせることをねら
っていた。

　講習後，3名の教員（A, D, E）による実践リレーの授業改善を行うなかで，
モデル化とシミュレーションを学ばせる教材という位置づけでなく，走行距離
の短さ＝環境負荷，配送時間の少なさ＝経済効率，休憩時間＝働き方，といっ
た技術評価の視点に気づかせるとともにそれらの関係性を踏まえて総合的に判
断する技術の世界を学ぶことに教育目標を転換して授業をまとめた。[8]そうした
まとめ方などに対して，「授業のまとめ方の勉強になった」「授業づくりが楽し
い」という感想があがっていた。2011年10月の東北地区大会での公開授業を
参観した教員Fは，「今回はとても内容のある研究会となりました」との感想
を述べていた。その後，教員Fは「配送計画ゲーム」の研究授業を実施して
いる。秋田中央部から距離の離れた地域においてリレー式で授業を研究するな
どの地域の実践リーダーであり，コミュニティに積極的に参加している。教員
Dは，リレー式の研究授業によって，多くの人が感心する授業を試すことがで
き，そしてお互いに参観することや，他の人にやってもらうことでいろいろな

ことに気づくことができるので実践が確実に改善できていくことを強く実感したという。

⑵　「技術ゲーム」の授業づくりとコミュニティの拡大

　研究への参加者が拡がってきたなかで，2011年末から，開発教育の教材「貿易ゲーム」をヒントに紙製タイヤとホイルを集団でつくるなかで，人と材料の間に入る道具というものづくりの三要素と，道具発展の意義について実感を伴って学ぶ「技術ゲーム」教材と指導法の開発を開始した。2012年3月に秋田大学の附属中学校で初めて実践することができ，4月から着任の教員Gに対して，教員Aから，子どもの姿を中心にした授業研究がとても大切であることと「技術ゲーム」実践のねらいを含めて実践が紹介され，実践と研究を教員Gへ円滑に引き継ぐことができた。[9]

　2017年10月に秋田で開催予定の中学校技術・家庭科研究会全国大会が近づいてきた2012年4月に，秋田大学から技術科担当者である筆者が異動することになった。筆者の転勤に対して，秋田県の中学校技術科教員が不安になっていることを耳にした。そのため，①大会で提案する公開授業の内容を準備すること，②具体的に子どもの姿をとらえて授業を改善する「協働での授業づくり」を提案した。2013年5月末の秋田大学附属中学校の公開授業研究会に，秋田県中学校技術・家庭科研究会会長名での出張依頼が秋田県技術科教員全員にあったため，約3割の参加があった。研究会参加者から好評の声が寄せられた。教員Fが所属する地域の会員3名は全員参加し，教員Aが「配送計画ゲーム」の技術評価からヒントを得た「丈夫な構造」を検討する授業を，教員Fの地域において授業研究として行った。[10]また，2013年10月に開催の東北地区大会発表原稿の作成を数名で支援した。

第4項　第3期：自分たちが望む授業づくりの追求

⑴　「配送計画ゲーム」のタブレットアプリ化と実践の発展

　第2期までは，東北地区大会での研究発表が割り当たって困っている教員に対して授業内容の提供や授業づくりの支援をチームで行ってきた。「割り当た

った教員が伸び伸び自分たちの研究をやればよい」という考えになったことから，筆者らの研究活動はこれまでの研究発表者への支援でなく，自分たちが望んでいる技術科の授業づくりを追求することになった。授業を参観するためには，各教員の所属校に対する出張依頼書が必要である。技術・家庭科研究会名の書類でなく，現地から離れた大学勤務の筆者名であるために，説明の手間が少し増えたとのこと。

　その反面，教育課程の自主編成の機運が高まってきたように思われる。もともと，筆者は，実社会のものづくりをみる子どもの目を育んでいく技術科の授業づくりを技術科教員とともに行っていくことと，子どもの具体的な発達や成長をもとにした授業実践が多数になっていくことに大学教員になる前から取り組みたいと考えていた。第3期ではそうした考えの方々と一緒に活動している。

　教員Dの奮闘によって，「配送計画ゲーム」をタブレットアプリ化することができた。そのことで，ゲームの答え方を含めたルールの説明が簡素化され，グループでの話し合いが活性化されるなどの成果もでてきた。そして，「配送[11]

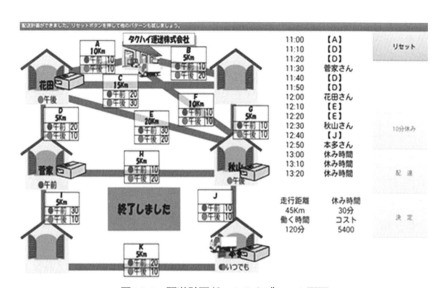

図 15-1　配送計画ゲームのタブレット画面

計画ゲーム」はアルゴリズム構築の力を育むことをねらった実践も探究している。実践を通していくことから，本題に遠い部分がそぎ落とされて，実践がとぎすまされているという感想が時折コミュニティのなかで交わされている。図15-1 は配送計画ゲームのタブレット画面である。

(2)　「技術ゲーム」実践の進展

「技術ゲーム」実践は，ものづくりの構成要素と道具などの重要性について実感を伴って学ばせるねらいだけでなく，分業の必然性について実感を伴っての理解と分業の工夫を考えさせる実践へと研究が進展してきた。2015 年 6 月の秋田大学附属中学校での公開授業[12]は，日本教育新聞の 2015 年 7 月 20 日付け 9 面にて，「中学校でも主権者教育の必要性を議論することが課題となるなか，…（引用者中略）…，社会のものづくりシステムを模倣したゲームで生徒の社会参画の意識向上を試みた」実践として紹介された[13]。新聞記事については，秋田県教育委員会の教員研修機関において注目されていたことが授業者に伝えられた。このような反響は，授業で感じた子どもの学びに対する手ごたえとはまた別の手ごたえを感じさせるものであり，コミュニティの活動の励みになっているように思われる。教員 G は，「技術ゲーム自体が自分自身の技術の世界の見方を大きく転換させたように思う」と述べている。一方で，「技術ゲーム」に対して「今さらはさみの使い方を教えてものづくりの何に役立つのか」という声を発する，技術教育＝技能教育のとらえ方の技術科関係者が少なくないようである。こうした方々への対応は，若手の教員の技術科教科観の育成において大きく影響することからも重要になってくる。

(3)　スマートグリッドゲームの開発

　電力供給の自動システム構想であるスマートグリッド（以下，SG と略す）に着目し，SG の自動処理の主な要素を手作業でたどらせることで SG の仕組みを理解させるとともに，その操作の大変さから SG の意義を実感させることができると考えて授業を構想した。そこでの教材については，「配送計画ゲーム」のタブレットアプリをアレンジさせたイメージであることなどを教員 D に伝えたところ，教員 D が具体化して SG ゲームアプリを 3 ヵ月ほどで開発した。

図 15-2　SG ゲーム実行中のタブレット画面

　図 15-2 は SG ゲームのプレイ中の画面である。SG ゲームは，再生可能エネルギーを制約条件のなかで積極的に給電に活用することによって火力発電の燃料を減らすことができるという構成にした。

　2015 年 10 月，教員 D による SG ゲームを用いた授業が実施された。実践を通したことで，ひとつの火力発電と 3 つの再生可能エネルギー利用の発電を組み合わせるという SG ゲームの基本ルールの理解がこのままでは弱いことがわかったため，タブレット操作の前に練習シートに使用回数を書きこませることにした。2015 年 12 月，教員 G による SG ゲームの授業が取り組まれた。年度末のなか，スケジュールを調整して 14 日には教員 D，教員 F，他県の教員と筆者が授業を参観し，① よりよい給電の内容を確定させずに，ゲームに取り組ませたことによる結果表示（「燃料」として火力を使った回数，「余裕」として余った電力量）がグループごとに違うことから，よりよい給電を考えさせていく展開に修正したこと，② ルール理解のためにワークシートを活用し，ゲーム画面上での具体的な操作を示すことを追加したこと，③ ゲームや画面表

示の説明プリントを改良したこと，などを話し合った。そのことで翌15日の授業が大幅に向上した[14]。教員Gは，一日での授業の大幅な向上の経験が貴重であったことと改めて，協働で授業をつくることの重要性を実感した，と述べていた。この実践が2016年1月11日付けの日本教育新聞において「『社会』体感するゲーム教材活用」として紹介された[15]。実践が新聞に掲載されたことについて教員Gの学校のなかでも話題になっていたという。チームによる実践研究が順調に進展している。

　このように，授業づくりのコミュニティの活動経過を振りかえってきた。筆者は，研究や授業の原案や総括を行い，教員Dは教具教材のつくり手，教員A，F，Gは使い手として機能していた。

第2節　コミュティ参加者の受容と効果

第1項　コミュニティ参加者への調査から

　コミュニティ参加者のコミュニティに対する受容を知るために，コミュニティ参加者のDが2015年1月中旬に電子メールを用いて調査を実施した。3名（A，F，G）全員が回答した。質問項目は，協働での授業づくりについての「メリット」「ネックになること」「気づいたこと」の3つである。以下の回答から対象としたコミュニティに参加することのメリットが大きいこと，自分自身の実践力向上につながること，研究者のコミュニティ参加が期待されていることが示された。

⑴　メリット

　協働による授業づくりのメリットとしては，第1に，研究や実践の進展への効果を認識したとの回答があがっていた（「研究の発展の手がかりを見出すことができる」「協働で行うことで発展の可能性が飛躍的に高まる」など）。第2に，子どもの観察による授業研究の充実を指摘するものがあった（「多様なデータを得ることができ，そのことが発想を広げることにつながる」「授業を参観し合うことで，一人では気づきにくい子どものつぶやきも拾い上げることができ，

協議が加速する」)。第3に，教材の共有化と負担軽減を指摘したものがあった（「教材づくりを分担することができる」)。

⑵　ネックになること

自主的コミュニティのため，参加者の所属学校の物的条件整備の違いによってタブレットを活用した追実践が容易でないことを指摘する回答があった。

⑶　その他，気づいたこと

「大学教員が加わることで，専門的な知見に触れ，発想が広がったり深まったりして，研究の視点が格段に豊かになる」という意見は，研究コミュニティには，大学教員レベルの指導者が必要であることを意味している。

第2項　実践研究の論文執筆

形骸化した実践研究を現場から克服する実践リーダーを育成する意図から，実践研究を論文にするための執筆支援を行ってきた。

その結果，2016年4月時点での発行の大学紀要論文などのうち，主な執筆者とした論文数は，教員Aは2本，教員Dは5本，教員Fは3本である。特に教員Dの論文執筆力の向上がいちじるしいので，成長の秘訣を得るために2016年3月下旬に問い合わせた。その回答としては，「難しい言葉や無駄な言葉を使わないことにした」とのことであった。その理由としては，論文執筆において，筆者からの「質問や意見を予測できるようになってきた」という。当初は直接修正していたが，問いかけの形式にしたことが有効に機能したようである。

おわりに

本章は，中学校技術科教員と大学教員とによる授業研究を核とした自主的コミュニティが有効に機能する要件の解明を目的とした。第1節で述べたように，研究素材に困っている教員への支援を行う目的から開始した授業づくりのコミュニティは，個人による授業づくりの限界を超えたことへの達成感や自信をも

って活動が進んできた。第 2 節で述べたように，コミュニティ参加の教員の満足度は高く，研究論文の発信ペースもあがっており，執筆の自立度も高まってきた。

　本章の事例から，技術科教員と大学教員による授業づくりのコミュニティを有効に機能させるためには，大学教員の方から新たな授業の素案を示すことで，技術科の授業の自主編成が進みやすいこと，発案・総括者，つくり手，使い手をひとつのユニットとして機能させることがコミュニティ構築の要件となることを示した。

注

1) 文部科学省「平成 27 年 4 月 1 日現在の教員免許状を取得できる大学」http://www.mext.go.jp/component/a_menu/education/detail/_icsFiles/afieldfile/2015/12/01/1287065_1.pdf（2016 年 4 月 20 日最終アクセス）

2) 秋山政樹（2015.2）「タブレット端末アプリでアルゴリズム構築を学ぶ授業実践と教員研修」第 29 回秋田県教育研究発表会発表資料　秋田県総合教育センター。および，（2016.2）富山県技術科教員への質問への回答。

3) この事に関しては，全国で出会った多くの技術科教員から聞いている。以下の論文にも取り上げた。井川大介・本多満正（2016）「若手技術科教員の成長に有効な支援に関する研究―免許外教員が多い地域の事例―」『愛知教育大学技術教育研究　愛知教育大学技術教育講座』第 2 号　pp.13-17

4) 花田守・本多満正・菅家久貴（2014）「技術科の授業開発のコミュニティの構築とその効果」『秋田大学教育文化学部教育実践研究紀要』第 36 号　pp.217-226

5) 本多満正・菅家久貴・扇柳政則（2008）「シリンダー開発の疑似体験を組み込んだ『渦流』の教材開発」『秋田大学教育文化学部教育実践研究紀要』第 30 号　pp.33-39

6) 本多満正・水谷浩紀・菅家久貴（2008）「中学校技術科における情報通信ネットワークの仕組みの教材化とその評価――体験型教材『人間ルーターゲーム』の開発」『教材学研究』19 巻　日本教材学会　pp.195-202

7) 菅家久貴・本多満正（2010）「疑似体験『人間ルーターゲーム』における学び合いの効果に関する一考察」『秋田大学教育文化学部教育実践研究紀要』第 32 号　pp.167-173

8) 本多満正（2012）「配送計画をつくろう」『新しい技術・家庭　教師用指導書　技術分野指導資料編』東京書籍　pp.372-375

9) 菅家久貴・本多満正（2012）「ものづくり学習過程に技術評価を取り入れた授業実践とその効果」『秋田大学教育文化学部教育実践研究紀要』第 34 号　pp.179-185

10) 菅家久貴・花田守・伊藤貴明他（2013）「工場の労働を模倣したものづくりを取り入れた授業実践とその効果」『秋田大学教育文化学部教育実践研究紀要』第 35 号　pp.155-163

11) 秋山政樹・本多満正・菅家久貴他 (2015)「アルゴリズム構築の協同学習を支援するタブレット端末用アプリの開発」『鹿児島大学教育学部教育実践研究紀要』第24号　pp.81-90

12) 公開授業を中心にまとめた実践研究論文は下記。花田守・本多満正・秋山政樹他 (2016)「道具と作業分担からものづくりの世界への見方を育む技術科の授業づくり」『愛知教育大学研究報告 (芸術・保健体育・家政・技術科学・創作編)』第65輯　pp.57-64

13) 日本教育新聞 (2015.7.20)「仮想会社で生産効率考える／社会参画の意識を育もう」9面

14) 秋山政樹・花田守・本多満正他 (2016)「スマートグリッドの知的処理を理解する疑似体験教材と指導法の開発」『秋田大学教育文化学部教育実践研究紀要』第38号　pp.243-251

15) 日本教育新聞 (2016.1.11)「需要量に応じて給電せよ／『社会』体感するゲーム教材活用」8面

あとがき

　本書は，2016（平成28）年3月末日付で，東京学芸大学を定年退職された田中喜美先生（以下，田中先生）の「退職記念論文集」である。その内容は，田中先生をはじめ，東京学芸大学の学部・大学院で先生の教えを受けた者や博士学位論文を纏めるうえで先生の教えを受けた者の研究分野または教育実践に関する論文で構成されている。

　本書の出版にあたっては，東京学芸大学で田中先生の教えを受け，現在，大学に勤務する者が世話人となり，研究会を組織して，本書の構成や各論文の内容などの検討を田中先生とともに行ってきた。最後までご指導いただいた田中先生には，ここに改めて感謝申し上げたい。

　さて，田中先生は，1950（昭和25）年5月28日に静岡県浜名郡舞阪町（現：浜松市西区）に生まれ，1969（昭和44）年3月に静岡県立浜松北高等学校，1973（昭和48）年3月に名古屋大学教育学部，1978（昭和53）年3月に同大学大学院教育学研究科（博士課程）を卒業・修了された。その後，1978年11月から1986（昭和61）年3月まで金沢大学，同年4月から2016年3月まで東京学芸大学に勤務された。

　こうした田中先生のご功績は，多岐にわたる。

　研究活動に関しては，田中先生は，「著作目録」に示されるように，アメリカ合衆国の技術教育の教育実践史や教員養成実践史を研究対象の中心に据えつつ，日本の中学校技術科教育や高等学校工業科教育に関わる様々な諸問題についての多くの著書や論文を発表された。

　また，田中先生は，金沢大学および東京学芸大学で技術教育の教員養成に携わるとともに，東京学芸大学では，その教員養成を担う大学教員の養成にも携わってきた。そして，全国各地で活躍する中学校技術科教員や高等学校工業科教員，およびそれらの教員養成を担う大学教員を数多く育ててこられた。

　さらに，田中先生は，東京学芸大学において，同大学院連合学校教育学研究

科（博士課程）の専任教官（1996〜2002年度），教育実践研究支援センター長
（2006〜2007年度），副学長（2008〜2009年度），副学長・理事（2010〜2012年度）
をお務めになるなど，同大学の運営管理にもご尽力された。

　加えて，田中先生は，教育学や技術教育学に関する諸学会の活動，技術教育
研究会をはじめとする民間教育研究団体の活動，日本教職員組合の教研活動な
どにも，積極的に参加され，活動の発展・充実に貢献された。

　本書の出版を通して，私たちは，こうした田中先生のご功績や先生から受け
た教えをあらためてふり返ることができた。今後も，それらを忘れず，各自の
研究活動や教育実践に一層精進し，技術教育の発展に貢献していきたいと考え
ている。そして，数年後には，それらの成果を結集して，田中先生および先生
の教えを受けた者によって，技術教育の学術書を刊行したいと考えている。今
後も田中先生のご健康を祈念するとともに，先生には学会や研究会などにおい
てご指導いただくことをお願いしたい。

　最後に，本書の出版企画にご賛同いただき，その刊行に際して多大なご協力
をいただいた学文社社長の田中千津子氏に厚く御礼申し上げたい。

2016年7月

世話人を代表して　　疋田　祥人

田中喜美先生退職記念行事世話人会

内田　　徹（浦和大学）　　　　　　　　疋田　祥人（大阪工業大学）
尾高　　進（工学院大学）　　　　　　　平舘　善明（帯広畜産大学）
木下　　龍（千葉大学）　　　　　　　　本多　満正（愛知教育大学）
佐藤　史人（和歌山大学）　　　　　　　丸山　剛史（宇都宮大学）
柴沼　俊輔（東京学芸大学非常勤講師）　村松　浩幸（信州大学）

（50音順・敬称略）

Ⅰ　著　書

〔1〕単著・共著

1993 年　『技術教育の形成と展開—米国技術教育実践史論—』多賀出版

2010 年　『アメリカ合衆国技術教育教員養成実践史論—技術教育のための「大学における教員養成」の形成—』（木下龍との共著）学文社

〔2〕共　編

1989 年　『改訂学習指導要領批判と私たちの課題 10 技術科編　今こそ小中高一貫の技術教育を』（教育課程検討委員会：河野義顕・小池一清との共編）日本教職員組合

　　　　　『技術科のとびら』（河野義顕・小池一清・三浦基弘との共編）日本書籍

1990 年　『新版　技術科教育法』（佐々木享・近藤義美との共編）学文社

1994 年　『改訂版　技術科教育法』（佐々木享・近藤義美との共編）学文社

1995 年　『技術教育研究　別冊 1　すべての子ども・青年に技術教育を—小・中・高校を一貫した技術教育のための教育課程試案—』（河野義顕ほか 7 名との共編）技術教育研究会

1998 年　『技術教育研究　別冊 2　高校工業教育の復権—高校教育再生への道—』（高校職業教育検討委員会：斉藤武雄ほか 6 名との共編）技術教育研究会

1999 年　『技術科の授業を創る—学力への挑戦—』（河野義顕・大谷良光との共編）学文社

2005 年　『工業高校の挑戦—高校教育再生への道—』（斉藤武雄・依田有弘との共編）学文社

2009 年　『ノンキャリア教育としての職業指導』（斉藤武雄・佐々木英一・依田有弘との共編）学文社

〔3〕分担執筆

1980 年　「アメリカ合衆国における一般教育と技術教育」池本洋一編『勤労体験学習の研究—高等学校の技術教育—』建帛社　pp. 90-94

1983 年　「オペレーション＝複合法・大谷実践の意義」技術教育研究会編『技術教育の方法と実践』明治図書　pp. 112-114

1990 年　「科学技術社会における技術科教師教育」伊津野朋弘研究代表『教員養成カリキュラムの改善に関する研究—中間報告—』東京学芸大学　pp. 161-168

（254ページ）

1994 年　「アメリカ合衆国」鈴木寿雄・藤枝憲子編『国際理解教育と教育実践 21　技術科・家庭科教育における国際理解教育』エムティ出版　pp. 56-63

1995 年　「教員養成のための技術史教育実践」前田清志編『技術史教育論』玉川大学出版部　pp. 204-213

1996 年　「技術教育のための『大学における教員養成』の形成―コロンビア大学ティーチャーズ・カレッジでの展開と帰結―」佐々木享編『技術教育・職業教育の諸相』大空社　pp. 187-214

　　　　　「キャリア発達をうながす産業教育」城仁士・那須光章編『総合的学習への提言―教科をクロスする授業―3「キャリア発達と産業教育」理論と方法』明治図書　pp. 138-167

1999 年　「我が国の普通教育における技術・技能教育の現状と諸外国の対比」服部光朗＆ゼンキン連合モノづくりプロジェクト編『ものづくりが日本を救う』日本工業新聞社　pp. 178-184

2000 年　「日本と海外の技術科教育」INAX ギャラリー企画委員会編『ロボコンスーパー中学校―八戸三中の熱闘―』INAX 出版　pp. 64-68

　　　　　「日産テクニカルカレッジ」明治大学企業内教育研究会編『人材活用と企業内教育』日本経済評論社　pp. 66-75

2002 年　「アメリカ」中村祐治編集代表『CD-ROM 版技術科教育実践講座　理論編 1―Vol. 1　工夫し創造する力をはぐくむ「カリキュラムと学習指導・評価」―』ニチブン　pp. 341-346

　　　　　「教師教育の教員の養成はどうあるべきか―連合大学院（東京学芸大学）の教育研究実践―」日本教師教育学会編『講座　教師教育学Ⅱ　教師をめざす』学文社　pp. 237-248

2005 年　「技術科教育における比較研究の意義」日本産業技術教育学会編『技術科教育総論』pp. 158-163

2013 年　「アメリカ」日本産業教育学会編『産業教育・職業教育学ハンドブック』大学教育出版　pp. 223-226

2015 年　「東アジア教員養成国際コンソーシアムの取り組み」（下田誠との共著）東アジア教員養成国際共同研究プロジェクト編『「東アジア的教師」の今』東京学芸大学出版会　pp. 12-28

2016 年　「未来の技術教育教師のための１つの教養論―原子核エネルギーをいかに把握すべきか―」佐々木享先生追悼集編集委員会編『人間いたるところ青山あり』大空社　pp. 137-151

〔4〕事典・辞典項目執筆

1983 年　「オペレーション法」馬場信雄ほか編『技術科教育辞典』東京書籍　pp. 41-42

　　　　　「アメリカのインダストリアル・アーツ」岡津守彦監修『教育課程事典　各
　　　　　　論編』小学館　pp. 190-192
2001 年　「技術科教育の研究動向」日本カリキュラム学会編『現代カリキュラム事典』
　　　　　　ぎょうせい　pp. 301-302
　　　　　「情報処理教育」久保義三ほか編『現代教育史事典』東京書籍　pp. 294-295
2002 年　「技術科教育」「技術・家庭科教育」安彦忠彦ほか編『新版 現代学校教育大
　　　　　　事典　第 2 巻』ぎょうせい　p. 98, pp. 98-99
2004 年　「教育と労働の結合」「仕事・労働と発達」「技術科教科書の研究」「技術科
　　　　　　の教材・教具の開発」「技術科の教育方法」日本教育方法学会編『現代教
　　　　　　育方法事典』図書文化　p. 31, 77, 236, 237, 272
2008 年　「技術科教育」原聡介編集代表『教職用語辞典』一芸社　pp. 103-104

〔5〕 監　修

1992 年　技術教育研究会編『自動化からはじめるコンピュータ学習』
2000 年　村松浩幸編集代表『IT の授業革命「情報とコンピュータ」』東京書籍
2002 年　技術教育研究会編『ためしてわかる通信とネットワーク』
　　　　　中村祐治編集代表『CD-ROM 版 技術科教育実践講座』ニチブン

Ⅱ　論　文

1974 年　「技術・労働・教育」『教育論叢』（名古屋大学大学院教育学研究科）第 17 号
　　　　　　pp. 51-66
1975 年　「C. M. Woodward と St. Louis Manual Training School— 米 国 Industrial
　　　　　　Education の成立史(I)—」『名古屋大学教育学部紀要　教育学科』第 21 巻
　　　　　　pp. 197-208
1976 年　「アメリカ合衆国における工業教育成立の諸相」『技術教育研究』第 9 号
　　　　　　pp. 1-10
　　　　　「ソビエトにおける技術教育」（小森久衛との共著）同上　pp. 11-23
　　　　　「Manual Training と Vocational Education— 米国 Industrial Education の
　　　　　　成立史(II)—」『名古屋大学教育学部紀要 教育学科』第 22 巻　pp. 205-217
　　　　　「戦後日本の技術教育理論 I　長谷川技術教育理論の検討」（伊藤彰男・佐藤
　　　　　　広一・堀内達夫との共著）『教育論叢』（名古屋大学大学院教育学研究科）
　　　　　　第 19 号　pp. 1-21
1977 年　「マニュアル・トレイニングの変容とインダストリアル・アーツ—米国産業
　　　　　　教育成立史(III)—」『名古屋大学教育学部紀要　教育学科』第 23 巻
　　　　　　pp. 239-249
　　　　　「能力と学力—今日の『学力論論争』の検討—」（楠木宏彦・小森久衛との共
　　　　　　著）『教育論叢』（名古屋大学大学院教育学研究科）第 20 号　pp. 1-21

1979 年　「米国技術教育教授理論史におけるプロジェクト法―インダストリアル・アーツとプロジェクト法(1)―」『教科教育研究』(金沢大学教育学部) 第 13 号　pp. 21-38

1980 年　「技術教育の方法―オペレーション法の意義―」『技術教育研究』第 17 号　pp. 1-7

　　　　「米国技術教育教授理論史における『ロシア・システム』」『教育方法学研究』第 5 巻　pp. 45-52

　　　　「中等職業技術学校」『技術教育研究』第 18 号　pp. 23-29

　　　　「技術教育の方法としての C. R. アレンの作業分析法の意義―アレン法と企業における訓練専管部門の成立をめぐって―」『教育学研究』第 47 巻第 3 号　pp. 187-198

1981 年　「中学校『技術科』における実習の授業研究覚書―木材加工Ⅰを事例として (上) ―」(森田輝男・桜井英昭との共著)『金沢大学教育学部紀要　教育科学編』第 30 巻　pp. 125-142

1982 年　「中学校『技術科』における実習の授業研究覚書―木材加工Ⅰを事例として (下) ―」(森田輝男・桜井英昭との共著)『金沢大学教育学部紀要　教育科学編』第 31 巻　pp. 99-118

　　　　「米国技術教育教授理論史におけるプロジェクト法(2)―1900 年代コロンビア大学教育学部附属学校の教育課程分析 (上) ―」『教科教育研究』(金沢大学教育学部) 第 18 号　pp. 45-60

1983 年　「米国技術教育教授理論史におけるプロジェクト法(3)―1900 年代コロンビア大学教育学部附属学校の教育課程の分析 (下) ―」『金沢大学教育学部紀要　教育科学編』第 32 巻　pp. 113-131

　　　　「教育課程における技術教育と家庭科教育の関係―米国での形成期を中心に―」『技術教育研究』第 23 号　pp. 6-15

　　　　「感動しつつわかる授業の創造をめざして―冬季合宿研究会の報告にかえて―」『技術教育研究』第 25 号　pp. 17-19

　　　　「アメリカ合衆国における中等教育改革論の動向―ボイヤー報告をめぐって―」同上　pp. 38-46

1985 年　「書評と紹介　アーネスト L. ボイヤー著，天城勲・中島章夫監訳『アメリカの教育改革―ハイスクール新生の 12 の鍵』」『技術教育研究』第 26 号　pp. 64-66

　　　　「アメリカ合衆国における一般教育としての技術教育の展開Ⅰ―F. G. ボンサーのインダストリアル・アーツ教育論分析 (上) ―」『金沢大学教育学部紀要　教育科学編』第 34 巻　pp. 269-288

　　　　「アメリカ合衆国における一般教育としての技術教育の展開Ⅱ―F. G. ボンサーのインダストリアル・アーツ教育論分析 (中) ―」同上　pp. 289 305

1986 年　「米国での初等・中等教育の垂直的編制における一般教育と職業教育との関
　　　　　連問題—スミス=ヒューズ法の年齢規定の学校制度論的意味を中心に—」
　　　　　『教育学研究』第 53 巻第 4 号　pp. 375-385
　　　　　「第 13 回公開研究会に出席して」『技術教育研究』第 28 号　pp. 23-24

1987 年　「技術教育の授業づくりの歴史と課題—研究方法論を中心として—」『技術
　　　　　教育研究』第 30 号　pp. 1-11
　　　　　「ドイツ民主共和国の 10 年制学校における情報技術教育の内容—生徒実験
　　　　　と SEG 教具—」（本多満正・川村侔との共著）『東京学芸大学紀要　第 6
　　　　　部門』第 39 集　pp. 81-91

1988 年　「米国における教師養成機関の大学院化と教科教育—コロンビア大学ティー
　　　　　チャーズカレッジでの技術教育分野を中心に—」『日本の教育史学』第 31
　　　　　号　pp. 141-162
　　　　　「機械・原動機における技術の科学的概念の構造化—技術科での経験主義克
　　　　　服の道を探る—」（大谷良光・川村侔との共著）『東京学芸大学紀要　第 6
　　　　　部門』第 40 集　pp. 47-70
　　　　　「技術学の科学的認識の形成に関する研究—予想実験授業による熱力学第一
　　　　　法則の定性的認識の授業—」（大谷良光・川村侔との共著）同上　pp. 71-
　　　　　88
　　　　　「労働・技術と教育—労働の教育の広がりと教科としての技術の教育の困難
　　　　　さ—」『教育』第 38 巻第 14 号　pp. 70-74

1989 年　「本の紹介『ハイテク社会と労働—何が起きているか—』」『技術教育研究』
　　　　　第 34 号　pp. 54

1990 年　「書評　永島利明著『新技術科教育論』」『技術教育研究』第 36 号　pp. 48-
　　　　　50
　　　　　「アメリカ合衆国の技術科教育の動向—産業科から技術科へ—」『技術教室』
　　　　　第 457 号　pp. 42-49
　　　　　「アメリカ合衆国技術教育史研究の現状と課題—課題としての技術教育実践
　　　　　史研究—」『東京学芸大学紀要　第 6 部門』第 42 号　pp. 45-64
　　　　　「中学校技術科栽培領域の教授内容に関する研究動向」（村松浩幸・川村侔と
　　　　　の共著）同上　pp. 65-86

1991 年　「中学校技術科教育実習事前事後指導の教育課程編成にあたっての諸問題」
　　　　　『東京学芸大学教育実習研究指導センター研究紀要』第 15 集　pp. 55-64
　　　　　「中学校技術科教材論ノート（上）」（佐藤史人との共著）『技術教育研究』第
　　　　　38 号　pp. 61-70
　　　　　「アメリカ合衆国におけるスロイド教育の実際とその社会的意義—ボストン
　　　　　スロイド養成学校での G. ラーソンの教育実践を中心に—」『東京学芸大
　　　　　学紀要　第 6 部門』第 43 集　pp. 61-83

「中学校技術科学習指導要領・指導書における題材概念について」（佐藤史人・川村侔との共著）同上　pp. 85-99

「米国の初等学校における産業科教育課程論—F. G. ボンサーの教育課程論を中心に—」（赤沢靖規・川村侔との共著）同上　pp. 104-114

「技術科教育における題材と教材の相違—工作教授の教材論を手がかりとして—」（鈴木隆司・川村侔との共著）同上　pp. 115-130

1992 年　「中学校技術科教材論ノート（下）」（佐藤史人との共著）『技術教育研究』第 39 号　pp. 57-63

「問題点の本格的掘り下げと明日への展望を」『技術教育研究』第 40 号　pp. 8-9

「技術教育としてのコンピュータ教育の教材論—中学校技術科『情報基礎』の教材・教具研究(1)—」（村松浩幸・川俣純・大谷良光・川村侔との共著）『東京学芸大学紀要　第 6 部門』第 44 集　pp. 51-61

「自動化学習のための簡易言語の開発—中学校技術科『情報基礎』の教材・教具研究(2)—」（川俣純・大谷良光・村松浩幸・川村侔との共著）同上　pp. 63-70

「自動化学習の指導計画と授業実践—中学校技術科『情報基礎』の教材・教具研究(3)—」（川俣純・大谷良光・村松浩幸・川村侔との共著）同上　pp. 71-85

1993 年　「中学校技術科におけるコンピュータ学習の教育的価値」『技術教育研究』第 41 号　pp. 22-31

「中学校技術科『情報基礎』の教育課程開発—自動化からはじめるコンピュータ学習—」『教育方法学研究』第 18 号　pp. 111-119

「米国の技術・職業教育関係の専門用語についての覚書—アメリカ教育学会『教育学研究辞典』第 5 版・第 6 版の比較を通して—」『技術教育学研究』（名古屋大学教育学部技術教育学研究室）第 8 号　pp. 93-98

「環境問題と技術教育（上）—技術教育としての環境教育実践が求める理論の要件—」『技術教育研究』第 42 号　pp. 1-10

「米国の中等学校用教科書にみる技術教育の特質」（岩崎薫との共著）『日本産業教育学会研究紀要』第 23 号　pp. 71-82

「工業高校電子機械科の教育課程に関する調査研究」（陶白・川村侔との共著）『東京学芸大学紀要　第 6 部門』第 45 集　pp. 27-47

「工業高校情報技術科の教育課程に関する調査研究」（孫克寧・川村侔との共著）同上　pp. 49-66

「中学校技術科における『かんなの刃研ぎ』の授業研究」（加治屋貢一・川村侔との共著）同上　pp. 67-85

1994 年　「環境問題と技術教育（下）—『人間と自然の間の物質代謝』論を手がかり

にして―」『技術教育研究』第 43 号　pp. 45-57

「技術教育の教科は必要か」『教職研修』7 月増刊号　pp. 212-213

「小・中・高一貫の技術教育教育課程試案（中間まとめ）を発表するにあたって」『技術教育研究』第 44 号　pp. 30-31

「地球規模での環境問題と教育学の課題―技術教育の位置と役割を中心に―」『教育学研究』第 61 巻第 3 号　pp. 287-296

「1989 年版学習指導要領の全面実施下における中学校技術科の教育課程の実態―東京都および徳島県の場合―」（川村侔・坂下裕和・池田裕介との共著）『東京学芸大学紀要　第 6 部門』第 46 集　pp. 37-49

1995 年　「公害・環境問題と技術教育―千葉川鉄公害訴訟の教育的意味―」（尾高進との共著）『東京学芸大学紀要 第 6 部門』第 47 集　pp. 31-38

1996 年　「戦後障害児学校の学習指導要領における技術教育の位置―養護学校の教科構成の特異性を中心として―」（尾高進との共著）『東京学芸大学紀要　第 6 部門』第 48 集　pp. 33-43

「『小・中・高校を一貫した技術教育のための教育課程試案』と各界の反応」（河野義顕との共著）『教育』第 46 巻第 5 号　pp. 97-99

「日本での技術教育のための『大学における教員養成』の形成―東京学芸大学を事例として―」（白虹との共著）『産業教育学研究』第 26 巻第 2 号　pp. 26-33

1997 年　「技術教育研究における労働観の視野（上）」『技術教育研究』第 50 号　pp. 8-15

「附属学校と大学との協同による技術科教育実習の事前・事後指導」（葉山盛雄ほか 6 名との共著）『日本教師教育学会年報』第 6 号　pp. 96-113

1998 年　「普通教育としての技術教育のカリキュラムづくりの課題」『教育』第 48 巻第 2 号　pp. 97-100

「教課審答申における技術・職業教育の内容と課題」『教育評論』第 618 号　pp. 41-44

「『情報教育』と技術教育」『技術教育研究』第 51 号　pp. 26-36

1999 年　「書評　佐々木英一著『ドイツにおける職業教育・訓練の展開と構造』」『技術教育研究』第 53 号　pp. 77-78

「米国での技術教育のための『大学における教員養成』の形成過程における C. A. ベネットの役割」『学校教育学研究論集』第 2 号　pp. 117-127

「ものづくり基盤技術振興法制定の意義と課題」『技術教育研究』第 54 号　pp. 83-92

「ものづくり基盤技術振興法の成立」『産業教育学研究』第 29 巻第 2 号　pp. 43-47

2000 年　「児童生徒のものづくり教育及び中学校技術科教育に対する意識―小学校 3

　　　　　年生〜高等学校 3 年生を対象とした 10 都県の意識調査—」(土井康作ほか
　　　　　8 名との共著)『産業教育学研究』第 30 巻第 1 号　pp. 57-63

　　　　「座談会　危機に立つ技術・工学教育—小・中・高校の技術教育を考える
　　　　　—」『電気学会誌』第 120 巻第 5 号　pp. 293-297

　　　　「技術・職業教育の教師として 21 世紀を生きる」『技術教育研究』第 56 号
　　　　　pp. 30-42

　　　　「書評　矢野裕俊『自律的学習の探求—高等学校教育の出発と回帰—』」『産
　　　　　業教育学研究』第 30 巻第 2 号　pp. 100-101

　　　　「教員養成に携わる大学教員の養成—国立教育系大学院博士課程設置の意義
　　　　　と課題—」『日本教師教育学会年報』第 9 号　pp. 49-54

　　　　「米国技術教育教員養成史におけるミシシッピヴァリ工芸教育会議の位置—
　　　　　アメリカ職業協会『産業科教育の到達目標標準』(1934 年)の制定をめぐ
　　　　　って—」(角和博との共著)『日本の教育史学』第 43 号　pp. 250-268

2001 年　「普通教育としての技術教育の教育目的論再考」『技術教育研究』第 57 号
　　　　　pp. 28-35

　　　　「普通教育としての産業教育の視点から」『産業教育学研究』第 31 巻第 1 号
　　　　　pp. 16-18

　　　　「技術・職業教育の教師が拓く社会展望—「教育改革」と自由主義—」『技
　　　　　術教育研究』第 58 号　pp. 35-45

　　　　「書評　裴富吉『労働科学の理論と実際—産業心理学者桐原葆見の学問と思
　　　　　想—』」同上　pp. 73-76

　　　　「日本の小・中・高校生の技術教育の現状と今後—諸外国の動向と比較して
　　　　　—」『設計工学』第 36 巻第 9 号　pp. 389-393

2002 年　「『リサイクル社会における環境教育としての産業教育』の報告」『産業教育
　　　　　学研究』第 32 巻第 1 号　p. 11, 6

　　　　「アメリカ職業協会『産業科教育の到達目標標準』における R. W. セルヴィ
　　　　　ッジの作業分析法の役割」(木下龍との共著)『日本産業技術教育学会誌』
　　　　　第 44 巻第 3 号　pp. 153-160

　　　　「R. W. セルヴィッジの作業分析法とミシシッピヴァリ工芸教育会議」(木下
　　　　　龍・坂口謙一との共著)『東京学芸大学紀要　第 6 部門』第 54 集　pp. 1-9

　　　　「東京高等師範学校図画手工専修科における教員養成の営み—学科課程の特
　　　　　徴から—」(疋田祥人・坂口謙一との共著) 同上　pp. 11-19

　　　　「横浜市立中学校技術科の教材費に関する制度と実態」(木下義裕・坂口謙一
　　　　　との共著) 同上　pp. 21-33

　　　　「アメリカ職業協会『産業科教育の到達目標標準』(1934 年)の制定過程と内
　　　　　容的特質」(木下龍との共著)『日本産業技術教育学会誌』第 44 巻第 4 号
　　　　　pp. 173-180

2003 年　「『新学力観に基づく絶対評価』政策の内容と課題」『技術教育研究』第 61
　　　　　号　pp. 12-18
　　　　「教育学系連合大学院における博士学位」『日本の科学者』第 38 巻第 5 号
　　　　　pp. 246-251
　　　　「技術の学力に関する国際調査の現段階」（大谷良光・角和博との共著）『技
　　　　　術教育研究』第 62 号　pp. 69-80
　　　　「書評　北村洋基『情報資本主義論』」同上　pp. 81-82
2004 年　「学校教育で技術観を育てる」『産業教育学研究』第 34 巻第 1 号　pp. 3-4
　　　　「最近のミシシッピヴァリ技術教育教師会議における議論の諸傾向」（角和博
　　　　　との共著）『技術教育研究』第 63 号　pp. 55-63
　　　　「大学におけるアパレル CAD 教育の現状に関する調査研究」（山本高美・鳴
　　　　　海多恵子との共著）『日本衣服学会誌』第 47 巻第 2 号　pp. 104-114
　　　　「大学におけるアパレル CAD 入門期用テキストの開発」（山本高美・鳴海多
　　　　　恵子との共著）『産業教育学研究』第 34 巻第 2 号　pp. 17-24
　　　　The Challenge and Perspectives of Industrial Education in Japan, *Proceed-
　　　　ings of the 2004 International Conference on Industrial and Technology
　　　　Education for the 21st Century in East Asia.*
2005 年　「米国での技術教育のための大学における教員養成と生産技能の位置づけ—
　　　　　R. W. セルヴィッジの作業分析法に着目して—」（木下龍との共著）『日本
　　　　　教師教育学会年報』第 14 号　pp. 70-79
　　　　Development of Testing Tool for International Technological Literacy As-
　　　　sessment among Japan, Korea, and the U.S.A.（Cardon Philip L., Rho
　　　　Tae-Cheon との共著）『学校教育学研究論集』第 11 号　pp. 143-152
2006 年　Questioning Period Subdivision of History of Manual Training in Pre-
　　　　World War II Japan.（疋田祥人との共著）『学校教育学研究論集』第 13 号
　　　　pp. 169-180
　　　　「環境問題と産業教育」『産業教育学研究』第 36 巻第 2 号　pp. 1-8
　　　　Progression and Assessment of Japanese Students' Achievement in Tech-
　　　　nological Literacy, *2006 Proceedings of International Conference Tech-
　　　　nology Education in The Asia Pacific Region.*
2007 年　「中華人民共和国の普通高校における教科『技術』設置の政策意図」（海群と
　　　　　の共著）『学校教育学研究論集』第 16 号　pp. 109-123
　　　　Survey on Japanese students' achievement in technological literacy.（木下
　　　　龍ほか 5 名との共著）同上　pp. 125-137
2008 年　「技術—改善される教育内容と標準授業時数等とのギャップ」『教育』746 号
　　　　　pp. 60-61
　　　　「学習指導要領改定と技術・職業教育」（海群との共著）『技術教育研究』第

　　　　　　67 号　　pp. 24-31

2009 年　「教員免許更新制と免許状更新講習にいかに対応すべきか」『関東教育学会
　　　　　紀要』第 36 号　　pp. 89-92
　　　　　「アメリカ合衆国での技術教育教員養成に関する認証制の形成―V. C. フリ
　　　　　ックランドの活動を中心に―」（木下龍との共著）『産業教育学研究』第 39
　　　　　巻第 2 号　　pp. 23-30
　　　　　「中学校技術科カリキュラム開発の論理と意義―大谷良光『子どもの生活概
　　　　　念の再構成を促すカリキュラム開発論―技術教育研究―』の批判的検討
　　　　　―」『技術教育研究』第 68 号　　pp. 71-76

2010 年　「技教研において私は，何を，どう問題にしてきたか―基調報告を通してみ
　　　　　る技教研 50 年の中での自分史―」『技術教育研究会 50 周年記念誌』
　　　　　pp. 72-78

Ⅲ　報告書

1994 年　「技術・職業教育に関する用語解説（アメリカ）」『学校の技術・職業教育と
　　　　　学校外の職業教育・訓練の関係についての国際比較研究』佐々木享研究
　　　　　代表，平成 3 年度～平成 5 年度科学研究費補助金総合研究(A)　研究成果
　　　　　報告書　　pp. 105-115

1997 年　『国民教育におけるテクノロジー・リテラシー育成の教育課程開発に関する
　　　　　総合的比較研究』田中喜美研究代表，平成 6 年度～平成 8 年度科学研究
　　　　　費補助金基盤研究(A)　研究成果報告書

2000 年　「アメリカ合衆国」『技術科教育のカリキュラムの改善に関する研究―諸外
　　　　　国の動向―』「教科等の構成と開発に関する調査研究」研究成果報告書(3)
　　　　　国立教育研究所　　pp. 1-10

2002 年　『技術・職業教育の教員養成における大学の役割とカリキュラムに関する比
　　　　　較教育史的研究』田中喜美研究代表，平成 10 年度～平成 13 年度科学研
　　　　　究費補助金基盤研究(B)(1)　研究成果報告書

2006 年　『国民教育でのテクノロジー・リテラシーの学力到達度アセスメントに関す
　　　　　る国際比較調査』田中喜美研究代表，平成 14 年度～平成 17 年度科学研
　　　　　究費補助金基盤研究(B)　研究成果報告書

2010 年　『技術・工業教育の教員養成プログラムの評価システムと学生の能力実態に
　　　　　関する国際比較』田中喜美研究代表，平成 18 年度～平成 21 年度科学研
　　　　　究費補助金基盤研究(A)　研究成果報告書

Ⅳ　その他

1976 年　「問題別分科会 F　諸外国の技術・職業教育」『技術と教育』第 103 号
　　　　　pp. 6-7

　　　　「開会の全体会」『技術と教育』第 105・106 号合併号　pp. 1-2

1977 年　「労働可動性と学習能力—最近のソビエトの技術教育理論に学ぶ—」『技術
　　　　と教育』第 111 号　pp. 5-6

1980 年　「諸外国の技術・職業教育」『技術と教育』第 136・137 号合併号　pp. 22-24

1983 年　「橋野高炉跡等見学記」『技術と教育』第 160・161 号合併号　pp. 23-25

1984 年　「感動しつつわかる授業の創造をめざして」『技術と教育』第 167 号　pp.
　　　　4-6

　　　　「諸外国の技術・職業教育」『技術と教育』第 169・170 号合併号　pp. 19-20

1985 年　「コロンビア大学ティーチャーズ・カレッジにて」『技術と教育』第 176 号
　　　　pp. 14-15

1987 年　「技術教育研究における発達の問題」『技術と教育』第 188 号　pp. 1-5
　　　　「問題別分科会 F　技術教育の授業づくり」『技術と教育』第 192・193 号合
　　　　併号　pp. 27-28

1988 年　「本の紹介　手しごと・工作教育と子どもの発達を考える会編『コンピュー
　　　　タ時代と子どもの発達』」『技術と教育』第 196 号　p. 14

　　　　「図書紹介　国民教育研究所・木下春雄編『高校入試制度の改革』」『技術と
　　　　教育』第 199 号　p. 10

　　　　「全国大会『諸外国の技術・職業教育分科会』の成果と課題」『技術と教育』
　　　　第 200 号記念特集号　pp. 22-24

1989 年　「技術学と技術科学—東京サークル例会に参加して—」『技術と教育』第 204
　　　　号　pp. 5-7

　　　　「中学校技術科に関して」『技術と教育』第 205 号　pp. 1-3

　　　　「視点　技術科と教科書」『技術と教育』第 208 号　p. 1

　　　　「問題別分科会 F　技術教育の授業づくり」『技術と教育』第 209・210 号合
　　　　併号　pp. 23-24

1990 年　「視点　教材論を深めよう」『技術と教育』第 211 号　p. 1

　　　　「視点『子どもの権利条約』が問いかけているもの」『技術と教育』第 216
　　　　号　p. 1

　　　　「問題別分科会 F　技術教育の授業づくり」『技術と教育』第 217・218 号合
　　　　併号　pp. 27-28

1991 年　「問題別分科会 F　技術教育の授業づくり」『技術と教育』第 225・226 号合
　　　　併号　pp. 27-28

1992 年　「視点　技教研の当面する研究課題として思うこと」『技術と教育』第 227
　　　　号　p. 1

　　　　「日教組第 41 次全国教研に参加して」『技術と教育』第 228 号　pp. 13-14

　　　　「『ハバロフスク技術・職業教育視察旅行』を終えて」『技術と教育』第 230
　　　　号　p. 12

「技術科教科書評価の基準」『技術と教育』第 232 号　pp. 2-5

「第 8 分科会　技術・家庭科教育」(福原美江・佐々木享・村田泰彦らとの共著) 日本教職員組合編『日本の教育　第 41 集』一ツ橋書房　pp. 180-205

「本の紹介　村松浩幸著『ブラックボックス開けちゃった!』」『技術と教育』第 233・234 号合併号　p. 29

1993 年　「第 10 分科会　技術・職業教育」(幡野憲正との共著) 日本教職員組合編『日本の教育　第 42 集』一ツ橋書房　pp. 210-227

「日教組第 42 次全国教研第 10 分科会『技術・職業教育』の特徴と課題」(幡野憲正との共著)『技術と教育』第 237 号　pp. 7-8

「視点　技術・家庭科教育課程編成をめぐる一視点」『技術と教育』第 240 号　pp. 1-3

「実技・理論講座の紹介　授業『人間のからだ』」『技術と教育』第 241・242 号合併号　p. 34

1994 年　「第 10 分科会『技術・職業教育』の報告」『技術と教育』(幡野憲正との共著) 第 244 号　pp. 10-11

「技教研版『小・中・高一貫の技術教育教育課程試案』(仮称)づくりの意義と課題」『技術と教育』第 246 号　pp. 1-3

「第 10 分科会　技術・職業教育」(佐々木享・幡野憲正らとの共著) 日本教職員組合編『日本の教育　第 43 集』一ツ橋書房　pp. 218-231

「博士学位論文を書いて」『名古屋大学大学院教育学研究科　大学院紹介 1994-1995』pp. 16-17

1995 年　「第 28 回全国大会の特徴」『技術と教育』第 260 号　p. 3

「第 10 分科会　技術・職業教育」(佐々木享・幡野憲正らとの共著) 日本教職員組合編『日本の教育　第 44 集』一ツ橋書房　pp. 232-247

1996 年　「長谷川先生と技術教育研究会—名古屋大学時代を中心に—」『かわりびょうぶ—長谷川淳先生追悼記念誌—』pp. 19-25

「『科学技術』科構想をめぐって」『技術と教育』第 265 号　pp. 2-4

「日教組第 45 次教育研究全国集会報告」(幡野憲正との共著) 第 267 号　pp. 10-11

「学校週 5 日制と授業時数」『技術と教育』第 271 号　pp. 6-7

「第 29 回全国大会 (神戸) の特徴」『技術と教育』第 272 号　p. 3

「第 10 分科会　技術・職業教育」(佐々木享・幡野憲正らとの共著) 日本教職員組合編『日本の教育　第 45 集』一ツ橋書房　pp. 224-240

1997 年　「視点　危機に立つ，大学における技術科教員養成」「東京学芸大学における技術科教員養成」『技術と教育』第 280 号　p. 1, pp. 8-9

「第 10 分科会　技術・職業教育」(佐々木享・幡野憲正らとの共著) 日本教職員組合編『日本の教育　第 46 集』一ツ橋書房　pp. 214-229

1998 年　「視点　教育水準の低下と格差の拡大をもたらす改訂方針」『技術と教育』
　　　　　第 289 号　pp. 1-2

　　　　「実技・理論講座 b　技術教育の国際的動向とユネスコ条約」『技術と教育』
　　　　　第 291 号　p. 12

　　　　「第 10 分科会　技術・職業教育」（佐々木享・長谷川雅康・幡野憲正らとの
　　　　　共著）日本教職員組合編『日本の教育　第 47 集』一ツ橋書房　pp. 208-
　　　　　222

1999 年　「視点　攻勢的な授業づくりを通した教育課程の全体構造の見通しを」『技
　　　　　術と教育』第 309 号　p. 1

　　　　「第 10 分科会　技術・職業教育」（佐々木享・長谷川雅康らとの共著）日本
　　　　　教職員組合編『日本の教育　第 48 集』一ツ橋書房　pp. 206-222

　　　　「日本の技術・職業教育の楽しく元気な発信源兼羅針盤に」『技術と教育』
　　　　　第 312 号　p. 9

2000 年　「ユネスコ『技術及び労働の世界への手ほどき』を読む」第 316 号　pp. 5-6

　　　　「公開研究会『総合学習・課題研究と技術・職業教育』総括」第 318 号
　　　　　p. 12

　　　　「記念講演　技術・職業教育の教師として 21 世紀を生きる」『技術と教育』
　　　　　第 320 号　pp. 11-15

　　　　「第 10 分科会　技術・職業教育」（佐々木享・長谷川雅康らとの共著）日本
　　　　　教職員組合編『日本の教育　第 49 集』一ツ橋書房　pp. 198-214

2001 年　「視点　直面する課題の方向性を教育実践の裏づけをもって明らかにした大
　　　　　会」『技術と教育』第 333 号　p. 1

　　　　「第 10 分科会　技術・職業教育」（佐々木享・長谷川雅康らとの共著）日本
　　　　　教職員組合編『日本の教育　第 50 集』一ツ橋書房　pp. 214-230

2002 年　「視点　国立教員養成系大学・学部の再編統合問題と技術科教員養成」『技
　　　　　術と教育』第 340 号　pp. 1-3

　　　　「視点　新学力観に基づく絶対評価の二重の問題」『技術と教育』第 341 号
　　　　　pp. 1-3

　　　　「第 10 分科会　技術・職業教育」（長谷川雅康との共著）日本教職員組合編
　　　　　『日本の教育　第 51 集』一ツ橋書房　pp. 206-221

　　　　「機械学会は何ができるか」日本機械学会『年次大会講演資料集』Ⅷ
　　　　　pp. 515-516

2003 年　「視点　教育基本法『改正』問題と教育実践の課題」『技術と教育』第 354
　　　　　号　pp. 1-3

　　　　「記念講演　技術・職業教育を支える社会思想を豊かに」『技術と教育』第
　　　　　356 号　pp. 2-10

　　　　「第 10 分科会　技術・職業教育」（佐々木享・長谷川雅康らとの共著）日本

教職員組合編『日本の教育　第52集』一ツ橋書房　pp.234-250

2004年　「第10分科会　技術・職業教育」（佐々木享・長谷川雅康らとの共著）日本教職員組合編『日本の教育　第53集』アドバンテージサーバー　pp.228-243

2005年　「視点　教師としての同僚性の大切さを確認し合った山梨大会」『技術と教育』第381号　p.1

「第10分科会　技術・職業教育」（佐々木享・長谷川雅康らとの共著）日本教職員組合編『日本の教育　第54集』アドバンテージサーバー　pp.246-261

2006年　「日本の子ども・青年の技術的教養の実態と課題」『技術と教育』第388号　pp.1-2

「第10分科会　技術・職業教育」（佐々木享・長谷川雅康らとの共著）日本教職員組合編『日本の教育　第55集』アドバンテージサーバー　pp.206-223

「視点　自主編成運動の確かな歩みと教育基本法の大切さが実感できた大会」第393号　p.1

2007年　「会報の月刊化を可能にしたもの，月刊化が可能にしたこと」『技術と教育』第400号記念号　p.8

「視点　これが常識！世界の技術・職業教育」『技術と教育』第402号　pp.1-2

「視点　記念大会にふさわしい新たな芽生えを実感できた春日部大会」『技術と教育』第405号　p.1

2008年　「視点　教育課程編成の現場主義を徹底させよう」『技術と教育』第411号　p.1

「学習指導要領改定と高校職業教育」同上　pp.6-10

「視点　技術科や工業科の原点，学校教育の原点を確認し合った大会」『技術と教育』第417号　p.1

「第10分科会　技術・職業教育」（坂口謙一本多満正・吉本圭一らとの共著）日本教職員組合編『日本の教育　第57集』アドバンテージサーバー　pp.140-149

2009年　「視点　中学校技術科と選択教科問題」『技術と教育』第421号　pp.1-4

「第10分科会　技術・職業教育」（坂口謙一・本多満正・吉本圭一らとの共著）日本教職員組合編『日本の教育　第58集』アドバンテージサーバー　pp.150-160

2010年　「第10分科会　技術・職業教育」（坂口謙一・本多満正・吉本圭一らとの共著）日本教職員組合編『日本の教育　第59集』アドバンテージサーバー　pp.152-162

　　　　　「村井敬二先生のご逝去を悼む」『技術と教育』第 444 号　p. 12

2011 年　「高等学校卒業予定者就職内定状況調査が意味するもの」『技術と教育』第
　　　　　446 号　pp. 8-9

　　　　　「第 10 分科会　技術・職業教育」(本多満正・木下龍・吉本圭一らとの共著)
　　　　　日本教職員組合編『日本の教育　第 60 集』アドバンテージサーバー　pp.
　　　　　143-155

2012 年　「巻頭言『東京学芸大学教職大学院年報』創刊号の発刊に寄せて」『東京学
　　　　　芸大学教職大学院年報』創刊号　p. 1

　　　　　「第 10 分科会　技術・職業教育」(坂口謙一・本多満正・吉本圭一らとの共
　　　　　著) 日本教職員組合編『日本の教育　第 61 集』アドバンテージサーバー
　　　　　pp. 161-173

2015 年　「『著作者の権利』と知的財産基本法との関係」『技術と教育』第 498 号　pp.
　　　　　13-14

2016 年　「教育の統一戦線を教えてくれたお二人，幡野憲正先生と佐々木享先生」『技
　　　　　術と教育』第 508 号　p. 7

　　　　　　　　　　　　　　　　　　　　以上，2016 年 5 月末までのものを掲載

付記：本目録は，「研究業績」(東京学芸大学 Web ページ)，「国立国会図書館サーチ」，
　　　「CiNii」(NII 学術情報ナビゲータ) 等での情報を網羅した上で，世話人が把握
　　　しているものを可能な限り補完して作成した。

技術教育の諸相

2016年8月6日　第1版第1刷発行

編著者　田中　喜美

発行者　田中千津子

発行所　株式会社 学 文 社

〒153-0064　東京都目黒区下目黒3-6-1
電話　03(3715)1501(代)
FAX 03(3715)2012
http://www.gakubunsha.com

印刷　新灯印刷

ISBN978-4-7620-2665-2